Vaillant · Westliche Einweihungslehren

BERNARD VAILLANT

# WESTLICHE EINWEIHUNGS-LEHREN

Druidentum, Gral, Templer,
Katharer, Gesellenbruderschaften,
Rosenkreuzer, Alchemie, Freimaurer,
Martinismus

HUGENDUBEL

Herausgeber der Reihe Kailash Buch : Gerhard Riemann

Aus dem Französischen von Rita Höner
Die Originalausgabe erschien unter dem Titel «Traditions initiatiques de l'Occident»



Umschlaggestaltung: Dieter Bonhorst, München
Produktion: Tillmann Roeder, Buchendorf
Satz: Uhl + Massopust GmbH, Aalen
Druck und Bindung: Wiener Verlag, Himberg

ISBN 3-88034-290-3

Printed in Austria

# INHALT

# Vorwort

Das vorliegende Werk bietet einen klaren, umfassenden Überblick über die Einweihungswege des Westens.

Ohne den Wert der östlichen Traditionen mindern zu wollen – führen nicht alle spirituellen Wege letztendlich zum selben Ziel? – muß doch festgestellt werden, daß wir Europäer manchmal die Tendenz haben, unseren eigenen geistigen Reichtum zu verkennen. Das ist schade.

Bernard Vaillant analysiert mit Sachverstand und Gedankentiefe die grundlegenden Symbole, ohne darüber den Kontakt mit der Wirklichkeit zu verlieren.

Einen Einweihungsweg kann man nicht lernen: man muß ihn leben . . .

SERGE HUTIN
Dr. phil.

# Einführung

Ein paar Schritte von unserer Wohnung entfernt steht eine kleine romanische Kirche, deren Äußeres nicht so ist, daß Reisende ihretwegen einen Umweg machen. Die bescheidene Kirche, fast eher eine Kapelle, ist der hl. Margarethe geweiht und erhebt sich im Zentrum des zu ihr gehörigen Dorfes auf einer kleinen Anhöhe. Die Straße, die die sie umgebenden Grabstätten respektiert, führt erst in einiger Entfernung vorbei, und so bietet sich die Kirche hinter einer Kurve ganz unvermittelt den Blicken dar. Wer hier anhalten und einige Minuten in wohltuender Stille verbringen möchte, wird von der hl. Margarethe reicher beschenkt, als er zunächst vielleicht erwartete.

Wollen wir nicht näher herangehen?

Wir müssen zunächst die *neun* Stufen hinaufsteigen, die zu dem kleinen Friedhof führen; ihn muß man überqueren, um das Portal der Kirche zu erreichen. Oben erwartet uns ein schmuckloser Kalvarienberg, ein einfaches Sandsteinkreuz auf einem sechseckigen Sockel. Auf dem Sockel ein paar fast verwitterte Inschriften: auf einer Seite eine Sonne, auf einer anderen ein namenloses Wappenschild. Der Rest ist nicht zu deuten. Gehen wir weiter.

Der kleine Friedhof ist schnell überquert, nur ein Kreuz mit keltischen Motiven hebt sich aus der Eintönigkeit der Grabstelen ab. Kieselsteine und Sand knirschen unter unseren Füßen, und wir schämen uns fast, die Stille des Ortes zu brechen.

Wir stehen vor dem Portal.

Die Fassade ist schlicht, ohne Verzierungen. Das Portal ist mit einem einzigen Rundbogenfries geschmückt und wird von zwei Säulen eingerahmt. Die Kapitelle sind bearbeitet: das eine stellte eine Eule dar, die eine Schlange im Schnabel trägt, auf dem anderen ist ein dem Mund einer Maske entströmender Energiefluß zu sehen, Symbol des *Wortes*. Sollte zwischen diesen beiden Skulpturen eine Beziehung bestehen? Ergänzen sie sich vielleicht gegenseitig? Nach einigen Augenblicken des

Nachdenkens über ihre mögliche Bedeutung betreten wir die Kirche. Unsere Schritte hallen in den steinernen Gewölben, und während unsere Augen sich schnell an das Halbdunkel gewöhnen, wird allmählich das Innere des Gebäudes sichtbar. Rechts vom Eingang das übliche Weihwasserbecken: eine einfache kleine Steinsäule trägt eine mit kaltem, klarem Wasser gefüllte Muschel.

Mauern und Gewölbe sind weiß.

Waren sie früher mit Inschriften, Fresken, Farben bedeckt? Wir wissen es nicht ... Die Pfeiler dagegen sind im ursprünglichen Zustand erhalten. Alle haben behauene Kapitelle, und da die Zeit uns nicht drängt, wollen wir sie genauer betrachten. Vielleicht wollen sie eine Botschaft vermitteln? Nach einem Rundgang durch das Kirchenschiff sieht es so aus, als kämen wir mit reicher Ernte zurück. Die hl. Margarethe ist nicht stumm, und wenn auch ihr Segen still ist, so enthält er doch eine Lehre, die jeden aufmerksam beobachtenden Liebhaber geweihter Orte mit Freude erfüllen wird.

Hier ist kein Platz für fromme Vorstellungen, für Geschichtchen aus dem Katechismus-Unterricht! An diesem Ort schlägt das Herz der Geschichte, das Wissen der Welt, unwandelbar, weil durch das Symbol vermittelt, und im wahrsten Sinne des Wortes *katholisch, universell.*

Dieses Heiligtum wurde auf dem Rücken der Wouivre[1] erbaut, sein Portal verrät es. Die Raben Odins erinnern an den Einfluß der nordischen Religion in dieser Gegend; der Einfluß wurde durch den mystischen Gral, aus dem auf dem folgenden Kapitell zwei Tauben trinken, abgemildert. Dort Sirenen, dann Ogmios[2], und wieder Tauben. Bär und Wildschwein machen den keltischen Charakter des Ortes noch deutlicher: in der Gralssage stellen sie König Artus und den Druiden Merlin dar. Im übrigen ist Margarethe, ebenso wie Brigitte, eine »keltische« Heilige.

Dann Girlanden aus Eichenblättern, aus denen mehrmals das schöpferische *Wort* auftaucht.

Wir sind überrascht, an diesem Ort keine einzige dem Alten oder Neuen Testament entstammende Szene zu finden. Über-

---

[1] Kelt. Begriff für die Schlange, die die Kräfte der Erde repräsentiert (A. d. Ü.)
[2] Kelt. Begriff für das schöpferische Wort (A. d. Ü.)

rascht? Sind wir nicht im Herzen des ehemaligen Keltenlandes?

Unser Besuch geht seinem Ende zu.

Wir gehen zum Portal zurück, das uns den Weg nach draußen weist – dorthin, wo paradoxerweise die Sonne scheint und uns blendet, während das wahre Licht sich innerhalb dieser Mauern befindet. Bevor wir endgültig Abschied nehmen, blicken wir uns noch einmal um. Ein vorher übersehenes Detail springt ins Auge. In der Nähe des Eingangs steht eine riesige zylindrische Säule, an deren Fuß sich eine tiefe Mulde befindet. Sie stellt, in kleinerem Format, ein dem Weihwasserbecken entsprechendes Behältnis dar (es befindet sich am anderen Ende des Ganges genau gegenüber); aber diesem Zweck kann sie nicht gedient haben, denn zehn Zentimeter über dem Boden hätten die Gläubigen sich bücken müssen, um hier Wasser zu schöpfen.

Draußen blendet die Sonne. Unsere Pilgerfahrt ist zu Ende, und wir bedauern nur, nicht auch den Dolmen gefunden zu haben, der hier vielleicht noch irgendwo vergraben liegt.

Mehrere tausend Megalithe, Dolmen, Menhire und andere druidische Steinbauten sind auf europäischem Boden verstreut und lassen bei Touristen und Liebhabern historisch-geographischer Kuriositäten viele Fragen offen. Auch die Liebhaber des Mysteriös-Spektakulären kommen nicht auf ihre Kosten, denn bis jetzt konnte die Frage nach Sinn und Zweck dieser Konstruktionen noch nicht befriedigend beantwortet werden; ebensowenig konnten ihre Erbauer bislang eindeutig identifiziert werden. Indessen wurden zahlreiche Hypothesen geäußert: Die eine hält sie für Grabanlagen, eine andere sieht sie als Ziergegenstände an. Ihre Erbauer haben einfach ein paar große Steine aufeinanderlegen wollen. Ein Spiel, mit anderen Worten.

Wieder andere halten sie für Opfertische, auf denen menschliche Opfer von blutrünstigen keltischen Priestern dahingeschlachtet worden sind.

Wir werden uns mit diesem Thema noch beschäftigen.

Oder sind die riesigen Anlagen etwa Anschlußstellen für am und unter dem Boden verlaufende tellurische Ströme? Eine Art Erd-Akupunktur also? Aber wozu?

Nicht ohne Grund findet diese Hypothese beim Publikum mehr und mehr Anklang...

Einige Untersuchungen haben gezeigt, daß mehrere dieser Megalith-Bauten als astronomische Beobachtungsstationen dienten – Stonehenge dürfte in diesem Zusammenhang das bekannteste Beispiel sein.

Schließlich – und diese These erwähnen wir nur der Vollständigkeit halber – wurde erklärt, die überall verstreuten kleinen und großen Steinhaufen seien zufällig entstanden, und die Menschen hätten in der Folge versucht, diese Wunderlichkeiten der Natur nachzuahmen.

Fassen wir zusammen.

1. *Megalithen – Gräber:* Obwohl am Fuß von Dolmen und Menhiren oft menschliche Überreste gefunden wurden, halten wir es für falsch, daraus ihre ursprüngliche Bestimmung als Grabdenkmäler abzuleiten. Was ist dann mit den Kirchen und Kathedralen, deren Krypten auch Gräber und Sarkophage enthalten?

2. *Megalithen – Ziergegenstände:* Kann man von künstlerischen oder dekorativen Absichten sprechen, wenn ein Dolmen unter einem Tumulus vergraben liegt und dem Auge gar nicht sichtbar ist?

3. *Megalithen – Opfertische:* Daß einige Dolmen von barbarischen Schwarzmagiern als solche benutzt worden sind, ist nicht auszuschließen, aber man darf nicht verallgemeinern. Was sollen dann die Menhire gewesen sein? Marterpfähle?

4. *Megalithen – Energieempfänger:* Eine Frage, deren Bedeutung gerade erst erforscht wird. Es scheint, als seien die Megalithen nicht irgendwie und schon gar nicht irgendwo aufgestellt worden. Welches Volk hat sie errichtet? Aber das ist von geringerem Interesse. Wichtig ist dagegen, den Grund ihres Bestehens zu erfahren und in ihre Benutzung eingeweiht zu sein.

5. *Megalithen – astronomische Beobachtungsstationen:* Sie sind selten, und es ist schwierig, Zufall und Absicht auseinanderzuhalten.

6. *Megalithen – Zufallsprodukte:* Kein Kommentar.

Wir haben von Einweihung gesprochen. Sie ist Gegenstand dieses Buches. Genauer gesagt: Es geht um die westliche Einweihung, das heißt um die dem westlichen Menschen überantwortete und seiner Mentalität, seiner Kultur und seinem Verständnis angepaßte *Öffnung des Weges.*

Warum haben wir uns auf den westlichen Aspekt beschränkt und stellen die Dinge nicht weiter, umfassender dar?

Es ist so oft gesagt und wiederholt worden, daß »alles Licht aus dem Osten kommt«, daß der westliche Mensch allmählich das Bewußtsein seiner Identität verloren hat; die Erinnerung an seine Herkunft ist ihm nach und nach entfallen. Wenn Wissen und Weisheit ausschließlich aus jenem Nahen oder Mittleren Osten kommen, dessen Geheimnisse man uns detailreich als süße Herrlichkeiten ausmalt, ergibt sich daraus, daß unsere gegenwärtige Zivilisation, unfähig, an den Ufern des Atlantik zu schöpfen, im wesentlichen importiert ist. Dann sind wir wirklich nichts anderes als von Bauern abstammende Barbaren, die gerade in der Lage waren, sich mit Mammut- und Auerochsfleisch vollzustopfen.

Die westliche Welt hat also ihre Geschichte, ihre Tradition verloren. Und zwar zugunsten einer anderen Geschichte, einer anderen Tradition – der von Völkern, die sie nicht kennt, der von Ländern, die sie nie gesehen hat und vielleicht auch nie sehen wird! Das Hebräische hat das Keltische[1] ersetzt, Teutates macht Jahwe Platz, und Lug, Bran oder Cuchulainn verschwinden im Dunkel des Vergessens, während Josua, Moses und Salomon in den Vordergrund treten.

Aber für wen ist denn unsere Geschichte geschrieben? Und von wem? In welcher Absicht?

---

[1] In Anlehnung an die zunächst von Fabre d'Olivet, später z. B. von E. Schuré (»Die großen Eingeweihten«) vertretene Auffassung versteht der Autor unter »Kelten« die alten Hyperboräer, d. h. die ursprüngliche weiße Rasse; ihre Geschichte beginnt lange vor dem Auftauchen der »historischen« Kelten (ca. 5. Jh. v. Chr.). Ein Gegensatz Kelten/Germanen besteht somit nicht. (A. d. Ü.)

Erst jetzt, am Ende des Fische-Zeitalters, werden Stimmen laut, die das Vorhandensein und die Authentizität einer westlichen Tradition bekunden.

Seit ein paar Jahrzehnten beschäftigen sich nun die immer zahlreicher werdenden Keltenfreunde mit unserer Vergangenheit. Sie haben alte Steine ausgegraben, verblichene Pergamente aufgespürt, örtliche Bräuche studiert und dadurch die – noch sehr unvollständigen – Grundlinien der keltischen Zivilisation rekonstruieren können. Die Öffentlichkeit wird sich allmählich des Einflusses bewußt, den das keltische Gedankengut während der letzten beiden jüdisch-christlich geprägten Jahrtausende hatte.

Zwar ist die Einweihung *eins* und *universell,* aber sie kann sich in verschiedenen Formen darbieten, je nachdem, ob sie für einen Asiaten, einen Afrikaner oder einen Europäer bestimmt ist. Aus diesem Grund betrachten wir sie hier vom rein westlichen Standpunkt aus.

Wir halten es für vermessen, die Tradition und den Einweihungsweg eines anderen Kontinents zu studieren, bevor man nicht die eigene Tradition angenommen und *gelebt* hat. Denn es geht nicht um das äußerliche Studium irgendeines Lehrsatzes oder eines poetischen Textes. Das Einschlagen eines auf eine bestimmte Tradition abgestimmten Einweihungsweges macht es notwendig, die eigene Seins-, Denk- und Handlungsweise entsprechend zu ändern. Denn worin sollte der Wert einer Einweihung bestehen, wenn nicht darin, im täglichen Leben ein *besseres Sein* und ein *besseres Handeln* zu ermöglichen?

Wir beschäftigen uns also mit der westlichen Einweihung, wie sie sich im Abendland seit Tausenden von Jahren bewahrt hat. Wir betrachten zunächst die verschiedenen alten und neuen Einweihungswege, die uns angeboten werden. Es sind neun, die aufgrund ihrer inneren Verwandtschaft in drei Gruppen zu je drei eingeteilt werden können.

*Neun* und *drei* sind die heiligen Zahlen der Druiden, die ihre Lehre, ihre Wissenschaft und ihre Hierarchie in Triaden aufbauten. Wir werden auf dieses Thema noch zu sprechen kommen.

Behandelt werden sollen also Druidentum, Gral, Alchemie, Gesellenbruderschaften, Templer, Katharer, Rosenkreuzer, Freimaurer und Martinismus[1]. Wir werden die jeweils wesentlichen Punkte vorstellen und anschließend einige Einzelaspekte näher untersuchen. Wir werden ihre Symbolik studieren und wenn nicht eine Erklärung, so doch eine zufriedenstellende Interpretation zu geben versuchen; schließlich sollen auch Ähnlichkeiten und Unterschiede der Wege deutlich werden.

Es ist heute üblich, ja, es gehört sozusagen zum guten Ton, die Einweihung psychoanalytisch zu erklären. Wer zitiert nicht Freud oder Jung, wenn es um keltische Legenden, die Verwandlung der Metalle oder die Symbolik der Werkzeuge geht? Für den Schüler sind diese Erklärungen jedoch unwichtig; sie bedeuten ihm nichts. Er wird das Ziel und die Tragweite der Einweihung erst dann erkennen, wenn er sie lebt und für sich annimmt. Wir werden also weder vom Ödipus- noch von sonstigen Komplexen sprechen; wir beschäftigen uns auch nicht mit der psychologischen Situation eines Menschen, der einer traditionellen Organisation beitritt[2] oder sich auf die Suche nach dem Verborgenen macht. Die Alchemie z. B. braucht nicht mit C. G. Jung verknüpft zu werden – wie dies einige Autoren getan haben, die sicher nie die Arbeitsstätte eines Alchemisten betreten haben. Wie hätte ihnen sonst die zumindest absonderliche Idee kommen können, durch intellektuelle Demonstrationen die uralte Wissenschaft des dreimalgroßen Hermes rechtfertigen zu wollen?

Die hier dargelegten Erklärungsversuche sind für den bestimmt, der einige Vorstellungen klären möchte, bevor er sich für einen bestimmten Weg entscheidet, sowie für den, der in sich das zwingende Bedürfnis nach Synthese verspürt.

---

[1] Besondere Form der esoterischen Freimaurerei, die sich speziell mit der Kabbala beschäftigt. (A. d. Ü.)

[2] Wir analysieren jedoch in den beiden folgenden Kapiteln die Lage des zukünftigen Schülers an der Schwelle zur Einweihung, sowie die Vorgehensweise, die ihn dorthin führt.

ERSTER TEIL

# DER WEG ÖFFNET SICH

ODER

# AUF DER SUCHE NACH EINEM LEHRER

# Ein Bedürfnis wird wach

Der Mensch verspürt bereits sehr früh den unabweislichen Wunsch, Wissen nicht nur zu erwerben, sondern auch weiterzugeben; er lernt schnell, zwischen dem Bekannten und dem Unbekannten, dem unbedingt Notwendigen und dem Überflüssigen, dem Schädlichen und dem Segensreichen zu unterscheiden.

In der Frühzeit seiner Entwicklung gab er das Wissen um die Lage ertragreicher Jagdgründe, die Unterscheidung zwischen bekömmlicher und unbekömmlicher Nahrung und die Kunst, Äxte oder Pfeilspitzen zu behauen, an die nachfolgenden Generationen weiter. Diese Kenntnisse waren damals lebensnotwendig; sie wurden hauptsächlich den jungen Leuten vermittelt, die ihr Handwerk als Erwachsene erst zu lernen hatten – das heißt, für das eigene Überleben und das der Familie, des Stammes zu sorgen.

Als der Mensch sich von den Wasserläufen entfernte, um neue Jagdgebiete ausfindig zu machen, mußte er lernen, Quellen und Wasserstellen zu entdecken. Das neue Wissen verlieh ihm neues Ansehen: fortan konnte man sich bei jeder Unternehmung an ihn wenden. Zwei Kategorien von Menschen begannen sich herauszubilden: die, die wußten, und jene, die nicht wußten. Der Gruppe widerstrebte es nun, einem Anführer zu folgen, dessen mangelndes Unterscheidungsvermögen ihre Existenz aufs Spiel setzte.

Aber das Bewußtsein um die Vorrangstellung, die mit diesen Fähigkeiten einherging, steckte erst in seinen allerersten Anfängen.

Später, sehr viel später, gelangte der Mensch in den Besitz des Feuers. Wie kam es zu dieser Entdeckung? War ein Blitz in einem Baum, einem Waldstück niedergegangen? Oder hatte eine lange anhaltende Trockenheit das Buschwerk in Brand gesetzt? Es ist müßig, darüber zu streiten. Wichtig in diesem Zusammenhang ist lediglich, daß der Mensch seine Angst überwand und – beklommen zwar, aber voller Respekt – einen der entzündeten Scheite an sich nahm und zu den Seinen brachte. Der erste *Meister des Feuers* war geboren. Freiwillig hatte er sich der ersten Einweihung, der ersten Taufe unterzogen. Er besaß die Fähigkeit zum Anführer, und er wurde es. Denn er beherrschte von nun an die Materie: was blieb – außer einem Häuflein Asche – von einem Ast, einem Baum aus hartem und trockenem Holz schon übrig, wenn jene rote, alles zerstörende Blume ihren Tanz begann?

Andererseits härtete der Kontakt mit der Flamme einen grob behauenen Pfahl. Vor allem aber war es nun dem Menschen möglich, einige grundlegende Faktoren seines Lebens zu beherrschen, denen er bislang völlig unterworfen war. Er konnte z. B. in der Dunkelheit Licht machen und deutlich sehen. Er konnte in seiner Höhle, später in seiner Hütte, die vor Kälte starren Glieder wärmen. Außerdem – und dieser Aspekt ist nicht der unwichtigste – war er nun in der Lage, sich vor den wilden Tieren zu schützen, die sein Lager umschlichen und die der Anblick oder die Berührung des Feuers zur Flucht veranlaßte.

Seine Einweihung hatte ihn mächtig gemacht, und er wurde sich dessen bewußt. Bald nahm der mit der Bewachung und Unterhaltung der heiligen Flamme betraute Mensch (Mann oder Frau) an den Aktivitäten seiner Gemeinschaft immer weniger teil, denn ihm wurde die Bedeutung seiner Rolle klar. Als Hüter dieses lebensspendenden, aber auch todbringenden Feuers sprach man ihm eine ständig steigende Zahl von Kenntnissen und Fähigkeiten zu.

Seine Beschäftigung bestand hauptsächlich in der aufmerksamen Beobachtung der Natur und in Anrufungen, die eine Heilung, eine ergiebige Jagd oder den Schutz vor den allmächtigen Gottheiten bewirken sollten. Denn der Mensch jener Zeit war dazu übergegangen, die Ursache für ihm unerklärliche Naturphänomene (Regen, Blitz, Wechsel von Tag und Nacht, etc.) dem Einfluß unsichtbarer, guter oder böser, hilfreicher oder zerstörerischer Wesenheiten zuzuschreiben. Die Welt, in der er lebte, bot seiner erwachenden Intelligenz ein unerschöpfliches Feld für Erfahrungen und geistige Bereicherungen, und so widmete er einen immer größer werdenden Teil seiner Zeit der Beobachtung der Natur und damit der Grenze zwischen dem Bekannten und dem Unbekannten. Im Verlauf von Tagen, Jahrhunderten und Jahrtausenden wurden seine Erfahrungen zu Wissen: Was gestern unbekannt war, ist es heute nicht mehr und trägt den Namen Wissenschaft.

Die Suche nach Wissen beginnt bereits in der frühesten Kindheit. Sie ist der Grund für die ständigen Fragen, denen alle Eltern und Erzieher ausgesetzt sind und die sie nur allzuoft in Verlegenheit bringen. Ein Kind hat alles zu lernen – sowohl über sich selbst als auch über seine Umgebung, und diese Suche setzt sich das ganze Leben lang fort. Aber welche Bilanz kann der Mensch ziehen, wenn seine Kräfte zu schwinden beginnen, wenn Dämmerung ihn umgibt und er den Augenblick nahen sieht, in dem er seinem Schöpfer Rechenschaft ablegen muß? Glaubt er, mit den Werkzeugen, die ihm seit seiner Geburt zur Verfügung gestellt wurden, seine Fähigkeiten optimal entfaltet und konstruktiv eingesetzt zu haben? Oder spürt er, nicht ohne Bitterkeit, die Leere, die ein Hang zu Unbekümmertheit, Egoismus und Sinnenverhaftetheit hinterläßt – den üblichen Untugenden, die häufig zu Leid und Tod führen?

Wird er an diesem Punkt, an dem nun bald der Schleier zerreißt, der das Jenseits vor unseren irdischen Leidenschaften verhüllt, nicht bedauern, die *Schlüssel* nicht gekannt zu haben, die ihm erlaubt hätten, seinem Leben eine andere Richtung zu geben und die in dieser Inkarnation eintretenden Ereignisse besser zu meistern?

Aber kommen wir auf die Suche nach Wissen im weiteren Sinne zurück. Wie geht sie vor sich, welchen allgemeinen Regeln gehorcht sie?

Zunächst erfolgt die *Beobachtung* eines Phänomens, die Feststellung seines Vorhandenseins und seiner Auswirkungen. Dieser erste Schritt entspricht der *Öffnung der Augen.*

Die Welt ist ein weites Erfahrungsfeld, das erforscht, entdeckt werden will. Da jedes Ding eine Ursache, einen Grund für sein Bestehen hat, tritt zur Beobachtung die Überlegung, die zu ersten Schlußfolgerungen führt. Die Überlegung ist anfänglich rein intellektuell, verstandesmäßig. Sie ist das *Cogito ergo sum* des Philosophen, das, was ihm erlaubt, sich selbst zu erkennen und vielleicht seinen Platz im Universum zu bestimmen. Aber sie reicht sicher nicht aus, die grundlegende Frage zu beantworten: *Warum sind wir auf Erden?*

Ein zusätzlicher Schritt wird vollzogen, wenn die eigenen Schlußfolgerungen den Erfahrungen anderer Menschen gegenübergestellt werden. Diese Konfrontation kann zur Erkenntnis führen und zur Ableitung von Gesetzen, die sich in das bestehende Wissen integrieren, indem sie es weiten und klären. Mit der Zunahme der Kenntnisse geht die Einordnung der erfahrenen Gegebenheiten und die Schaffung von Symbolen einher. Diese können die Zusammenfassung wichtiger Prinzipien sein, die bildliche Darstellung abstrakter Begriffe oder irgendwelche anderen Abbildungen, ganz nach dem Willen ihres Schöpfers: Wenn das, was sie vermitteln sollen, dem weiten Feld des menschlichen Geistes angehört, hat ihre Wiedergabe nur die Grenzen, die die Vorstellungskraft ihr steckt. Denn alles kann Symbol sein: Die Gebärde, die Sprache, die Schrift ...

Das Symbol besteht nicht aus sich selbst, sondern erhält seinen Wert erst durch die Bedeutung, die man ihm beimißt. Es wird auch nicht entdeckt oder geschaffen, sondern höchstens *wiederentdeckt;* denn jede Epoche schöpft aus dem individuellen oder kollektiven[1] Unbewußten des Menschen die Formen und Rhythmen, die von Ewigkeit an bestanden haben.

Kreis und Kreuz sind typische Beispiele.

Der Kreis ist ein – besser *das* – universelle Symbol. Ganz gleich, ob wir den Lauf der Gestirne, die Abfolge der Jahreszeiten oder die verschiedenen Inkarnationen des Menschen betrachten, immer erkennen wir Zyklen, Wiederkehr, ewige Rückkehr.

Kreis und Punkt gehören zusammen, denn eins erzeugt das andere. Und heißt es nicht: »Gott ist ein Kreis, dessen Zentrum überall und dessen Begrenzung nirgendwo ist«?

Unabhängig von seiner einfachen oder komplexen graphischen Gestaltung, von Ort und Zeit seiner Verwendung bedeutet das Kreuz zunächst immer die Aufteilung sich ergänzender Kräfte, Ebenen, Richtungen oder Pole. Genannt seien hier nur Horizontale und Vertikale, positiv und negativ, männlich und

---

[1] Man spricht in diesem Zusammenhang von kosmischem Bewußtsein, Akasha-Chronik, Egregoren etc.

weiblich. An diesem Schnittpunkt, *an dem alle Gegensätze ausgeglichen sind,* erwächst das Leben.

Man muß sich im Dunkeln fühlen, um das Bedürfnis nach Licht zu verspüren. Anders gesagt: Wer die Wahrheit zu besitzen glaubt, denkt nicht daran, sie zu suchen.

Dieser Satz gilt im materiellen Bereich genauso wie im spirituellen. Selten findet man noch aufrichtig Suchende, die bereit sind, ihr Wissen in Frage zu stellen und Dokumente und Diplome zu verbrennen, um in eine Schule zu gehen, deren Portale einigen glanzvoll, anderen jedoch mit dem Schleier des Obskuren und Geheimnisvollen umgeben scheinen.

Die Einweihung wendet sich an die rast- und ruhelosen Geister, an die, die das bislang Erlernte nicht zufriedenstellt.

»Die Berufung zur Einweihung findet sich unter jenen in der Düsternis der Nacht umherirrenden spirituellen Vagabunden, die ihre Schule oder ihre Kirche verlassen haben, weil sie ihr wahres Licht dort nicht gefunden haben[1].« Sie möchten sich der Quelle des *Großen Lichtes* nähern, das ihnen die Geburt in ein neues Leben oder zumindest eine neue Daseinsform erlaubt. Die Unterschiedlichkeit der Absichten bedingt – der jeweiligen Lehre entsprechend – verschiedene Formen der Einweihung; diese ist kein Ziel an sich, sondern ein Schlüssel, der den Zutritt zu einer neuen Welt ermöglicht und durch verschiedene Kriterien bedingt wird. Eine wichtige Motivation für die Handwerker der Vergangenheit bestand z. B. darin, die Geheimnisse ihres Berufes auf Dauer festzuhalten und der nachfolgenden Generation zu vermitteln. Ein solcher Künstler wollte nicht, daß das Ergebnis geduldiger Studien und jahre-, oft jahrzehntelanger Arbeit mit seinem Tode verlorenging, sondern zog es vor, dieses Wissen dem würdigsten seiner Schüler weiterzugeben. Er erfand Prüfungen, die ihm den Wert des Bewerbers beweisen sollten und die Geschick, Demut, vor allem aber Geduld erforderten. Vom Ergebnis dieser Prüfungen hing die Einführung in geheime Techniken des Meisters ab. Die Prüfungen wurden schließlich zu einem festen Bestandteil des Einweihungsweges und gehörten fortan zum Ritual (Einweihungen der Gesellenbruderschaften).

---

[1] Oswald Wirth, Les Mystères de l'Art Royal, S. 82

Die Einweihung kann auch die Erkenntnis von bestimmten philosophischen oder theurgischen Geheimnisse zum Ziel haben.

Die Annäherung an das Geheimnis konnte dabei nur allmählich, stufenweise geschehen, da der Uneingeweihte die tiefe Wahrheit einer Lehre nicht ohne weiteres erfassen konnte. Zudem öffnete sich der Zugang zu den geheimsten Pforten der antiken Tempel erst nach einer geduldigen Vorbereitung des Schülers; sei es, daß er die volle Bedeutung der dort stattfindenden Zeremonien noch nicht nachvollziehen konnte, sei es, daß man annahm, seine Anwesenheit sei den dort herrschenden heiligen Schwingungen abträglich. Obwohl vom Schüler nicht beabsichtigt, hätte die Entweihung doch die Unversehrtheit des Allerheiligsten berührt. Viele Schulen bzw. traditionelle Organisationen lehren daher die Mittel, die die Entwicklung und Entfaltung der latent im Menschen vorhandenen, oft aber unbekannten oder vernachlässigten Fähigkeiten erlauben; durch sie erhält der Schüler eine bestimmte Macht über sich selbst, seine Mitmenschen und die unbelebte Materie.

Wir streifen hier das heikle Problem des Strebens nach Macht; es kann zu einem mystischen Weg immer nur dazukommen und darf ihn nicht ersetzen.

Ganz gleich, auf welchem Gebiet, die Einweihung sollte immer den Zugang zu einem höheren Bewußtseinszustand eröffnen und dem Suchenden eine bessere Bemeisterung seines weltlichen und spirituellen Lebens ermöglichen.

»Über seinen Geist kam mehr und mehr die göttliche Ruhe der Betrachtung, er fühlte sich erhöht, und in dem Schweigen seiner Sinne glaubte er die Stimme seiner Seele zu vernehmen. In diesen Zustand wollte Mejnour den Neophyten versetzen, und in dieser ersten Einweihung glich der Mystiker jedem gewöhnlichen Weisen. Denn der, welcher zu entdecken sucht, muß sich zuerst in eine Art von abstraktem Idealismus versetzen und in feierlicher und süßer Unterwürfigkeit sich dem Vermögen hingeben, welches Betrachtungen anstellt und sich Vorstellungen bildet.«[1]

---

[1] Sir Edward Bulwer Lytton, Zanoni, S. 221

Wie kommt man dazu, einen traditionellen Weg einzuschlagen? Die Beweggründe der Anwärter auf das Wissen sind vielfältig.

Das am weitesten verbreitete Motiv scheint eine gewisse Vorliebe für das Geheimnisvolle zu sein – eine Antriebskraft, die immerhin stark genug war, um vor den Toren der Weisheitsschulen gleich welcher Epoche ganze Scharen von Suchenden jeglichen Alters und Standes zusammenzuführen.

Der Mensch wird immer vom Unbekannten angezogen, das ihn erschreckt und gleichzeitig fasziniert.

Was mag das sein, Einweihung? Welche seltsamen Zeremonien werden in jenen geheimnisvollen Tempeln vollzogen? Viele brennen vor Wissensdurst und zögern nicht, an die beeindruckende Tür zu klopfen und um Einlaß zu bitten, auch wenn dies mit einem Schauer vor der Gefahr verbunden ist.

Wer so denkt, will vor allem ausgefallene Kenntnisse erwerben, die ihn zu etwas Besonderem machen und ihn von anderen Menschen unterscheiden. Ein solcher Mensch handelt letzendlich aus Hochmut, denn er möchte von den anderen anerkannt werden – als Jünger einer bestimmten Tradition oder Inhaber ungewöhnlicher Kräfte, die aus ihm einen Pseudo-Wundertäter machen. Dieses Streben nach Macht wird allerdings zu Enttäuschung und Scheitern führen, wenn beim Einschlagen des mystischen Weges kein anderes Ziel vorhanden ist. Beschwörungen, Verhexungen, Gebrauch sogenannter »paranormaler« oder »parapsychologischer« Fähigkeiten sind Themen, die in diesem Umkreis hohes Ansehen genießen und mehr Bedeutung haben als die Erlangung des *tiefen Friedens,* dem einzig wirklichen Besitz des Eingeweihten.

Eine andere – tiefgehendere – Motivation ist die Transzendierung der gewöhnlichen menschlichen Ebene. Wer dieses Ziel verfolgt, will weniger *wissen* als vielmehr *erkennen;* er will nicht über einen bestimmen Lehrsatz lange reden, sondern in sich die Antwort auf die grundlegenden Fragen finden, für die Philosophie und Religion keine Lösung bieten können. Eine traditionelle initiatische Organisation, die dem Suchenden den mystischen Weg der Erleuchtung anbietet, wird ihm äußerste Strenge auferlegen. Jeder leichte Weg ist falsch und trügerisch:

nichts ist umsonst, und das *Große Licht* wird nicht ohne wirkliche Arbeit erreicht.

»Wenn auch die ganze Erde von den Buchstaben der göttlichen Weisheit durchschnitten und überschrieben wäre, so würden diese Züge doch dem wertlos sein, der nicht innehält, um Forschungen über ihre Sprache zu beginnen und über die Wahrheit nachzudenken.«[1]

---

[1] Sir Edward Bulwer Lytton, Zanoni, S. 201

# Vorgehensweise und Ziele der Einweihung

Im Verlaufe der Einweihung wird der zur Einweihung Bereite zum Eingeweihten.

Diese Entwicklung mag auf das Leben sowie die Denk- und Handlungsweise des Betreffenden zunächst keine konkrete Auswirkung haben; denn oft vollzieht die Veränderung sich unbewußt und dringt erst allmählich in das Bewußtsein ein. Ein Weltbild verändert sich selten durch einen abrupten Bruch, der alle bisherigen Anhaltspunkte und Kriterien umkehrt; vielmehr entwickelt es sich durch eine Folge von Erfahrungen, deren Lehren mehr oder weniger gut verstanden und verinnerlicht wurden. Die in uns zum Gesetz gewordenen bisherigen Prinzipien und Ideen stoßen sich an den neuen Erfahrungen und müssen, bedingt durch harte Notwendigkeit, gewandelt und neu durchdacht werden.

Dieses Gesetz der Notwendigkeit erlernt man im übrigen nicht in der Abgeschiedenheit eines Klosters oder in der stillen Klause eines Eremiten, sondern im Umgang mit all dem, was uns von Spiritualität und Mystik am weitesten entfernt scheint: nämlich im täglichen Leben, in der Gesellschaft, in der Welt und ihren oft aggressiven Implikationen.

Der Aufbau einer Lebensphilosophie erfordert also die Bereitschaft zum Umdenken und zur Demut – Eigenschaften, die heutzutage, da der schnellebige Rhythmus des täglichen Lebens uns in Bann hält, nicht mehr allzu häufig zu finden sind.

Was bedeutet nun das Wort »Einweihung« bzw. »Initiation«? Letzteres läßt sich etymologisch von dem lateinischen »initium« ableiten, was soviel bedeutet wie »Anfang«[1]. Allgemein versteht man unter Einweihung die erste Stufe, den

[1] Der deutsche Begriff betont offensichtlich mehr den Aspekt der Weihe (A. d. Ü.)

Beginn einer Unterweisung, die erste andeutungsweise Kenntnis eines Mysteriums.

Uns ist klar, daß es sich um den Anfang, den Beginn eines langen Weges handelt. Eine Tür öffnet sich, ein Lichtstrahl dringt hindurch, erhellt die altvertraute Landschaft, die man in all ihren Aspekten zu kennen glaubte, aus einer anderen Richtung und gibt ihr ein neues, unerwartetes Relief. Aber was wird heute im allgemeinen unter »Einweihung« verstanden? Oft wird sie einer einfachen Belehrung gleichgesetzt. Sinn und Ziel der traditionellen Einweihung haben jedoch nichts mit der heute üblichen Auffassung zu tun, bei der es häufig nur um schnell und wohlfeil erworbene Kenntnisse geht. Es mangelt nicht an Beispielen, und wir registrieren verwundert – und ohne jede Diskriminierung – »Einweihungen« in die Kunst des Töpferns, die Mathematik, die Radiästhesie, in Judo oder Astrologie, all dies zu haben als Einzelunterricht, Gruppenunterweisung oder Fernkurs.

Wir halten es für gefährlich, jedem um jeden Preis ein Maximum an disparaten, d. h. nach Art und Ziel uneinheitlichen Informationen zur Verfügung zu stellen, denn man täuscht die breite Öffentlichkeit durch ein schnell und mühelos erworbenes Wissen. Der Mangel solcher Werke besteht unserer Meinung nach darin, daß sie ihren Lesern durch den oft sehr leichten Einstieg in die behandelten Themen ein Gefühl selbstherrlicher Wissenschaftlichkeit vermitteln; dabei werden jedoch Theorien, die monate- und jahrelang studiert werden müßten, um mit ihnen ein fruchtbares Ergebnis zu erzielen, zu stark vereinfacht. Unsere sogenannte moderne und wissenschaftliche Zivilisation scheint jedoch solche Methoden allmählich notwendig gemacht zu haben; dabei ist sie selbst in einer Spirale gefangen, die sich verjüngt – nach unten, wenn man die wachsende Abhängigkeit des Menschen von seinen eigenen Schöpfungen betrachtet. Ziel der traditionellen Einweihung dagegen ist die Rückbindung des Menschen an das Universum, seinen Mitmenschen und das eigene Innere. Nicht durch Revolution, sondern durch eine langsame und stetig wirkende Evolution gibt sie dem Menschen Vertrauen und Demut wieder.

Stellen wir zunächst klar, daß die wirkliche Einweihung entgegen der volkstümlichen Vorstellung selten das Ergebnis einer plötzlichen, vollständigen und übermächtigen Offenbarung ist, in der das ganze Universum den Augen des Begnadeten in einer hochdramatischen Szene, etwa am äußersten Ende einer nur von Fackeln erleuchteten Höhle, enthüllt wird. Auch wenn es in der Vergangenheit so gewesen sein mag, ist dies kein Beweis für den Wert und die Glaubwürdigkeit der verbreiteten Lehren; überhaupt sind die Bräuche einer fernen Epoche unserem modernen Verständnis schwer zugänglich. Ein Vorgang, der uns heute hart oder gar barbarisch erscheint, wurde von den Ausführenden früherer Zeiten nicht als roh oder gefühllos betrachtet.

Manche Einweihungsriten, die uns durch Berichte auf Pergament, Papyrus oder Tafeln aus Holz oder Ton überliefert sind, wirken auf uns Menschen des zwanzigsten Jahrhunderts brutal und fast unmenschlich; der Grund für solche Grausamkeiten ist uns nicht mehr einsichtig, und wir sehen keine direkte Verbindung zu irgendeiner mystischen Einweihung. Der mutwillige Sadismus wird erklärlich, wenn man in Rechnung stellt, daß die Verfasser dieser Berichte vielleicht selbst einweihende Priester waren; sie hatten in diesem Fall ein Interesse daran, sich mit einem Dunstkreis von Geheimnis und Schrecken zu umgeben, denn sie konnten so die Gläubigen ihrer Religion eher beeindrucken und besaßen damit mehr Macht über ihren Geist.

Aber es konnten auch die eingeweihten Schüler selbst sein, die bewußt oder unbewußt, um sich mehr Geltung zu verschaffen oder vom Gefühl überwältigt, das Gesehene, Gehörte und Erfahrene beträchtlich übertrieben. Zudem kann jede Handlung nur in dem Zusammenhang beurteilt werden, in dem sie erdacht, begründet und begangen wurde. Diese Einordnung fällt um so schwerer, als die Sitten jener Zeit mit den unsrigen nur sehr wenig Ähnlichkeit besitzen.

Die Einweihung betrifft das Innere des Menschen; das Ritual dient zunächst nur als Stütze für die Weitergabe des Wissens mit Hilfe des Symbols, dem wichtigsten Werkzeug des Einweihenden. Dieses läßt beim Einzuweihenden einen Gedanken eher unbewußt entstehen, als daß es ihn klar formuliert. Hier wird bereits der Unterschied zwischen der traditionellen Einweihung und der heute üblichen deutlich. Erstere zeigt einen

Weg auf und bietet ein Werkzeug an. Aufgabe des Schülers ist es dann, sich der Gabe würdig zu erweisen und das Werkzeug kennenzulernen, um auf dem Pfad voranzukommen. Im zweiten Fall dagegen übernimmt der Lehrer den größten Teil der Arbeit, und der Schüler braucht nur noch zu ernten.

Zudem wird bei der Einweihung nie die ganze, sondern immer nur ein Teil der Wahrheit enthüllt. Dieser Teil ist das Werkzeug, das der Eingeweihte erst kennen-, dann gebrauchenlernen muß, um sich selbst zu verwirklichen – d. h. seine Wirklichkeit zu erkennen. Er ist der erste Buchstabe des verlorenen Wortes, und er ist auch der Meißel und der Hammer, die dem Arbeiter gegeben werden, um den ihm anvertrauten rauhen Stein kubisch zu machen. Ihre Handhabung wird ihm nicht sofort klar sein, und es bedarf einer langen und geduldigen Lehrzeit, bis er mit ihrer Hilfe das erhoffte Ergebnis erzielt; die Mühe, die es ihn gekostet hat, wertet die vollendete Arbeit nur um so mehr auf.

Die Steinmetzgesellen der Vergangenheit irrten sich da nicht, wenn sie das vollbrachte Werk im Namen des Großen Baumeisters verherrlichten. Die Achtung vor der Arbeit adelte den Menschen und seine Werkzeuge, während heute die geringste Geste in barem Geld vergolten wird – ein Ergebnis der übertriebenen Spezialisierung. Früher dagegen wurde der Künstler für sein Werk honoriert, das als Ganzes betrachtet wurde.

Das ist der Preis des modernen Lebens, werden Sie sagen . . . Wer auf dem Pfad ist, muß sich der bevorstehenden Einweihung würdig erweisen. Diese erste Stufe führt an den Stand des Einzuweihenden heran. Viel Zeit ist schon vergangen, und einen langen Weg hat er schon zurückgelegt, seit er zum erstenmal an die Pforte des Tempels klopfte. Sie wurde ihm geöffnet – genauer gesagt, halb geöffnet – und seine persönliche Arbeit hat ihn dahingebracht, der ersten Weihe entgegensehen zu dürfen.

Nun steht die Prüfung bevor, die aus einer ganzen Reihe von Proben bestehen kann; an ihrem Ende wird ihm vielleicht ein Wort enthüllt, oder er erhält die Antwort auf eine grundlegende Frage – falls es nicht ein Text ist, über den es zu meditieren gilt. Nun muß er sich als Eingeweihter des erhaltenen Schlüssels als würdig erweisen, damit er durch seine Arbeit all die Früchte erntet, die diese erste Einweihung erhoffen ließ. Seine Aufgabe besteht jetzt darin, die Türen zu finden, auf die der ihm überlassene Schlüssel paßt; diese eröffnen ihm neue Bereiche, die es – zusammen mit dem Lehrer oder allein – zu entdecken und urbar zu machen gilt. Da die Öffnung jeder dieser Türen dem gemeinhin so genannten *Überschreiten der Schwelle* entspricht – einer Stufe, auf der ein Fehltritt immer noch möglich ist –, ist die Gefahr des Sturzes für den schlecht vorbereiteten Schüler nicht ausgeschlossen.

Der Schrecken der Schwelle, eine reale und berechtigte Angst, ist in der Tat die bedeutendste Prüfung, die der Anwärter auf das Licht zu bestehen hat. Seine wenigen Schritte auf dem Pfad haben ihn zur Kenntnis von Gesetzen und Prinzipien geführt, die vielleicht das Erwachen einer latent in ihm vorhandenen Fähigkeit zur Folge hatten. Er spürt dann plötzlich eine Präsenz an seiner Seite, die er als feindlich erkennt: Der *Hüter der Schwelle* ist erschienen und hindert den Wagemutigen, den die Angst der Kräfte beraubt hat, weiter in das Heiligtum einzudringen. Dieser Hüter der Schwelle, ein häßliches Monster, dessen Macht unüberwindlich erscheint, ist in Wirklichkeit nur ein Geschöpf des Geistes, eine Verquikkung von Ängsten, verdrängten Wünschen und sonstigen Trugbildern. Er wird endgültig nur durch eine unerbittliche Selbstbeobachtung besiegt, die das Innere von den Schlacken befreit, die es im materiellen Bereich der Sinne festhalten. Die von ihren Ketten befreite Seele kann dann in jene Welt des Lichts aufsteigen, wo ihr die Erkenntnis durch direkte Wahrnehmung – d. h. durch Kommunion – zuteil wird.

Während also viele Suchende in den Bereichen des Aberglaubens verharren, die ihnen kaum ein Entkommen bieten, können einige wenige, die mit einfacher Demut, Mut und ruhigem Glauben gewappnet sind, ihren Aufstieg zum Licht fortsetzen.

Ein wunderschönes Beispiel finden wir in »Zanoni«, dem bereits erwähnten Schlüsselroman des Rosenkreuzers Sir Edward Bulwer Lytton; er schildert den Aufstieg einer Seele zur Einweihung, den Kampf zwischen dem Streben nach dem hohen Ideal und den irdischen Leidenschaften und schließlich den Fall des Wesens, dem es an Mut, Demut und Beständigkeit mangelt, um die Probezeit zu bestehen.

Über den Hüter der Schwelle heißt es dort:

»Die Undurchsichtigkeit der Region des Gewohnheitsmäßigen schützt den Menschen vor seinem erschreckenden Aspekt. Sobald dieser Schutz fehlt, sobald der menschliche Geist die Wolken durchdringt und in die unerforschten Regionen der Natur eintritt, plagt ihn der Schrecken, der der Natur innewohnt, nimmt Besitz von ihm und kann nur durch das Streben nach dem Schöpfer und das absolute Vertrauen in Ihn, dessen Bote und Werkzeug der *Glaube* ist, besiegt werden.«[1]

Dieser heute so seltene Glaube, der doch der Ursprung so vieler großartiger Werke war, wird dort beschrieben als:

»Göttlichen Ursprungs, der seinen Glanz, seine Orakel und seine Wunder nur den erhabensten Zuständen der Seele anvertraut. Sein direkter Gegner ist die *Angst.* Deshalb müssen die, die Angst haben, auf das Hilfsmittel des Glaubens verzichten. Aber das Streben, das den Weg zur Erlösung offenhält, kann den Glauben zu Hilfe rufen, auch wenn der Hilferuf aus der Angst heraus geschieht.«[2]

Was ist der Glaube? Es wäre falsch, ihn mit einem religiösen Bekenntnis oder einer bestimmten Glaubensrichtung gleichzusetzen; vergleichen wir ihn eher mit jenem tiefen Vertrauen, das der Schüler in seinen Meister, das angestrebte heilige Ziel und die zu seiner Erlangung verwendeten Mittel setzt. Er ist die *absolute Gewißheit,* die auf persönlicher Erfahrung und beharrlicher, selbstloser Arbeit beruht. Ein solches Vertrauen ist letztendlich Selbstaufgabe, denn es beinhaltet das Vergessen jedes egoistischen Wunsches und das Verschmelzen des Wesens mit dem, was es für das Heiligste hält – wenn nicht gar mit der göttlichen Ebene selbst.

Gleichzeitig Grundlage einer höheren Menschlichkeit und ihr höchstes Ideal, ist der Glaube eigentlich universelle Liebe.

Weit davon entfernt, ein kultureller Überzug zu sein, der durch neue Entdeckungen schon bald wieder in Frage gestellt wird, ist die Einweihung also ein reales und das Individuum tief berührendes Mittel der Wahrnehmung, denn sie gründet auf der – mit oder ohne Lehrer gewonnenen – persönlichen

---

[1] Sir Edward Bulwer Lytton, Zanoni

[2] Sir Edward Bulwer Lytton, Zanoni

Erfahrung. Ihre Technik mag sich auf Rituale stützen, deren ausschließlicher Zweck es ist, die Vorstellungskraft des Kandidaten zu beeindrucken und die ihm so erlauben, durch das bewußte oder unbewußte Assoziieren von Bildern und Tönen die wichtigsten Punkte der Zeremonie festzuhalten. Dieses Prinzip ist allen Traditionen gemeinsam, bei denen das Symbol einen breiten Platz einnimmt. Als Träger und Zusammenfassung einer Wahrheit oder einer Lehre – seine Verwendung in dieser Hinsicht ist im übrigen eines der Charakteristika der westlichen Tradition – ist es für den Laien stumm; für den Wissenden jedoch, der über es meditiert, um sich seinen innersten Gehalt anzueignen, enthält es einen tiefen Sinn und die verschiedensten Implikationen.

Wir werden noch auf dieses Thema zurückkommen; aber es erscheint einsichtig, daß eine Botschaft besser behalten und verstanden wird, wenn Intellekt und Unbewußtes zugleich angesprochen werden.

Kommen wir auf den Weg zu sprechen, den man innerhalb einer gegebenen Tradition verfolgt. Die Unterschiedlichkeit der Traditionen hat zu einer Vielzahl von Wegen geführt, die allen Bestrebungen und Charakteren erlauben, sich in der ihnen gemäßen Schule zu entfalten.

Denn die Zugehörigkeit zu einer bestimmten Schule prägt den Suchenden mit den ihr eigenen Motivationen und Idealen, vor allem aber mit ihrem Reinheitsgrad. Zu den ersten Zielen der Einweihung gehört somit für jedes empfindende Wesen die Weitergabe eines spirituellen Einflusses, der mit dem Egregore des gewählten Weges in Einklang steht.

So besitzt z. B. die Einweihung der Templer und die der katharischen Vollkommenen ihre jeweils spezifischen Eigenheiten, obwohl doch beide aus der christlichen Tradition hervorgegangen sind und, wie wir sehen werden, sich auch mancher Anknüpfungspunkt zwischen ihnen finden läßt.

Wir glauben, daß jede wirkliche Einweihung die Zugehörigkeit zu einer bestimmten esoterischen Strömung und oft auch zu einer traditionellen Organisation notwendig voraussetzt. Diese Organisation – ein Orden oder ein Kolleg – verleiht dann selbst die Einweihung, und ihr obliegt es, Sinn und Wert der Riten zu kennen und ihre Beibehaltung und Weitergabe sicherzustellen. Es gibt in der Welt mehrere tausend Sekten, die eine religiöse, esoterische oder okkulte Lehre verbreiten und für die angebotenen Wege der verschiedenen Traditionen repräsentativ sind. Wir wollen uns hier nur mit der westlichen Tradition beschäftigen. Warum? Wir glauben, daß eine Tradition die Frucht, das Vermächtnis einer Zivilisation, eines Volkes ist. Sie ist das Ergebnis von Jahrhunderten, ja Jahrtausenden der Arbeit und des Nachdenkens durch das Volk, auf dessen Boden sie entstanden ist und das sie durch seine Charakteristika geprägt hat. Zahlreiche Faktoren sind an ihrer Entstehung beteiligt: die Psyche des Individuums, seine Anpassungsfähigkeit, seine technischen Leistungen, seine geographische Lage (in Küstennähe oder -ferne, isoliert von anderen Völkern oder im Gegenteil am Kreuzungspunkt von Kulturen, wo Händler, Philosophen und Krieger zusammenkamen) etc. Unsere Heimat ist das Abendland, unsere Vorfahren sind die Kelten, und wir leben auf dem Boden, der die Wiege dieser Rasse war. Wir sind also Erben dieser Vergangenheit, die uns, ob wir wollen oder nicht, geprägt hat. Ebenso wie eine Philosophie oder Religion ist eine Tradition immer von dem Umkreis abhängig, in dem sie geschaffen wurde.

Aufgabe einer traditionellen Organisation ist neben der Weitergabe der Kenntnisse und der Einweihung, deren Verwalter sie ist, das Fernhalten von fremden, d. h. heterogenen Einflüssen. Jeder hat die Freiheit, den ihm zusagenden Weg zu wählen, aber er sollte mit seinem Volk und der seiner Rasse eigenen Tradition in Harmonie stehen; mit seinem Awen[1], würden die Druiden sagen.

Man mag uns vorhalten, daß statt des direkten Kontaktes mit einer Organisation Bücher und Manuskripte sehr wohl zu Einweihungszwecken benutzt werden können. Dies setzt aber zum einen voraus, daß die Verfasser der verschiedenen Werke das initiatische Wissen tatsächlich besessen haben und es in ihren Schriften zu überliefern wußten; andererseits müssen ihre nach Einweihung strebenden Leser in der Lage sein, es auch zu erfassen – d. h., empfangsbereit sein.

Obwohl wir eine solche Situation in Anbetracht der langen und ermüdenden Vorbereitung, der jeder Schüler sich unter-

---

[1] Kelt. Begriff für den metaphysischen Äther (A. d. Ü.)

ziehen muß, für wenig wahrscheinlich halten – zu der ja, wie gesagt, die Weitergabe eines spirituellen, genauer psychischen Einflusses hinzutreten muß – mag ein solches Phänomen doch vorkommen; wir sprechen dann in Anlehnung an René Guénon nicht von einer Einweihung durch Bücher, sondern von ihrem initiatischen Gebrauch.

Allerdings muß in diesem Fall vor der Lektüre ein direkter – bewußter oder unbewußter – Kontakt mit der initiatischen Quelle stattgefunden haben. Der Zeitpunkt des Kontakts ist dabei nicht von Bedeutung; da der Begriff der Dauer aus kosmischer Sicht keine Rolle spielt, kann er, wie die Anhänger der Reinkarnation behaupten, auch auf ein früheres Leben zurückgehen. In diesem Buch geht es um die mystische Einweihung, d. h. das Innere, die Psyche des Menschen. Die Verwendung eines Buches als »Einweiher« kann jedoch immer nur den Intellekt betreffen. Sein initiatischer Gebrauch, der, wie wir gesehen haben, den Besitz einer gewissen transzendenten Kenntnis voraussetzt, kann jedoch das, was durch das begrenzte objektive Bewußtsein wahrgenommen und analysiert wird, subjektiv verarbeiten und wachsen lassen.

ZWEITER TEIL

# DIE WEGE

# Druidentum

Die Kelten, ursprünglich keine rassische, religiöse oder linguistische Einheit, sondern ein Gemisch von Stämmen, die zwar aus einem geographischen Raum hervorgegangen waren, die jedoch im Laufe ihrer Wanderungen mit den verschiedensten ortsansässigen Völkerschaften verschmolzen, bildeten nichtsdestoweniger bald ein mehr oder weniger homogenes Ganzes, dessen wesentliche Charakteristika heute beschrieben werden können.

Ihre Geschichte wird gewöhnlich mit zwei Orten in Verbindung gebracht – Halstatt und La Tène, die den jeweiligen Kulturen ihren Namen gaben – und in mehrere Epochen eingeteilt, die den verschiedenen Wanderungen und Invasionen entsprechen. Diverse Untersuchungen haben gezeigt, daß keltische Stämme vom 2. Jahrtausend vor Christus bis zum 11. Jahrhundert nach Christus in mehreren Schüben zunächst nach Norden, dann nach Westen und Osten bis hin zum Mittleren Orient zogen und anschließend erneut nach Westen zurückströmten – diesmal bis in den äußersten Westen des Abendlandes, in die Normandie, die Bretagne und auf die Britannischen Inseln.

Die Kelten haben also zu einem sehr frühen Zeitpunkt in unserem heutigen Lebensraum Fuß gefaßt und ihn damit aus ethnischer, linguistischer und kultureller Sicht wesentlich geprägt.

Die Normandie, die Bretagne und Irland sind heute noch Gebiete, deren keltische Bevölkerung ihren Charakter sehr rein bewahrt hat, und das Studium des dort noch lebendigen Brauchtums hält für den Forscher manche Überraschung bereit.

Die Struktur der keltischen Gesellschaft ist uns durch verschiedene Quellen bekannt: sie wurde u. a. von Historikern wie Diodor von Sizilien, Strabo und Julius Caesar beschrieben. Ihren Zeugnissen ist jedoch zu mißtrauen, denn es handelt sich oft um oberflächliche Beobachtungen, die noch dazu von einer

Besatzungsarmee gemacht wurden, der an einer positiven Darstellung der unterworfenen Völker nicht gelegen war. So wollte Caesar die von ihm und seinen Truppen begangenen Grausamkeiten dadurch in Vergessenheit geraten lassen, daß er einen angeblich blutigen Kult zitierte, bei dem die Druiden als Hohepriester auf den zu Opfertischen umfunktionierten Dolmen Menschenopfer darbrachten.

Einen anderen Zugang zur keltischen Lebensweise eröffnen die walisischen und irischen Heldenepen, wie etwa »Das Werben um Etain«[1] oder »Das Buch von der Einnahme Irlands«[2], die die Christianisierung zum Teil überlebt haben und aus denen das Kastenwesen sowie Psyche und Glauben der Kelten recht gut deutlich werden.

Der bekannte Keltenforscher Jean Markale bemerkt dazu: »Die metaphysischen Anliegen, die, wie wir durch das Zeugnis Caesars wissen, den gallischen Druiden eigen waren, können bei diesen Berichten natürlich nicht fehlen. Schon die Form des mythologischen Heldenepos ist für die Verwendung von Symbolen wie geschaffen, auch wenn ihre spätere Auslegung die intellektuellen Vorstellungen einer gemeinhin als intelligent und innovativ bezeichneten Elite nur unvollständig wiedergibt.«[3]

Daß die keltischen – und damit die gallischen Stämme – sich nicht durch ein besonderes Streben nach Einheit auszeichneten und die meiste Zeit damit verbrachten, sich gegenseitig zu bekriegen, ist in der Wissenschaft nicht unumstritten; Einigkeit besteht jedoch darüber, daß die Druiden aufgrund ihrer Weisheit und ihrer Kenntnisse in der keltischen Gesellschaft eine große Bedeutung besaßen. Es wird berichtet, daß selbst Könige ohne ihre Gegenwart keine Entscheidungen fällen konnten. Da sie in die Mysterien des Lebens eingeweiht waren, da sie die Weisheit liebten und den menschlichen Geist kannten, wandte man sich an sie, um einen Streitfall zu schlichten, der die Mitglieder des Stammes entzweite. Sie waren Richter, aber auch Berater, deren Stimme gehört wurde und deren Meinung jeder anderen vorgezogen wurde.

---

[1] Tochmarc Etaine
[2] Lebor Gabála Erenn
[3] Jean Markale, L'Epopée Celtique d'Irlande, S. 19

Als Teil der Priesterklasse unterstanden sie einer Autorität, die die Hierarchie der späteren katholischen Kirche in gewisser Weise vorwegnahm. Durch die römischen Geschichtsschreiber wissen wir, daß die Druiden sich regelmäßig im Lande der Carnuten versammelten, um unter der Leitung des obersten Druiden Sitzungen abzuhalten. Ebenso wie Könige und einfache Untertanen sich den Entscheidungen »ihres« Druiden unterwerfen mußten, unterstanden diese dem Urteil des obersten Druiden, der als unumstrittener Gebieter galt.

Die Druiden spielten also im Leben des keltischen Volkes eine bedeutende Rolle. Sie waren Gesetzgeber, Berater, Leiter der Riten, aber auch Denker, die den Auftrag und die Zukunft des Menschen zu ergründen suchten, sie waren Ärzte und zuweilen auch Strategen. Diese so unterschiedlichen Kenntnisse waren das Ergebnis eines langen und beschwerlichen Studiums, das schwache und nicht genügend motivierte Naturen bald entmutigte. Wer die Ausbildung aufgab oder aus dem Kreis der Schüler verjagt wurde, mochte sich vielleicht dazu entschließen, dem Meister zu dienen, um sein Wohlwollen zu gewinnen oder einen Schimmer seines Wissens aufzufangen; im schlimmsten Fall wurde er ein Schamane oder Schwarzmagier, der mit Amuletten und Beschwörungen das Volk zu beeinflussen suchte, um es der Autorität des Druiden zu entziehen.

Der Stand des Druiden war also nicht jedem zugänglich, und wenn auch die Probezeit lang war (man spricht von 20 Jahren) und eine angemessene Prüfung darstellte, führte sie doch in verschiedenen Stufen an diese Würde heran.

Der gelehrte, eingeweihte Schüler, der gewisse Verantwortlichkeiten innehatte und in Abwesenheit des Druiden die Autorität ausübte, wurde *Eubage* genannt. Er war der Vertreter des Druiden, sein spiritueller Sohn, sein designierter Nachfolger.

Aber er war nicht der einzige, der eingeweiht war und bestimmte Kenntnisse besaß. Die unterste Stufe bildeten die *Barden,* die Inhaber und Verbreiter der mündlichen Tradition waren und deren eher sachlich-nüchterne Aufgabe darin bestand, die Krieger zu begleiten und durch Schreie und Gesänge ihren Kampfesmut zu stärken. Als Dichter und Musiker sangen sie das Lob des Anführers und trugen wie die späteren Spielleute und Troubadoure, deren würdige Vorläufer sie waren, die in Versform gebrachten Nachrichten von einem Land zum anderen.

Die *Ovaten* schließlich besaßen ein weitergehendes Wissen; sie waren Seher und Heiler, die Orakel verkündeten, die Heilkraft der Pflanzen studierten und den Einfluß der tellurischen Ströme auf die Gesundheit von Menschen, Tieren und Pflanzen erforschten. Sie kannten die heilenden Orte, an denen eine Genesung am ehesten möglich war, und wurden deshalb allgemein geachtet.

Diese so verschiedenartigen Kenntnisse setzten ein langes Studium notwendig voraus – um so mehr, als schriftliche Dokumente nicht vorhanden waren und die Unterweisung ausschließlich mündlich erfolgte.

Die Behauptung einiger Autoren, die »Eichenkundigen« hätten die Schrift einfach nicht gekannt, gehört sicher in den Bereich jener Propaganda, von der schon die Römer in die Irre geleitet wurden; heute steht fest, daß damals wenigstens drei Schriftsysteme bekannt waren und auch verwendet wurden.

Zum einen das Griechische, und es ist in diesem Zusammenhang interessant, die kulturellen Ähnlichkeiten zwischen hellenischer und keltischer Welt festzustellen (ähnliche Mythologie, Parallelen zwischen Druidentum und Pythagoreern etc.). Diese engen Beziehungen scheinen sehr weit ins Altertum zurückzureichen. Aufgrund seiner Untersuchungen der Wurzel *LiG* in den Worten *LiGer, LuG, Gael, LoGos* etc. schreibt Paul Le Cour sie einem gemeinsamen ligurischen Ursprung zu. »Sowohl Kelten wie Griechen verehrten die Sonne als göttlich; bei den Kelten erscheint sie als *Belen* oder *Abollen,* bei den Griechen als *Apollon* (es handelt sich um dasselbe Wort Hel-Enn mit der Vorsilbe AB = Vater).«[1]

Eine weitere Schrift war das Ogham; es besteht aus kleinen Strichen, die einer gemeinsamen Linie entlang angeordnet sind. Die Runen schließlich waren in ihrer ältesten Form, dem aus 16 bzw. 24 Buchstaben bestehenden Futhark[2], bekannt, deren Ursprung sich im Dunkel der Zeit verliert (skandinavische Mythologie).

---

[1] Paul Le Cour, Hellénisme et Christianisme, S. 109

[2] Benannt nach den ersten 6 Buchstaben (th = 1 Buchstabe) (A. d. Ü.)

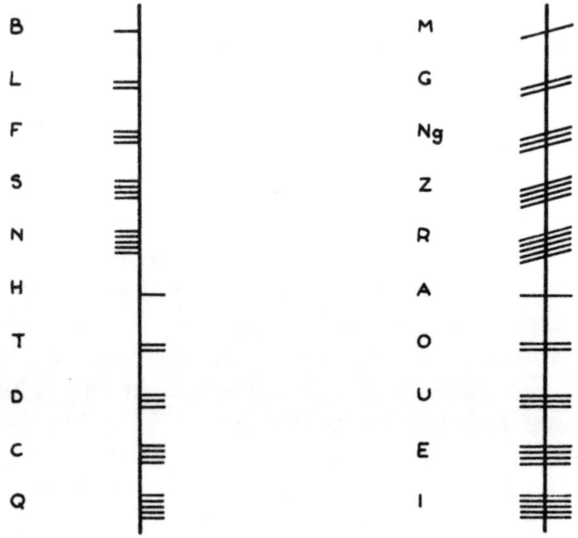


*Ogham-Alphabet*

Da das Fehlen einer schriftlichen Niederlegung also nicht auf Unwissenheit zurückzuführen ist, muß wohl bewußt auf sie verzichtet worden sein; sei es, um das Geheimnis der Lehren zu bewahren, die – vergessen wir dies nicht – einer Elite vorbehalten waren, sei es, um die Wißbegierigen dazu anzuhalten, ihren Geist durch intensive tägliche Gymnastik zu üben. Die damit vollzogene natürliche Selektion eröffnete nur den aufrichtigen und beharrlichen Schülern die Möglichkeit, eines Tages das Ziel zu erreichen, während die Schwachen und Unredlichen den Mut verloren und sich freiwillig von ihrem Lehrer trennten.

Dieses Vorgehen beinhaltet also das Opfer eines leichtsinnigen, oberflächlichen Lebens zugunsten eines strengen Studiums; dabei handelt es sich nicht um eine einfache Opfergabe, die auf dem Altar Gottes niedergelegt wird, sondern um die Überschreitung des eigenen Selbst und der materiellen Gewohnheiten, um zur Kommunion mit dem Göttlichen zu gelangen.

Lassen sich über die Kenntnisse und Lehren der Druiden definitive Aussagen machen?

| *Altes Futhark* | | *Neues Futhark* | |
|---|---|---|---|
| f | ᚠ | f | ᚠ |
| u | ᚢ | u | ᚢ |
| th | ᚦ | th | ᚦ |
| a | ᚨ | a | ᚨ |
| r | ᚱ | r | ᚱ |
| k | ᚲ | k | ᚴ |
| g | ᚷ | | |
| w | ᚹ | | |
| h | ᚺ | h | ᚼ |
| n | ᚾ | n | ᚾ |
| i | ᛁ | i | ᛁ |
| j | ᛃ | a | ᛅ |
| E | ᛇ | s | ᛋ |
| p | ᛈ | | |
| R | ᛉ | | |
| s | ᛊ | | |
| t | ᛏ | t | ᛏ |
| b | ᛒ | b | ᛒ |
| e | ᛖ | m | ᛘ |
| m | ᛗ | l | ᛚ |
| l | ᛚ | R | ᛦ |
| ŋ | ᛜ | | |
| d | ᛞ | | |
| o | ᛟ | | |

Nein, sicher nicht; aber die – allerdings nicht unbesehen zu übernehmenden – Zeugnisse der römischen Historiker geben uns einiges Material an die Hand. Ebenso können wir die irische epische Literatur zu Rate ziehen. Schließlich – und uns am nächsten – gibt uns die romanische Kunst mit ihrer steingewordenen Sprache Aufschluß über Prinzipien und Wahrheiten, deren Studium von nicht geringem Interesse ist. Diejenigen unserer Leser, die zwischen druidischer Philosophie und romanischer Kunst keine direkte Verbindung sehen, möchten wir auf das bemerkenswerte Werk von Marcel Moreau[1] verweisen, in dem Eigenheiten und Gemeinsamkeiten von Druidentum und keltischem Christentum untersucht werden.

Jean Markale, der den keltischen Beitrag zum westlichen Christentum analysiert, schreibt zu diesem Thema: »Die Kelten sind immer ihre eigenen Wege gegangen. Sie haben ihre natürliche Tendenz zum Partikularismus, der mit einer systematischen Revolte gegen alles offiziell Etablierte einhergeht, bis zur Manie getrieben. Diese bekannte Anarchie der Kelten, die ihnen im übrigen immer zum Nachteil gereichte, hatte jedoch auch Platz für schöpferische Einfälle und originelle Lösungen. Es ist also normal, daß die christliche Religion in den keltischen Ländern eine besondere Entwicklung erlebte, die oft von Ketzerei nicht weit entfernt ist.«[2]

Wir gehen sogar noch weiter: In die römisch-katholische Kirche, deren Tempel unseren westlichen Boden zuhauf übersäen, sind unter der Hand verschiedene Tendenzen eingeflossen; zu ihnen gehört auch das Druidentum, das über die Benediktiner Eingang fand. Auf diesen Orden geht die Erbauung zahlreicher romanischer Kirchen zurück, deren Ausschmückung den nicht unterrichteten Gläubigen zumindest überrascht. Wer eine solche Kirche betritt, sieht sich alsbald einem Volk von Tieren gegenüber, grimassenschneidenden Monstern oder üppig wuchernden Pflanzen, die sich mit dem religiösen Frieden des Gebäudes kaum zu vereinbaren scheinen. Das bekannteste dieser ornamentalen Motive ist die Schlange mit dem Widderkopf; ihr Körper endet in einem

---

[1] La Tradition Celtique dans l'Art Roman
[2] Jean Markale, Les Celtes, S. 203

Fischschwanz, und wir dürfen daraus schließen, daß sie den Übergang vom Widder- zum Fischezeitalter symbolisiert. In eben dieser Epoche entwickelte sich auch die Philosophie der Druiden. Obwohl fromme Stiftsherren oft versucht haben, diese Skulpturen in ihren Katechismus einzupassen, sind sie nichts anderes als eine letzte Tradierung der druidischen Lehre.

Welchen Inhalt hat diese Lehre? Wahrheiten, die schnell zu nennen sind, deren Anwendung jedoch das Opfer eines ganzen Lebens erfordert. Denn eine solche Philosophie läßt sich nicht aus Büchern erlernen, sondern in der Tiefe des Waldes, zwischen Eichen und Buchen, beim Lauschen auf den Herzschlag des Universums.

Die Botschaft der Druiden besagt: Die Materie dient nur als äußere Hülle, als Stütze für die Seele, die von Inkarnation zu Inkarnation ihr wahres Selbst, ihre Befreiung sucht, um in *Gwenwed,* die Weiße Welt, einzutreten. Die Individualseele, Teil der kosmischen oder unerschaffenen Seele, muß alle Bereiche der Schöpfung kennenlernen, bevor sie in Gwenwed eingeht.

Diese Evolution wird behindert – oder, schlimmer noch, die Seele fällt in *Abred,* den Kreis der Notwendigkeit, zurück –, wenn die in den Triaden genannten grundlegenden Prinzipien nicht beachtet werden.

»Drei Dinge führen in Abred zurück:

- Stolz
- Grausamkeit
- Lüge.« (63. Triade)

Denn:

»Drei Dinge halten das Wesen in Ketten und begründen die Schicksalhaftigkeit, die dem Kreis der Notwendigkeit eigen ist:

- fehlendes Bemühen um Erkenntnis;
- fehlendes Bemühen um das Gute;
- Bevorzugung des Schlechten aus Trägheit.«

Durch diese drei Irrtümer verstrickt der Mensch sich in den Kreis der Notwendigkeit; er bleibt darin verhaftet und läuft Gefahr, in das Nichts von *Cytraul*[1] zurückzufallen.

Das Druidentum lehrt die zyklischen Gesetze des Universums; das keltische Kreuz stellt sie sinnbildlich dar. Es steht in einem Kreis – Keugant, dem Göttlichen Kreis, außerhalb dessen nur Gott ist – und enthält selbst einen zweiten, Gwenwed oder die Weiße Welt, den Kreis des vollkommenen Wissens, das jeder erstrebt.

Wer den Zyklus der Reinkarnationen in Abred – dem Kreis der Notwendigkeit – vollendet und sein wahres Selbst gefunden hat, erreicht Gwenwed. Ein solcher Mensch ist von allen materiellen Zufälligkeiten befreit, denn er bedarf der körperlichen Hülle nicht mehr: Er wird zu einem Führer oder spirituellen Meister.

Die von den Barden weitergegebene mündliche Tradition, die jeder Eingeweihte auswendig kennen mußte, bestand aus in Versform gebrachten dreigliedrigen Lehrsätzen. Diese sogenannten *Triaden* wurden im Mittelalter erstmals schriftlich festgehalten und erlauben, Begriffe wie die Realität Gottes, das Wesen der Schöpfung und des Todes, die Rolle des Menschen etc. näher zu bestimmen. Sie sind letztendlich eine kondensierte und kodifizierte Darstellung der druidischen Philosophie.

Wesen und Aufbau dieser Triaden werden durch die nachfolgenden Beispiele noch deutlicher. Schon um der leichteren Erinnerlichkeit willen war es erforderlich, die Sprache knapp zu halten und den jeweils treffenden Begriff zu verwenden. Gerade in dieser Wahl des einzig passenden Terminus, der die Idee zusammenfaßte, aber doch sprechend genug war, um die Erkenntnis des Prinzips zu ermöglichen, lag die wahre Meisterschaft jener weißgewandeten Männer. Bereits die erste Triade ist bezeichnend:

»Der ursprünglichen Wahrheiten sind drei, und mehr kann es nicht geben. Es sind:

---

[1] Kelt. Begriff für das Böse (A. d. Ü.)

- ein Gott
- eine Wahrheit
- eine Freiheit, Punkt des Ausgleichs zwischen allen Gegensätzen.«

Eine solche Formel ist nicht durch einfache Lektüre zu begreifen; sie kann nur durch wiederholtes Studium und Meditation verinnerlicht werden.

Eine andere Triade erhellt die Einstellung des Druidentums zur Seelenwanderung. Sie besagt:

»Drei unheilvolle Konsequenzen ergeben sich aus dem Prinzip der Schicksalhaftigkeit und Notwendigkeit, das per definitionem zum Kreis von Abred gehört. Es sind:

- das zwanghafte Geschick;
- das Vergessen der aufeinanderfolgenden Existenzen;
- der für diese Erneuerungen notwendige Tod.«

Dies entspricht völlig unserem modernen Verständnis der Reinkarnationsgesetze. Wir verdanken Paul Bouchet, dem gegenwärtigen Groß-Druiden von Gallien und Leiter eines zeitgenössischen druidischen Studienkreises, das öffentliche Wiedererstehen der druidischen Philosophie. Diese beinhaltet nicht nur moralisch sicher hochstehende, aber lebensferne und theoretische Prinzipien; sie ist vielmehr ihrem Wesen nach auf die Handlung, auf Praxis ausgerichtet. Sobald ihre Gesetze einmal bekannt sind, können – und müssen – sie im täglichen Leben des Kelten angewandt werden, denn sie führen ihn zur Harmonie mit den Kräften der Natur, denen er untersteht.

»Das Druidentum sieht sich als Ausdruck aller psychischen, intellektuellen und physischen Kräfte, die auf diesen Teil der westlichen Welt, auf dem es entstanden ist, und insbesondere auf die keltische Rasse, die durch diese Einflüsse geformt wurde, einwirken. Der wesentliche Inhalt dieser Lehre wurde durch die Triaden der Barden bis heute überliefert; Wissenschaft und Kosmogonie sind uns durch jenes wunderbare Pentakel, das sogenannte ›keltische Kreuz‹ überkommen, dessen mathematische Fortführungen wir in den Maßwerken und der esoterischen Bilderwelt der Kathedralen wiederfinden.«[1]

Uns scheint der Zugang zu diesem Wissen ebenso schwierig wie zu der Wissenschaft des dreimalgroßen Hermes, denn diese beiden Wege erfordern von seiten des aufrichtigen Schülers die meiste Anstrengung. Führt die druidische Philosophie zu vollständiger Erkenntnis? Ja, alles spricht für diese Behauptung. Als einzige westliche Tradition eröffnet das Druidentum die Möglichkeit zur wirklichen Reintegration des Menschen, denn es sieht ihn als Ganzheit und möchte ihn zu einem physischen, moralischen und psychischen Einklang mit dem Kosmischen bringen. Diese Harmonie kann nur durch die Aufnahme und Verinnerlichung eines transzendenten, d. h. initiatischen Wissens erreicht werden. Die druidische Einweihung ist, ebenso wie andere Einweihungen, nicht eine dogmatische Enthüllung, sondern im Gegenteil das Ergebnis beharrlicher Arbeit. So erlernt der Schüler die Beherrschung seines Intellekts durch das tägliche Studium der in den Triaden enthaltenen Lehren; die Beherrschung seiner Psyche durch Übungen, die dem königlichen Raja-Yoga vergleichbar sind; die Beherrschung seines Körpers schließlich durch Atem- und Muskelübungen, die die Steigerung der Lebenskraft zum Ziel haben. Wichtig ist hier, daß die angewandten Methoden homogen sind und miteinander harmonieren, weil sie aus dem *einen* Gedanken hervorgegangen sind.

Nach diesem ersten Schritt beschäftigt der Schüler sich mit der Stellung des Menschen innerhalb der Schöpfung und lernt, welchen Wesenheiten er befehlen kann, ihm bei der Erfüllung seines Auftrags zu helfen. Hier sind die Elementargeister zu nennen. Seine Kenntnis der im Körper des Menschen kreisenden Energieströme gibt ihm analog die Möglichkeit, diese auch im Boden und im Raum aufzuspüren. Die Anwendungen: das Auffinden heilender Orte, Wettervorhersagen etc.

Die Druiden, ganzheitlich orientierte Menschen und lebende Bindeglieder zwischen materieller und spiritueller Welt, kannten also die Struktur der Erde gut. Ihre Bestimmung der tellurischen Ströme beweist es. Haben sie dabei die Megalithen als Markierungspunkte benutzt, die entlang dieser

---

[1] Paul Bouchet, Science et Philosophie des Druides

Ströme, an Knotenpunkten und Verzweigungen aufgestellt wurden? Haben sie in der gleichen Absicht, in der Akupunkteure die Energieströme (Meridiane) des menschlichen Körpers bezeichnen, die Erde sozusagen akupunktiert? »Die Menhire wurden an ganz bestimmten Orten errichtet, an denen die vom Licht angezogenen inneren Kräfte tagsüber nach oben stiegen und des nachts die stellare Strahlung auffingen; sie erlaubten so auch dem Menschen, diese aufzunehmen und gewisse kosmische Kräfte wiederzufinden, die Energie erzeugen.«[1] Selbst wenn die Megalithen nicht von Druiden, sondern von Zauberern oder Schamanen der neolithischen Stämme errichtet wurden, ändert dies an der Grundtatsache nichts: Es handelt sich um dasselbe Wissen und um die gleiche Art Menschen. Wie stand es mit der Fähigkeit der Druiden, am Ort ihrer Anwesenheit Regen oder Sonnenschein zu bewirken? War dies eine wirkliche Kraft, die auf der Beherrschung und Anleitung der Elementargeister beruhte, oder handelte es sich lediglich um astronomische Kenntnisse und genaue Beobachtungen, die zu kurz-, mittel- oder langfristigen Wettervorhersagen führten?

Ein Überbleibsel der keltisch-druidischen Tradition ist die *Schwarze Madonna.* Nur wenige dieser Statuen sind uns über die Jahrhunderte erhalten geblieben. Viele sind den zahlreichen Bränden in Kirchen und Kathedralen zum Opfer gefallen, andere wurden von verantwortungslosen und eifersüchtigen Geistlichen zerstört, die das Wiederaufleben irgendeines heidnischen Kultes fürchteten; wieder andere wurden geraubt und zieren heute eine Privatsammlung. Ihre Spur findet sich jedoch in verschiedenen sorgsam gehüteten Dokumenten, und unabhängig vom Fundort variiert ihre Beschreibung kaum. Das Kleid der Jungfrau wird im allgemeinen als dreiecksförmig oder besser konisch zulaufend beschrieben; es ist am Hals eng, wird zu den Füßen hin weiter und verhüllt den ganzen Körper. Das Jesuskind, falls vorhanden, sitzt auf dem linken Knie seiner Mutter oder wird zwischen beiden Knien gehalten; es erhebt die Hand zum Segen, während die oft gekrönt dargestellte Maria in der rechten Hand ein Szepter hält. Das

---

[1] Paul Bouchet, Science et Philosophie des Druides, S. 194

Eigentümliche dieser Statue jedoch ist ihre Farbe: schwarz. Dies mag auf die Qualität des Materials – Stein, Zedern- oder Ebenholz – oder auf einen speziellen Überzug zurückzuführen sein, der Hände und Gesicht bedeckt. Jedenfalls scheint der Bildhauer die Absicht gehabt zu haben, die Farbe des Körpers und der Kleidung wohl zu unterscheiden.

Immerhin seltsam, der anbetenden Menge eine schwarze – oder dunkle – Statue vorzustellen, wo doch der Marienkult, ganz Reinheit, die Lilie als Sinnbild hat und weit eher an die Farbe Weiß denken läßt!

Der Kult der schwarzen Jungfrauen läßt sich bis ins Altertum zurückverfolgen. Man weiß jetzt, daß einige die ägyptische Göttin Isis darstellen sollen und daß andere den druidischen Begriff der »Jungfrau vor der Niederkunft« wiedergeben, der damit die »Virgini pariturae« der katholischen Religion vorwegnimmt. Die von manchen als Götzenbilder bezeichneten Statuen wurden zudem meist in der Krypta einer Kirche aufgestellt – dem dämmrigsten und geheimnisvollsten Ort des Gebäudes, an dem ein ständiges Halbdunkel die Mysterien des unterirdischen Lebens fast körperlich greifbar werden läßt.

Die Bedeutung der *Schwarzen Jungfrauen?*

Ganz gleich, ob sie als »Jungfrau vor der Niederkunft« dargestellt sind oder den Christus-König auf dem Schoß halten, sie sind immer Sinnbilder der Fruchtbarkeit. Der Fruchtbarkeit jener dunklen, fetten und wohlriechenden Erde, die den Namen Isis trägt. Jener jungfräulichen Erde, die das beste ihrer selbst gibt, die Frucht ihres Leibes. Sie bringen das Salz der Erde hervor, Christus, den Erlöser der verirrten Menschheit. Aus initiatischer Sicht ist die Verbindung der *Schwarzen Madonna* zum Druidentum nicht zu leugnen. Ihr meist im Dunkeln liegender Platz am Ende einer Grotte oder in einer Nische weist sie als Gäa aus, die mütterliche, nährende Erde. Oft wurden die Statuen in der Nähe einer Quelle oder eines Brunnens aufgestellt – Zeugnisse für die von der Erde ausgehende Energie – und bezeichneten so den Ort, an dem eine hydro-tellurische Strömung verlief bzw. an die Oberfläche trat.

Die Schwarze Madonna, Mutter Gottes und der Menschen, ist letztendlich Symbol der kosmischen Energie, lebengebendes Prinzip, Kraft der Natur – Natur selbst.

Weit davon entfernt, die von den Römern so selbstgefällig beschriebenen primitiven und ungehobelten Barbaren zu sein, waren die Kelten also geistig hochstehende Menschen, die ausgesprochen spekulative Begriffe handhabten, ohne darüber die tägliche Realität aus den Augen zu verlieren.

Die druidische Einweihung setzte ein hohes Maß an Charakterstärke voraus, denn die Prüfung der Geduld (oder der Beharrlichkeit) kann wohl als die wichtigste von allen betrachtet werden.

Gab es Einweihungszeremonien? Ja und nein. Ja, weil bei der Einführung neuer Würdenträger (Barden, Ovaten, Eubagen, Druiden) oder anläßlich der großen Feste (Tagundnachtgleiche, Winter- und Sommersonnenwende) sicher rituelle Zeremonien vollzogen wurden. Nein, denn der Schüler wurde ständig eingeweiht: inmitten des ewigen Tempels der Natur, dessen Säulen Eichen und Buchen sind.

*Keltisches Kreuz*

# Gral

Im 12. Jahrhundert tauchen mehrere Ritterromane auf, die die Begebenheiten einer wesentlich mystisch geprägten Suche schildern; ihr Ziel ist die Entdeckung des Schlosses mit dem geheimnisvollen Gral – einer Schale, in der das Blut Christi aufgefangen wurde. Die von verschiedenen Autoren an verschiedenen Orten verfaßten Berichte weisen nichtsdestoweniger hinsichtlich der in ihnen entwickelten Ideen sowie der Motivationen und Umstände der Suche gewisse Ähnlichkeiten auf. Die Gralssuche spiegelt Ende des 12., Anfang des 13. Jahrhunderts, als die christliche Botschaft schon nicht mehr unangefochten bestand, die Suche nach einer neuen Deutung der Welt. In ihren Erzählungen lebt die mittelalterliche Gesellschaft wieder auf: von mystischen Idealen beseelte Ritter und einfach, aber vernünftig denkende Knappen erscheinen vor unseren Augen. Die Angst des Jahres 1000 war vergangen, aber das damalige Europa erlebte eine Krise, in deren Zentrum die religiösen Überzeugungen standen. Diese vielzitierte metaphysische Unruhe rief Männer auf den Plan, deren Namen die Kirchengeschichte rühmend erwähnt; aber sie führte auch zu Erneuerungsbewegungen, die als ketzerisch betrachtet wurden, die aber ebenfalls dem Streben nach dem Absoluten entsprangen.

»Die Synkope der ersten Gralstradition fällt mit der Periode zusammen, in der die Kirche die größten Anstrengungen unternahm, die von ihr als ketzerisch betrachteten Strömungen zu unterdrücken. Sie setzt einige Zeit nach der Vernichtung des Templerordens, nach der sich besonders in Frankreich und Italien, aber auch in England, die Vertreter gleichartiger Einflüsse in geheimerer Form organisiert zu haben scheinen, wieder ein; diese Strömungen beeinflussen, wie wir sehen werden, auch die Gralstradition und bewahrten bestimmte Motive bis in die jüngste Zeit.«[1]

---

[1] Julius Evola, Le Mystère du Graal, S. 80

Wer hat vor dieser magischen, geheimnisvollen Gralssuche, die hinter ihrer äußeren, für die Öffentlichkeit bestimmten christlichen Fassade der Einweihung durch den Herzweg entspricht, nicht schon gezittert, nicht von ihr geträumt? Der Gral ist ein Symbol, das aus der ältesten Vergangenheit der abendländischen Tradition stammt. Bevor er als Schale, Kelch oder Hostiengefäß in der Literatur auftaucht, war er ein Kessel, und wir denken unweigerlich an die Druiden, die Kelten, die Skandinavier ... Der Kessel der Unsterblichkeit findet sich in verschiedenen Berichten der keltisch-germanischen Mythologie, die wir hier kurz darstellen wollen.

Die keltische Rasse entstand, wie wir gesehen haben, durch die Vermischung verschiedener aus Norden und Osten kommender Invasionsströme und wurde durch den skandinavischen Beitrag tief geprägt. Der Einfluß der nordischen Magie auf die Vorstellungswelt der Germanen ist bekannt, aber auch im äußersten Westen, besonders in der Normandie, finden sich seine Spuren. Er war jedenfalls stark genug, um das Aufblühen geistiger Bewegungen zu erlauben, die zwar aus dem Christentum hervorgegangen waren, die aber trotzdem ihre eigenen Charakteristika hatten: Templer, Gesellenbruderschaften, Rosenkreuzer ...

Wir wollen hier keine Exegese des nordisch-germanischen Glaubens versuchen – eine solche Darstellung würde an dieser Stelle zu weit führen –, aber wir möchten ein paar Merkmale aufzeigen, die mit dem Gral in Verbindung stehen und die uns im folgenden als Anhaltspunkte dienen sollen.

Die Glaubensvorstellungen der germanischen Völker sind in mythischen Berichten enthalten, in denen Gewalt und Magie aufs engste verknüpft sind. Kelch (oder Kessel) und Lanze (oder Wurfspieß) werden fast immer genannt. Odin besitzt einen solchen Wurfspieß, der sein Ziel unfehlbar erreicht und eine beträchtliche Zahl seiner Feinde tötet. Der Kessel bezeugt die Verbindung von Asen und Vanen: nachdem sie ihren Speichel in ihm vermischt haben, wird er zu einem Symbol des Friedens, und die Götter formen aus dem entstandenen Gemisch einen neuen Menschen, Kvasir. Dieser wird von zwei Zwergen getötet, die sein Blut in einen Kessel gießen und durch Beimischung von Honig Met aus ihm herstellen. Diesen Met, der beim Trinkenden zur Erkenntnis führt, eignet Odin sich an, der auch die Runen schuf. Später wird der Kessel zum Symbol der Unsterblichkeit: wenn man die im Kampf gefallenen Krieger hineintaucht, erwachen sie zu neuem Leben. Keridwen kocht ihre magischen Kräuter in einem Kessel, der dem Druiden Morda und dem Zwerg Gwyon zur Obhut anvertraut wird. Drei Tropfen der kostbaren Flüssigkeit fallen auf den Finger des Zwerges; der leckt sie auf und erlangt dadurch Weisheit und die Kenntnis der Zukunft.

Der Kessel, Symbol der Natur, enthält also das Wasser des Lebens, das Körper und Geist die Unsterblichkeit verleiht. Das Elixier, das die Tür zur Erkenntnis öffnet, reinigt die Materie und belebt den Geist.

Die christlichen Texte greifen dieses Bild wieder auf. Sie machen aus dem Kessel der Unsterblichkeit den Abendmahlskelch, in dem Joseph von Arimathia, ein edler und tapferer Ritter, das aus der Seite des Gekreuzigten fließende Blut auffängt. In den 40 Jahren seiner Gefangenschaft ist es der Gral, der ihm Nahrung, Licht und Leben gibt.

Wie bei jeder initiatischen Tradition sind auch hier Geschichte und Mythos kaum zu trennen.

Das Gralsthema erscheint zum ersten Mal gegen 1180 am Hofe der Marie de Champagne im »Roman von Perceval oder die Geschichte vom Gral« des Chrétien de Troyes. Zu dieser Zeit war der Templerorden fest in der Champagne verankert; die »Ritter mit den weißen Mänteln« sind in verschiedenen Gralslegenden mit der Bewachung des Kleinods beauftragt. Es scheint, als hätten die Gralserzählungen ebenso wie die »Confessio« oder die »Reformatio« der Rosenkreuzer im 17. Jahrhundert der Information und Erziehung einer gewissen Elite gedient. Und zwar der Ritter, denn sie allein waren die Verteidiger des Glaubens und der Unterdrückten. Die Lehre, die sie aus den Geschichten vom Gral ziehen konnten, war vom Christus-Geist geprägt. Da die Kirche die Verbreitung der äußeren Seite des Christentums übernommen hatte, beschäftigten sich Wolfram von Eschenbach, Malory und Chrétien de Troyes damit, seine esoterische Seite bekannt zu machen.

Handelten sie dabei aus eigenem Antrieb oder waren sie beauftragt worden? Und von wem? Den Templern?

Jacques d'Arès, Leiter der Zeitschrift »Atlantis«, scheint dies zu glauben. Er sieht ihren Einfluß zumindest bei der

Verbreitung der im Grals-Zyklus enthaltenen Ideen als wahrscheinlich an: »Warum sollte es nicht eine immerhin plausible Hypothese sein, daß die Templer am späteren Sagenschatz der Bretagne[1] nicht unbeteiligt waren?«[2]

Betreten wir nun den Wald, in dem sich das geheimnisvolle Schloß mit dem Gral befindet. Bald treffen wir auf andere Suchende – einsame Ritter, die alles verlassen haben, um die Eroberung der Grals auf sich zu nehmen. Ihr einziges Ziel: die Entdeckung des Ortes mit dem heiligen Kelch. Sie haben sich völlig in die Hand Gottes begeben und zählen einzig auf seine Barmherzigkeit, um auf einem Weg geleitet zu werden, dessen Markierungen sie nicht kennen. Nur eins wissen sie: vor dem Bösen und seinen Versuchungen müssen sie sich hüten!

Traditionsgemäß befindet sich der Gral in einem Schloß, das oft auf einer Insel errichtet wurde. Die Insel, in vielen Mythen ein Ort des Geheimnisses, ist häufig von Nebel umgeben; von der übrigen Welt durch einen Wassergraben, einen Fluß oder einen ganzen Ozean getrennt, kann sie nur mit einem passenden Boot erreicht werden. Ein solches von Wasser umgebenes Landstück verbirgt oft die Zufluchtsstätte eines Fabeltieres, eines Eremiten oder Magiers – oder eben ein wunderbares Schloß. Es mag vorkommen, daß das Schloß sofort verschwindet, wenn der Held es erreicht und besucht hat, und daß dieser sich dann allein inmitten des Waldes wiederfindet. War es Täuschung, Traum, oder eher ekstatische Vision, die das Ziel, die höchste Entlohnung für die vielen Mühen, ahnen läßt?

Der Zugang zum Schloß, die Zugbrücke, wird von den Gralsrittern bewacht; sie sind Angehörige des Templerordens und haben den Auftrag, zu verhindern, daß Neugierige oder Menschen mit wenig Glauben sich dem Heiligtum nähern und es entweihen. Dieses ist übrigens nie – oder fast nie – ein Tempel oder eine Kirche[3], sondern gleicht eher einem Schloß oder einem befestigten königlichen Palast. Sein beeindruckendes Äußeres spiegelt die innere Haltung des Suchenden, der

---

[1] d. h. die Artus- und Gralslegende (A. d. Ü.)

[2] Jacques d'Arès, Atlantis Nr. 271, Jan./Feb. 1973

[3] Eine Ausnahme bildet die Episode, in der der Gral den drei vorherbestimmten Rittern in der Kapelle zu Sarraz erscheint; aber da handelt es sich bereits um das Ende der Suche, und »niemand hat sich je rühmen können, den Heiligen Gral wiedergesehen zu haben«.

edel und tapfer sein muß; das Auffinden des Grals entspricht der Entdeckung seines inneren Heiligtums.[1]

Wer also die Suche unternimmt, muß hohe Tugenden besitzen, und wer den Gral entdeckt, ist der beste Ritter der Welt. »Wißt denn, daß der beste Ritter der Welt nicht nur tapfer sein muß, sondern der tapferste; nicht nur selbstlos, sondern der selbstloseste; nicht nur hilfsbereit, sondern der hilfsbereiteste, rein schließlich, aber der reinste; das heißt, noch einmal, wirklich der beste.«[2]

Die geforderten Eigenschaften beziehen sich also auf den moralischen, den physischen und den spirituellen (oder mystischen) Bereich. Die Keuschheit oder zumindest die vollkommenste Reinheit in einer eventuellen Verbindung ist zudem absolutes Gesetz. Der Ritter braucht die körperliche Vereinigung mit seiner Dame nicht zu verweigern, aber diese Verbindung führt zu schwerstem Unglück, wenn sie nicht mit einer vollständigen Reinigung einhergeht.

Galahad, der von Geburt und per definitionem Reine, kennt keine Begierde; Lanzelot dagegen scheitert an dieser Hürde und fügt zur Untugend die Ehrlosigkeit.

Aber wir wollen nicht vorgreifen und die Suche nach dem Gral von dem Augenblick an rekonstruieren, an dem sie entschieden wurde; dazu sollen die von verschiedenen Autoren beschriebenen Fakten zusammengestellt werden.

Es ist der Weise Merlin, Erbe des druidischen Wissens, der den Menschen die Existenz des Grals enthüllt und König Artus und seine Ritter dazu veranlaßt, ihn zu suchen.

Merlin, der der Verbindung eines gefallenen Engels mit einer Sterblichen entstammt, besitzt das Wissen um die verborgenen Dinge und die vergangenen, gegenwärtigen und zukünftigen Ereignisse; zudem verfügt er über die Macht, den Ele-

---

1 In diesem Zusammenhang ist die Feststellung interessant, daß die hier beschriebene innere Suche völlig mit der Suche nach dem Stein der Weisen, d. h. der Suche der Alchemisten, übereinstimmt; das befestigte Schloß entspricht entweder der Urmaterie selbst, deren Inneres die klare, wertvolle Quelle birgt, oder aber dem Ofen, in dem die Verbrennung der Materie stattfindet. Der Ritter, der schädliche äußere Einflüsse abwehrt, wird zum Verteidiger des »Werkes«, d. h. zum feurigen Element. Sein sprechendes Symbol ist der Wurfspieß bzw. die Lanze.

2 X. de Langlais, Le Roman du Roi Arthur, Bd. 1, S. 170

menten, Menschen und Tieren zu befehlen. Ein äußerst empfindsames Herz macht ihn trotz dieser außergewöhnlichen Fähigkeiten verletzlich. Denn er ist durch seine übermenschliche Abkunft zwar mit erstaunlichen Fähigkeiten begabt, hat aber von seiner Mutter die irdische, fleischgebundene Natur geerbt, die ihn für materielle Leidenschaften empfänglich macht. Durch sein Wissen um die Zukunft kennt er die Gefahr, die die Begegnung mit einem bestimmten jungen Mädchen für ihn bedeutet, das im Walde von Broceliande lebt: durch die Liebe zu Viviane wird er seine Fähigkeiten auf immer verlieren.

Aus angeblich rein intellektueller Neugier führt er diese Begegnung trotzdem herbei, und das Schicksal nimmt seinen Lauf: nach und nach enthüllt er ihr all seine Geheimnisse. Bald weiß Viviane soviel wie ihr ehemaliger Lehrer; sie nutzt seine Schwäche aus und schließt ihn in ein Luftschloß ein, von dem es für ihn kein Entkommen mehr gibt. Ihm bleibt nur noch die Klage über seine ausweglose Situation.

Damit endet die direkte Beteiligung des Druiden Merlin an der Suche nach dem Gral.

Aber kehren wir zum Ausgangspunkt der Geschichte zurück. Merlin, der König Artus bei seinen Reisen begleitet, kann diesem bei verschiedenen Anlässen durch seine Gegenwart und seine Ratschläge helfen. Eines Tages erzählt er ihm, auf welche Weise der Mensch die Gnade des Goldenen Zeitalters verlor. Dann spricht er vom Gral, dem von Christus beim Abendmahl benutzten Kelch, und verkündet den versammelten Rittern, es sei der Wille Gottes, daß der kostbare Kelch gefunden und seiner Not ein Ende bereitet werde.

Diese hatte begonnen, als Joseph von Arimathia schließlich nach vierzigjähriger Gefangenschaft befreit wird, und war sowohl durch den Verlust Jerusalems wie auch des wahren Glaubens verursacht worden. Vergessen wir nicht, daß wir uns im Zeitalter der Kreuzzüge befinden, in dem Kriege und Epidemien das Abendland verwüsteten. Die Wiederentdekkung des Gralskelches entspricht der Eroberung des Heiligen Grabes – und damit der Gewißheit, die göttliche Barmherzigkeit zu besitzen.

Der Gral bedeutet schließlich nicht mehr nur das Gefäß, sondern auch den Inhalt: er wird zu einem Symbol für das Blut

Christi, und die Suche gilt über das materielle Objekt hinaus der Reintegration des Menschen in die göttliche Liebe. Wer rein und selbstlos genug ist, um dieses Ziel zu erreichen, wird der beste Ritter der Welt genannt.

Nachdem König Artus seine rein weltlichen Angelegenheiten geregelt hat, beginnt die Gralssuche. Zwölf[1] Ritter nehmen an ihr teil; nach dem Tisch, den Artus auf Wunsch Merlins anfertigen läßt und um den herum die Ritter Platz nehmen, werden sie die *Ritter der Tafelrunde* genannt.

Der erste Ritter, dem alle Hoffnungen gelten, ist Lanzelot. Nach dem Tode seines Vaters, des Königs Ban, wird er von Viviane geraubt und von ihr im Schloß am Grunde des Sees aufgezogen. Artus schlägt ihn zum Ritter; er wird zur Tafelrunde zugelassen, verliebt sich aber sehr schnell in Gueniėvre, die Frau des Königs. Durch eigene Schuld hat er sich so aus dem Kreis der Auserwählten verbannt; denn er hat eine Sünde des Fleisches begangen und zudem das Vertrauen eines anderen mißbraucht.

Der nächste Held ist Parzival. Seine Mutter, die kurz nach seiner Geburt Witwe geworden war, fürchtet, daß er wie sein Vater und seine Brüder in den Krieg ziehen und dort den Tod finden könnte. Sie verläßt daher ihr Schloß mit einigen Dienern, um ihn in ländlicher Abgeschiedenheit, fern von der Welt und ihren Gefahren, fern von Turnieren und Kriegen aufzuziehen. Trotzdem trifft Parzival auf *drei Ritter,* die ihm das Vorhandensein dieser »anderen« Welt enthüllen. Seine Wißbegier und sein Gespür für sein Geschick sind so groß, daß ihre wenigen Worte ihn veranlassen, gleich am folgenden Morgen zum Hof von König Artus aufzubrechen und sich zum Ritter schlagen zu lassen.

Seine Abenteuer lassen ihn reifen, aber die erlebten Enttäuschungen führen dazu, daß er sich von Gott abwendet. Sieben Jahre vergehen, bis er plötzlich, an einem Karfreitag, den Glauben wiederfindet. Er wird nun zur Tafelrunde zugelassen, und alle Hoffnungen gelten ihm. Aber *drei Fehler* – der Tod der Mutter, den er durch seine Abreise verursacht hatte, der Mord an dem roten Ritter, das Schweigen in der Gralsburg – machen ihn unwürdig, der beste Ritter der Welt zu sein.

---

[1] Einige Versionen nennen statt dessen die Zahl von 50 oder sogar 150 Rittern.

Aus der Verbindung Lanzelots mit der Tochter des Königs Pellès war ein Sohn hervorgegangen: Galahad. Ohne zu wissen, daß Lanzelot sein Vater ist, wird er von ihm in einem Kloster zum Ritter geschlagen und zur Tafelrunde zugelassen. Die Prüfungen, die er im Laufe seiner Suche erlebt, führen ihn zum Verständnis des Guten und lassen ihn den Sinn des Lebens auf der Erde erkennen. Letztendlich wird er durch sie auch mit jenem mystischen Weg bekannt, der zur Kenntnis des Grals führt. Nachdem er seinen Auftrag angenommen und sich völlig in die Hand Gottes gegeben hat – und hier liegt der wesentliche Unterschied zu seinen in diesem Punkt unentschlossenen Gefährten –, wird sein Weg einfach. Galahad wird schließlich als der beste Ritter der Welt anerkannt. Von Gott ausgezeichnet und begleitet von Lanzelot und Parzival, entdeckt er den Kelch mit dem kostbaren Blut: König Pellès war sein Hüter. Die drei Ritter erreichen dann die erhabenen Höhen der mystischen Kommunion: Josephé, der Sohn Josephs von Arimathia, liest die Gralsmesse; Christus erscheint und reicht ihnen die lang ersehnte hohe Nahrung; das von der Lanze fließende Blut heilt den König Mordrain. Die drei vorherbestimmten Ritter verlassen schließlich die Burg und nehmen den Gral mit. Einzig Galahad erreicht jedoch die Fülle, denn der Herr erlaubt ihm, *näher zu kommen,* zu *sehen* und zu *begreifen.*

Die Gralssuche beinhaltet also alle Aspekte eines initiatischen Weges, und zwar innerhalb der christlichen Tradition. Ihre esoterische Seite ist ständig präsent, obwohl die katholische Kirche dies stets geleugnet oder ignoriert hat.

## *Was ist der Gral?*

Die Autoren haben ihn als Kelch, Schale, Edelstein dargestellt – seine Benennungen waren vielfältig. In der christlichen Tradition ist er der Kelch, in dem Joseph von Arimathia das Blut des gekreuzigten Christus auffing. Woher aber kam dieser Kelch? Anfänglich scheint er ein Edelstein gewesen zu sein – ein Smaragd, der sich von der Stirn Luzifers löste, als der Erzengel Michael ihn schlug. Der mit dem Smaragden verknüpfte Symbolgehalt läßt vermuten, daß es sich hier um das sogenannte *Dritte Auge* handelt; der Edelstein wurde dann in Form eines Kelches mit 144 Facetten geschliffen.

Seine Kraft ist überwältigend. Wenn er erscheint, ist er von strahlend hellem Licht umgeben, das dem Suchenden seine Gegenwart anzeigt. Diese Helligkeit ist für unreine oder stolze Menschen unerträglich – was bedeutet, daß nur der durch eine langsame Einweihung vorbereitete Schüler die angestrebten Wahrheiten auch erfassen kann. Im besten Fall wird er seinen Weg nicht erkennen und sich wie ein Blinder verhalten – geblendet von diesem übergroßen Licht. Wer schließlich versucht, die Pforte des Tempels gewaltsam aufzubrechen, um eine Einweihung zu erhalten, zu der er nicht berechtigt ist, wird auf der Stelle zerschmettert, denn das Heiligtum schützt sich selbst. Der Auserwählte dagegen, der den Gral trägt oder zu seinem Ruhm streitet, ist unangreifbar, denn er kämpft den Kampf des Lichts gegen die Mächte der Finsternis. Der ewige Mythos vom Kampf der zwei Naturen, Gut und Böse, findet hier seinen Ausdruck. Ist der Gral nicht auch eine Emanation der göttlichen Liebe? Wird der heilige Kelch nicht auch mit dem Herzen Christi in Verbindung gebracht?

Die mystische Mahlzeit der Ritter ist jedenfalls in diesem Sinne zu verstehen: Der Gral erscheint in der Tafelrunde und bringt jedem die Gerichte, die ihm am liebsten sind. Sie stillen den Hunger des Körpers ebenso schnell wie den des Geistes und der Seele. Außerdem schließen sie die Wunden, geben dem Körper neue Kraft und verlängern das Leben. Die letztgenannten Eigenschaften hat nicht nur der himmlische Kelch, sondern auch die Lanze, die oft zusammen mit ihm erscheint und aus der ein Tropfen Blut tritt; sie heilt den König Méhaignié. Einst gehörte sie dem römischen Soldaten Longinus, der sie dem Gekreuzigten in die Seite stieß, um sich seines Todes zu versichern. Blut und Wasser traten hervor, die wie Lanze und Kelch einander ergänzende Symbole sind: Die Lanze stellt den männlichen Aspekt dar – positiv, aktiv und befruchtend –, während der Kelch auf den weiblichen Aspekt hinweist, der negativ, passiv und fruchtbar ist.

Diese beiden Elemente werden von einem dritten begleitet: dem Schwert. Durch seine kreuzartige Form stellt es die Verbindung zwischen ihnen her, denn der Schnittpunkt zwischen vertikaler und horizontaler Linie bedeutet, daß das Feuer der Lanze das Wasser des Kelches durchdringt. Die beiden kriegerischen Symbole spiegeln recht gut den Geist, in dem die Gralssuche unternommen werden muß. So sagt auch Wolfram von Eschenbach: »Der Weg zum Gral eröffnet sich nur dem, der die Waffen in der Hand trägt.«

Ebenso wie der Urstoff der Alchemisten wird der Gral nur mit den Waffen in der Hand errungen. In einem alchemistischen Büchlein, das die Entdeckung eines Tempels schildert, der einem Tempel des Heiligen Geistes vergleichbar ist und der den Stein der Weisen bergen soll, heißt es:

»Entschlossen zu siegen oder unterzugehen, ergriff ich wütend mit der einen Hand meine Lanze und mit der anderen die Substanz, von der ich die notwendige Menge auf das Schloß gab.«[1]

Ist diese Substanz nicht der Degen, den der Künstler braucht, um das *Große Werk* zu vollenden?

Wir halten den Grals-Zyklus und sein Rittertum für den mystischsten Weg der westlichen Tradition, der in dieser Hinsicht nur mit der Lehre der Rosenkreuzer vergleichbar ist. Das Gralsrittertum erfordert jedoch nicht nur die unbedingte Beachtung des katholischen Dogmas, sondern auch Gehorsam gegenüber den Regeln des reinen, aufrichtigen Rittertums – so unzeitgemäß uns dies heute, am Ende des zwanzigsten Jahrhunderts, auch erscheinen mag. Die Erzählungen um die Tafelrunde waren nicht nur einfache Romane, sondern von Männern, die die Wahrheiten der Einweihungslehre unzweifelhaft kannten, mit Bedacht geschrieben worden. Wir möchten noch einmal Xavier de Langlais zitieren:

»Die Romane der Tafelrunde erlebten vom 12. bis zum 14. Jahrhundert eine sagenhafte Entwicklung. Sie wurden fast gleichzeitig ins Französische, Englische, Deutsche, Dänische, Spanische und Italienische übersetzt und hatten die ganze Christenheit als Zuhörerschaft. Das Echo, das sie in den Herzen fanden, hatte solche Resonanz, und die durch sie hervorgerufene Prägung war so tief und dauerhaft, daß die Gefühls- und Lebensweise der Männer und Frauen im Abendland für mehrere Jahrhunderte verändert wurde.«[2]

---

1 Cyliani, Hermès Dévoilé, S. 18

2 Xavier de Langlais, Le Roman du Roi Arthur, Bd. 1, S. 7

# Templer

1118: Gründung des Ordens
1307: Verhaftung der Templer

Fast zwei Jahrhunderte liegen zwischen diesen beiden Daten. Umjubelte Kavalkaden unter glühender Sonne, Macht und glänzende Siege wechseln während dieser 189 Jahre mit blutigen Niederlagen, tödlicher Erschöpfung, schwarzer Pest, Verrat und Grausamkeit. Hauptsächlich aber sind sie gekennzeichnet durch ein ritterliches Ideal, eine unverbrüchliche Treue zum katholischen Glauben, die Verehrung der Mutter Gottes, den Schutz der Schwachen und Unterdrückten sowie die Emanzipation der Handwerker.

So scheint die Epoche der Templer mit all den Niedrigkeiten und Schwächen des menschlichen Herzens, aber auch mit all seinen idealistischen, humanitären Bestrebungen zutiefst menschlich.

Die Templer waren Verteidiger des katholischen Glaubens, Erbauer der Kathedralen, Landwirte, Landverweser und Bankiers. Nach dem Studium mehrerer tausend Dokumente stellt Laurent Dailliez fest:

»Die Templer waren Geldhändler großen Stils, regelrechte Finanziers, Vorläufer der italienischen Gesellschaften, die seit dem 14. Jahrhundert um sich griffen. Fast zwei Jahrhunderte lang hielten sie den überwiegenden Teil des europäischen Kapitals in ihren Händen. Aufgrund des Vertrauens, das sie genossen, waren sie Schatzmeister der Kirche, von Fürsten, Königen und Privatleuten.«[1]

Wieviel dunkle, geheime, ja selbst magische Ursprungsmythen hat man nicht um ihre doppelte, scheinbar widersprüchliche, gleichzeitig religiöse und militärische Aufgabe gesponnen? Indes: Ihr Leben war einfach und rechtschaffen, ihr Glaube aufrichtig und frei von Ketzerei. Ihr Unrecht, das

---

[1] Laurent Dailliez: Les Templiers ces Inconnus, S. 185

sie nicht verbergen konnten und das sie dem Haß ihrer Umgebung aussetzte, war ihre völlige Lauterkeit und ihr totales Engagement, denn sie waren Männer, die kein Zurück kannten.

Wir wollen hier nicht die Geschichte des Templerordens und der Templer wiedergeben. Das haben andere vor uns mit viel Fleiß und Begabung getan. Wir wollen vielmehr versuchen, den Zweck der Institution »Templer« zu erkennen, die Berechtigung für die Existenz des Ordens sowie den Nutzen, den die »Armen Soldaten Christi« gestern und heute aus ihm haben ziehen können.

Seit der offiziellen Zerschlagung des Templerordens im Jahre 1307 und dem Tod seines letzten Großmeisters Jacques de Molay, der 1314 auf dem Scheiterhaufen starb, sind zahlreiche neue Templerorden aufgetaucht. Die meisten von ihnen verschwanden nach relativ kurzer Zeit wieder; andere hatten eine längere Lebensdauer, aber auch sie besaßen nur in den seltensten Fällen das wahre initiatische Wissen. Welchen Sinn haben eine prunkvolle Zeremonienkleidung, phantasievolle Fahnen und mehr als zweifelhafte Legitimationsurkunden, wenn man sich mit einer antiquierten äußeren Seite zufriedengibt? Wir glauben, daß der Templerorden nur in seiner Zeit, d. h. vom 12. bis zum 14. Jahrhundert von Wert war, als er in der mittelalterlichen französischen Gesellschaft tatsächlich eine Rolle spielte. Wenn seine modernen Abkömmlinge nicht mehr in der Lage sind, diese Rolle zu spielen, und sich mit einem Ritual begnügen, dessen symbolischer Gehalt ihnen unbekannt ist, haben sie keine Berechtigung mehr. Es genügt nicht, sich Templer zu nennen, um wirklich einer zu sein. Man braucht auch den Glauben. Was soll es, den katholischen Glauben und die Verehrung der Mutter Gottes durch jene seltsame Mischung pseudo-esoterischer und okkulter Theorien zu ersetzen, die mehr oder weniger zufällig aus eigenen Einfällen, Studien oder Phantasien gespeist werden? Warum begnügen diese »Neo-Templer« sich damit, von der Vergangenheit zu träumen, wo doch ihre vielzitierten geistigen Väter ganz auf die Zukunft hin orientiert waren?

Man hat oft von geheimen Regeln, Meistern und Siegeln gesprochen, ohne daß diese Behauptung je durch ein beweiskräftiges Dokument bestätigt worden wäre.[1] Obwohl... obwohl diese »Hirngespinste« ein Fünkchen Wahrheit in sich tragen, das ihre Urheber oft gar nicht kannten...

Der Templerorden, ursprünglich zur Bewachung der Pilgerstraßen und zur Teilnahme an der Wiedereroberung des Grabes Christi gegründet, entfaltete sein Wirken in einer Epoche des Übergangs und in einer Gesellschaft, die sich wandelte. Das Abendland befand sich in einer Krise; die katholische Kirche brauchte ein Auffangbecken für alle gutwilligen Menschen, um ihre Autorität und ihren Glanz zu festigen. Der mittelalterliche Mensch dagegen war auf der Suche nach einem Ideal, dem er sein Leben weihen konnte.

Die aus verschiedenen Gründen erwartete Erneuerung konkretisierte sich in der sagenumwobenen Unternehmung zur Eroberung des Heiligen Grabes und des Tempels von Jerusalem. Die in äußeren Formen erstarrende Religion genügte dem damaligen Menschen nicht mehr; Adel, Bürgertum und einfaches Volk verspürten gleichermaßen das Bedürfnis, ihr Leben einem höheren Ziel zu weihen. Diese breite Strömung, die getragen wurde von einem machtvollen mystischen Drang zum Göttlichen, dem unklaren Bewußtsein der abendländischen Einheit und dem tiefen Wunsch nach Wiederherstellung der keltischen Identität, erhielt den Namen »Templertum«.[2] Dieser Begriff scheint die genannten Züge am ehesten zusammenzufassen, denn er meint das Ideal der Templer, ihren Traum vom Aufstieg der Gesellschaft und der Menschheit und die Selbstverleugnung im Dienst am Nächsten und der Jungfrau genauso wie die Philosophie, die diese Tendenzen vereint und aus ihnen eine hermetische Lehre macht.

Allerdings: Den »Armen Rittern vom Salomonischen Tempel«, die als demütige und verwegene Krieger kein anderes Ziel als die Verteidigung des katholischen Glaubens kannten, mag diese Sichtweise fremd gewesen sein. Als tapfere, aber

---

[1] Es ist zu unterscheiden zwischen 1. der geheimen – oder esoterischen – Regel, die nur einer beschränkten Zahl von Ordensangehörigen, den »Unbekannten Brüdern«, bekannt war und dem Wortlaut der offiziellen Regel einen tiefergehenden Sinn gab, und 2. der Regel, die Nicht-Ordensangehörige nicht kennen dürfen, die also geheim zu halten ist; letzteres ist bei zahlreichen mystischen Organisationen der Fall. Zu den geheimen Siegeln des Ordens vgl. den ausgezeichneten Artikel von Lucien Carny (Nr. 268 der Zeitschrift »Atlantis«).

[2] Vgl. dazu auch Alfred Weysen, L'Ile des Veilleurs

rauhe Männer waren sie für philosophische Spekulationen nicht geschaffen; unbewußt nahmen sie an jenem Plan teil, der den Namen *Zivilisation* trägt.

Der Orden war zunächst – und vor allem – der äußere Wächter des Tempels, der das initiatische Wissen birgt. Er war mit der äußeren Seite des christlichen Weges betraut, aber durch von ihm erzeugte und begünstigte Strömungen machte er auch seine esoterische Seite bekannt – die Gralssuche ist in diesem Zusammenhang an erster Stelle zu nennen. Viele Forscher haben in den Templern »Eingeweihte« sehen wollen, obwohl man heute weiß, wie ungeeignet dieser Begriff ist; eher sind sie als Werkzeuge – Katalysatoren, würden wir heute sagen – eines initiatischen »Kanals« zu betrachten. Es war die natürliche Evolution der Dinge, die ihr Erscheinen notwendig gemacht hatte; eine kühl durchdachte und getroffene Entscheidung hätte wohl kaum eine solche Bewegung auslösen können.

»Die Vorfahren der Templer brauchen nicht bei den Druiden, den Erbauern der Pyramiden oder den Anhängern Zarathustras gesucht zu werden. Die Institution der Ritter Christi ist eine typische Schöpfung des evolutionären Mittelalters; die Rolle der Templer bestand darin, auf diese nicht intellektuelle, sondern korporative Entwicklung zu setzen.«[1] Was nicht ausschließt, daß die verschiedenen Traditionen einen gemeinsamen Ursprung haben.

Die Vermutung geheimer Regeln und nichtöffentlicher Zeremonien, bei denen eine esoterische Lehre weitergegeben wurde, geht auf Verhöre während des Templerprozesses zurück, die das Vorhandensein solcher Regeln und Zeremonien erwähnen.

Der weltliche Zeuge Raoul de Prelles »aus der Diözese Laon, Rechtsexperte, Advokat am Hofe des Königs«, zitierte z. B. bei seiner Vernehmung am 11. 4. 1310 die Aussagen des Bruders Gervais de Beauvais, dem Leiter des Tempels von Laon:

»Er sagte mir, im Generalkapitel gebe es eine so geheime Praxis, daß, falls das Unglück geschehen sollte und ich ihr

---

[1] Laurent Dailliez in der Zeitschrift »Points de Vue Initaitiques«, Nr. 29–30

Zeuge würde, die Mitglieder des Kapitels ohne Angst vor Strafe den Zeugen töten würden, ohne Rücksicht auf seinen Stand, und wenn es der König von Frankreich selbst wäre. Er bekannte mir, er besäße ein Büchlein mit den Statuten des Ordens, das er gerne zeigen würde, aber daß er ein anderes, geheimeres besäße, welches er für alles Gold der Welt niemandem zeigen würde.«[1] Diese Aussagen wurden am gleichen Tag von Nicolas Symon Damoiseau bestätigt, dem Probst des Klosters von Saint Maur des Fossés. Da jedoch entsprechende Dokumente fehlen, fällt es schwer, diesen Behauptungen zu glauben. Andererseits spricht die Seltenheit dieser Zeugnisse nicht gegen das Vorhandensein okkulter Praktiken. Im Gegenteil, die Aussagen klingen aufrichtig und ehrlich überzeugt, und nichts läßt a priori auf eine böswillige Absicht schließen. Ihre geringe Zahl wird erklärlich, wenn man bedenkt, daß geheime Dinge naturgemäß immer nur wenigen bekannt sind. Aber warum prahlt dann ein Templer vor einem Laien mit ihnen? Ist dem Orden zwei Jahrhunderte nach seiner Gründung der Sinn für das Heilige, das Geheime verlorengegangen?

In der Tat, seine Ziele und Ideale hatten sich seit der Zeit des Hugues de Payens und des Geoffroy de Saint-Omer verändert. Die beiden Begründer des Ordens scheinen keiner besonderen Philosophie angehangen zu haben, sondern waren ganz von geradlinigem katholischem Glauben beseelt. Sie entwickelten keine spezielle Geheimlehre, sondern blieben einer streng orthodoxen christlichen Überzeugung verhaftet. In den folgenden Jahrzehnten dagegen kamen, möglicherweise bedingt durch den Kontakt mit dem Islam, Gedankengebäude auf, die als Fortführung der katholischen Lehre betrachtet werden können. Dabei muß es sich nicht um Ketzerei handeln: Fortführung bedeutet nicht Verirrung, sondern eher Erklärung, Entwicklung der inneren Seite einer Lehre.

Der tiefe, fest verankerte Glaube der Templer steht heute außer Frage. Man braucht nur ihre Ordensregel (die offizielle), ihre Gebete und Glaubensbekenntnisse sowie die Berichte und Protokolle der Inquisition zu lesen:

»Jeden Freitag von ungefähr Allerheiligen bis Ostern fastete man bzw. sollte man fasten; von da an die, die wollten. Man

---

[1] Michelet, Procès des Templiers, Bd. 2, S. 175

fastete außerdem in der Art Fastenzeit vor Weihnachten. Für die Lebenden und Verstorbenen betete man – bzw. sollte man beten – zwischen Tag und Nacht sechzig ›Vaterunser‹ und ›Ave Maria‹; als Stundengebete sprach man jeweils neun ›Vaterunser‹. Für die Stunden Unserer Lieben Frau jeweils sieben ›Ave Maria‹, wenn ich mich nicht irre.«[1]

Daß es sich bei den Templern nicht um Ketzer oder Feinde des Glaubens, sondern um überzeugte und praktizierende Katholiken handelte, wird nicht zuletzt daraus deutlich, daß sie für Christus und die Verteidigung der katholischen Religion ihr Leben ließen. Auch ihre Devise spricht für sich:

NON NOBIS, DOMINE, NON NOBIS, SED NOMINI TUO DA GLORIAM![2]

Und der Befehl, Christus zu leugnen und das Kreuz zu bespucken? Was hat es auf sich mit den angeblich unsittlichen Küssen und jenen seltsamen Götzenbildern, »Baphomets« genannt?

Eine eindeutige, zufriedenstellende Antwort auf diese Fragen fehlt bisher. Gab es eine Templer-Einweihung? Auch hier ist eine eindeutige Stellungnahme nicht möglich. Sicher scheint jedoch zu sein, daß die sogenannte »Mantelnahme« der letzten dreißig oder vierzig Jahre vor der Vernichtung des Ordens die pervertierte Form einer alten Aufnahmezeremonie darstellt, die möglicherweise Bestandteil eines geheimen Rituals war. Aus den Protokollen ergibt sich jedenfalls eindeutig, daß die Bedeutung der dabei vollzogenen Handlungen und Anrufungen den Akteuren dieses rituellen Dramas vollkommen entging:

»Die Kommissare: Gab derjenige, der Euch dazu veranlaßte, Jesus zu leugnen und auf das Kreuz zu spucken, irgendeinen Grund für dieses Verhalten an?

Jean l'Anglais: Er sagte mir, diese Praktik werde im Orden befolgt, sonst nichts, und mehr weiß ich bis heute nicht darüber.«[3]

Allzu üblich scheint diese Praktik jedoch trotzdem nicht gewesen zu sein, denn sehr viele Templer kannten sie nicht.

---

1 Verhör des Jean l'Anglais am Mittwoch der Karwoche, 15. April 1310
2 Nicht uns, Herr, nicht uns, sondern Deinem Namen gib Ehre!
3 Verhör des Jean l'Anglais am 15. April 1310

Oder gab es innerhalb der »Streitmacht Christi« gute und schlechte Brüder? In jeder altehrwürdigen, aus vielen Mitgliedern bestehenden Institution findet man schließlich einige »schwarze Schafe«. Aber gewisse Indizien lassen darauf schließen, daß tatsächlich eine geheime, vom traditionellen Katechismus abweichende Lehre weitergegeben wurde. Dies ergibt sich zum Beispiel aus der Aussage des Bruders Bosco de Masualier am 13. Mai 1310. Als er den Präzeptoren seiner Komturei fragte, warum am Tag der Aufnahme in den Orden der Gekreuzigte zu verleugnen sei, wurde ihm geantwortet, er solle nicht so neugierig sein, er würde sich sonst »den Zorn seiner Brüder und der Ordensoberen« zuziehen.

»Geh zu deiner Suppe, sagte er mir. Man weiß nicht, wo man anfangen soll... Es handelt sich um einen Propheten... Es würde zu weit führen, dir das zu erzählen.«

Läßt dies nicht an eine aus dem Heiligen Land mitgebrachte Enthüllung denken, von der nur wenige Details jenen Templern der letzten Tage bekannt waren?

Welche Anschuldigungen wurden nun gegen die Templer vorgebracht? Welche Gründe hatten ihre Ankläger für ihr Vorgehen?

Zur Beantwortung dieser Fragen wollen wir den Prozeß in groben Zügen nachzeichnen. Die entsprechenden Akten, derer erste Publizierung auf Michelet zurückgeht, füllen mehrere Bände. Die sich aus ihnen ergebenden Anklagen sind sehr unterschiedlich, und aus dem Studium zahlreicher Untersuchungsprotokolle ergibt sich, daß die Geständnisse aus verschiedenen Gründen suspekt sind.

Die Templer, die ohne Erklärung verhaftet und vor jedem Verhör gefoltert wurden, kannten die gegen sie vorgebrachten Beschuldigungen gar nicht; verwirrt, bestürzt und erschrocken waren die an Körper und Seele Gemarterten bereit, alle Schandtaten und Verbrechen zu gestehen, wenn man sie nur am Leben ließ. Zudem wurden die Fragen oft so gestellt, daß sie die Antwort quasi vorgaben und die meist ungebildeten und in juristischen Spitzfindigkeiten nicht bewanderten Gefangenen beeinflußten. Schließlich wurden die Anklagen in vielen Fällen von Laien formuliert, die in das Brauchtum und die Arbeit des Ordens wenig Einblick hatten.

Und die Anklagen? Der recht lange Fragebogen der päpstlichen Untersuchungskommission führt theologische Probleme ebenso auf wie geheime Versammlungen, Säle und Zeremonien. Er behandelt sowohl die in den Gebäuden des Ordens angeblich aufgestellten Götzenbilder als auch die »obszönen Küsse«, die bei der Aufnahme neuer Brüder ausgetauscht wurden – ganz zu schweigen von den »lockeren Sitten« letzterer. Bereits die Lektüre dieser unbewiesenen Anschuldigungen zeigt die verbissene Beharrlichkeit Philipps des Schönen und Nogarets, den mächtigen Orden zu zerstören. Der Gegensatz zwischen den religiösen Überzeugungen, die von den Angeklagten gefordert wurden, und den von ihnen laut Protokoll gestandenen Gottlosigkeiten ist zumindest überraschend. Oder ist es etwa glaubwürdig, daß man die strenge Lehre und die harten Vorschriften des Ordens akzeptiert und aus tiefster Seele ein Leben für Gott, Christus und die Heilige Jungfrau führt, gleichzeitig aber die ungehörigsten und schamlosesten Befehle ausführt? Der Zwiespalt wird auch aus folgender Aussage deutlich:

»Ihr seht uns von außen, gut gekleidet, gut gerüstet und in allem Glanz, aber ihr kennt nicht die Strenge unserer Regeln. Ihr wollt diesseits des Meeres bleiben? Man schickt Euch auf die andere Seite und umgekehrt. Ihr wollt schlafen? Man heißt Euch zu wachen. Essen? Ihr müßt hungern . . . Seid Ihr bereit, all dies zur Ehre Gottes und dem Heil Eurer Seele auf Euch zu nehmen?«[1]

Und da sollen die Templer tatsächlich gezwungen worden sein, Gott zu leugnen, auf das Kreuz zu spucken und es zu verhöhnen, einen Kopf aus Bronze oder bemaltem Holz anzubeten und sich körperlich mit den anderen Brüdern zu vereinigen? Aus der Untersuchung und Analyse aller verfügbaren Dokumente ergibt sich, daß die Templer zwar keine Eingeweihten im üblichen Sinne des Wortes waren, wohl aber die Hüter eines initiatischen Ortes und einer initiatischen Lehre. Hieraus folgt, daß einige von ihnen den höheren Auftrag des Ordens kannten; sie können als in eine geheime Lehre Eingeweihte bezeichnet werden. Wer waren diese Männer? Wir wissen es nicht; die Kenntnis ihrer Namen ist im

[1] Aussage des Bruders Géraud de Causse am 12. Januar 1311

übrigen ohne Bedeutung, denn die normale Persönlichkeit des Menschen erlischt vor der Größe einer solchen Mission. »Der Gralsorden hat sich mit dem Templerorden identifiziert, der ihn wie eine äußere, schützende Borke umgibt. Und da man im Gralstempel auch den Tempel des Heiligen Geistes der Rosenkreuzer wiedererkennt, ergibt sich ganz klar die Einheit aller Traditionen.«[1]

Die Templer besaßen nur wenige Symbole, die jedoch das Leben des Ordens bis in die kleinsten Einzelheiten des Alltags hinein beherrschten. Die wohl bekannteste Darstellung verweist auf die Dualität und findet sich auf dem gewöhnlichen Siegel des Ordens: es stellt zwei Reiter dar, die auf einem Pferd sitzen.

Das oft abgebildete und kommentierte Siegel wird als typisches Emblem des Ordens angesehen. Zwei Templer auf nur einem Pferd: Symbol der Brüderlichkeit und Armut. Aber das ist nur die äußere Erklärung. Man kann auch etwas ganz anderes in ihm sehen. Im allgemeinen trägt jeder der beiden Ritter eine Lanze; wenn beide jedoch die gleiche Lanze halten, erinnern sie eher an das Tierkreiszeichen »Schütze«. Die beiden Templer sind also zwei Brüder des Ordens, aber auch die beiden Zwillinge. Die Betrachtung der nachstehenden schematischen Abbildung des Tierkreises führt zu folgender Überlegung:

---

[1] Raymond Bernard, Les Maisons Secrètes de la Rose+Croix, S. 183

Im Zeitalter der Fische, dem christlichen Zeitalter, wurde die Jungfrau besonders verehrt, und zwar von den Templern oder Zwillingen; die Vereinigung und Polarisierung ihrer Kräfte wird durch den Schützen dargestellt.

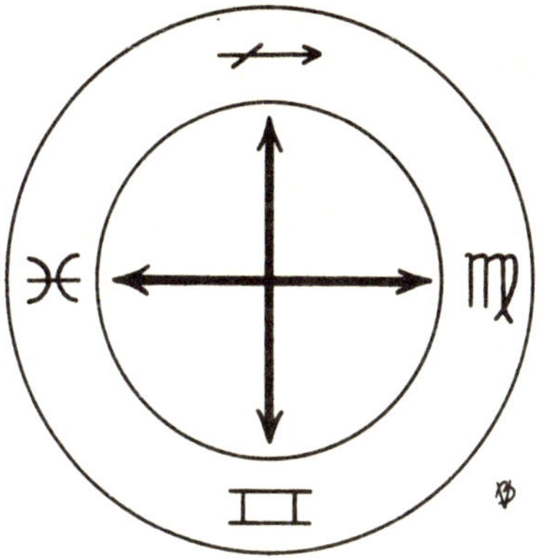

Die untereinander verbundenen Zeichen bilden ein Kreuz, und zwar ein Kreuz in einem Kreis. Erinnert dies nicht an das ›keltische Kreuz‹, das am Beginn der westlichen Tradition steht und das, angefangen von der frühen keltisch-christlichen Kirche bis zu den Gesellenbruderschaften unserer Tage, von allen verwendet wurde?

Ein dritter Interpretationsansatz deutet das Siegel als Ausdruck der Verbindung von Christentum und Islam:

»Der Gral ist ebensowenig ausschließlich christlich wie ausschließlich dem Islam entsprungen ... Der Templerorden ist und war ein Bindeglied zwischen dem Zeitlichen und dem Spirituellen ebenso wie zwischen Islam und Christentum«[1]

Träger dieser Verbindung ist das Pferd, d. h. die Kabbala.[2]

Auch das schwarz-weiße Banner der Templer ist ein Ausdruck der genannten Dualität. Ein weiteres Charakteristikum der Templer ist ihre Übernahme des Dreierbegriffs, z. B. bei der Abfassung mancher Ordensregeln. Beim Eintritt in den Orden hatten die Ritter drei Gelübde abzulegen: Sie verpflich-

---

[1] Raymond Bernard, Les Maisons Secrètes de la Rose+Croix, S. 183

2 lat. »caballus« (A. d. Ü.)

teten sich zu Keuschheit, Armut und zum Gehorsam gegenüber dem Patriarchen von Jerusalem.

Die Zahl 9 galt als die »Zahl des Ordens und der Vollendung«; sie ist von der Entstehung des Ordens an wirksam: Es waren 9 Ritter, die sich anfänglich zum Schutz der Pilgerstraßen zusammentaten, und 9 Jahre lang, von 1118 bis 1127, blieb ihre Zahl unverändert.

Zahlreiche Neo-Templerorden haben sich in Vergangenheit und Gegenwart auf eine mehr oder weniger direkte, mehr oder weniger wahrscheinliche Abstammung von dem durch Philipp den Schönen zerstörten Templerorden berufen. Verdienstvolle Anstrengungen wurden unternommen, um diese Herkunft zu rechtfertigen – ob nun eine »Liste der geheimen Meister« zurechtgezimmert wurde, die die Zeit zwischen dem 14. Jahrhundert und der Entstehung der jeweiligen Gruppe überbrückt oder ob eine mindestens ebenso »geheime« Geschichte herangezogen wurde, deren Einzelheiten bei näherer Betrachtung nicht besonders glaubwürdig wirken.

Die Ziele dieser Organisationen sind nicht immer klar; mit Ausnahme der wenigen ehrlichen Gruppen, für die nur der Dienst zählt und deren einziger Schmuck die Demut ist, scheinen diese Gruppen von Menschen geleitet zu werden, die nur nach Publizität suchen. Das Urteil klingt hart; aber was soll man von jenen Tempeloberen halten, deren einzige Sorge die Aufrechterhaltung ihrer Macht und der Flitter ihres Apparates ist? Die folgende Beschreibung bezieht sich auf eine solche Gruppe:

»Das Gewand bestand aus Kleidungsstücken und Insignien, die den ehemaligen Narren des Königs alle Ehre gemacht hätten. Der Ritter trug eine Leinenbinde um die Hüften, einen knielangen Überwurf und einen Mantel aus weißer Wolle mit dem Kreuz des Ordens in roter Wolle, Beinkleider aus weißer Wolle mit Beinschienen aus Leder, die rot umsäumt waren. Auf dem Kopf eine Mütze aus weißer Wolle mit rotem Untergrund und roter Feder; um die Stirn ein mit roten Fransen besetztes Band aus weißer Seide mit dem Kreuz des Ordens. Am Zeigefinger der rechten Hand ein Ring mit dem Kreuz des Ordens aus Brillanten; auf seiner Innenseite der Familienname, die Religion und das Datum des Gelübdes; an den Füßen vergoldete Sporen; an der Seite ein Reitersäbel mit Silbergriff in Kreuzform, befestigt an einer Säbelkoppel aus grüner Seide.«[1]

Aber nicht diesen Templern gilt unser Interesse; wir beschäftigen uns mit jenen, die in Demut und Würde im Schatten des Kreuzes wirken, um über die christliche Welt das Licht der Erkenntnis zu verbreiten.

### Non nobis domine ...

Denn die Templer, Hüter des Grals, waren eindeutig christlich orientiert. Damals galt ihr Gebet »Unserem Herrn und der Heiligen Maria«, und ihre Gedanken waren auf Palästina und das Heilige Grab gerichtet. Aus verständlichen Gründen hat sich dies heute geändert. Der militärische Aspekt des 13. und 14. Jahrhunderts ist zu einem kämpferischen Geist geworden; der moderne Templer ist ganz seinem Orden ergeben und legt in der Welt von seiner Botschaft Zeugnis ab.

Einer der zahlreichen heute noch bestehenden Templerorden, der »Ordre Souverain du Temple Solaire«[2], sieht seinen Auftrag wie folgt:

---

[1] Laurent Dailliez, Les Templiers, ces Inconnus, S. 395

[2] »Höchster Orden vom Sonnen-Tempel« (A. d. Ü.)

1. Die exakte Auffassung von Autorität und Kraft in der Welt wiederherstellen;
2. Den Vorrang des Geistigen vor dem Vergänglichen betonen;
3. Dem Menschen das Bewußtsein seiner Würde wiedergeben;
4. Der Menschheit bei ihrem Schicksalsweg helfen;
5. An der Wandlung der Erde auf drei Ebenen mitwirken: Körper, Seele und Geist;
6. Zur Einheit der Kirchen beitragen; für die Verbindung Christentum – Islam wirken;
7. Die ruhmreiche Rückkehr Christi im Sonnenglanz vorbereiten.

Von den vielen Organisationen, die sich auf den mittelalterlichen Templerorden berufen oder sich als seine legitimen Nachfolger sehen, ist der »Ordre Rénové du Temple«[1] (O. R. T.) sowohl klassisch als auch ursprünglich zu nennen. »Klassisch«, weil er wie viele andere frei heraus erklärt, eine geheime Abstammung zu besitzen, die über die Jahrhunderte hinweg von »bewahrenden Zentren« und berühmten Persönlichkeiten wie Dante, Jeanne d'Arc oder Agrippa von Nettesheim am Leben gehalten wurde. »Ursprünglich«, weil er sich auf die so selten wirklich erkannte christliche Esoterik stützt und sein Ziel darin sieht, den Suchenden guten Willens an die traditionelle christliche Einweihung heranzuführen.

Der O. R. T. ist relativ jung, denn erst am 23. September 1968 erhielt sein erster Großmeister die traditionelle Investitur in der Krypta der Kathedrale von Chartres. An diesem von Katholiken, Liebhabern der Archäologie, Radiästhesisten, Neo-Templern, Neo-Druiden und sonstigen Anhängern philosophischer Richtungen gleichermaßen geschätzten Pilgerort bestätigt sich die Berufung der Templer, dem Dienst Unserer Lieben Frau geweiht zu sein. Wie in der Vergangenheit sieht der Orden sich zudem als Bindeglied zwischen Mensch und Gottheit. Da deren Manifestation in dieser Welt durch die Religion geschieht, erhält die Organisation im Einklang mit der Tradition die Form eines religiösen Ordens mit festen Regeln aufrecht. Im Unterschied zur mittelalterlichen Institu-

[1] »Wiederhergestellter Orden vom Tempel« (A. d. Ü.)

tion der Templer ist der O. R. T. jedoch keiner bestimmten Religion verpflichtet, ist also keine Sekte. Und der christliche Eifer der Armen Soldaten Christi und ihre Unterwerfung unter das katholische Dogma?

»Damals wie heute ist der Templer der Arme Soldat Christi. Christus ist aufgrund seiner Göttlichkeit der Punkt, in dem sich die gesamte von Atlantis, Ägypten, Griechenland, Palästina, Druidentum und Christentum stammende Tradition sublimiert. Durch seine Gnosis wird das Christentum zum Inhaber der göttlichen Tradition; es hat sich dann bis zum völligen Verlust des Heiligen verändert, aber es besitzt die latente Möglichkeit der Erneuerung.«[1] Damit wird jene von der Kirche geleugnete christliche Esoterik angesprochen, die von verschiedenen inspirierten Forschern[2] aufgezeigt wurde.

---

[1] Auszug aus einer vom O. R. T. verbreiteten Werbeschrift
[2] Paul le Cour, Fulcanelli, etc.

# Katharer

Was ist nicht schon alles über den katharischen Glauben gesagt worden? Es wurde behauptet,

– daß die »Vollkommenen« die ursprüngliche christliche Lehre verbreiteten und die römische Kirche die wahre Ketzerin sei;
– daß sie durch ihre esoterischen, astronomischen, kosmogonischen und mystischen Kenntnisse zu völliger Selbstbeherrschung gelangt waren und sich in Bewußtseinszustände versetzen konnten, die sie den todbringenden Flammen gegenüber unempfindlich machten;
– daß sie die entsprechende Einweihung von den im südlichen Frankreich stark vertretenen Templern erhielten, die sie ihrerseits aus dem Nahen Orient mitgebracht hätten;
– daß sie die Sonne anbeteten und daß Orte wie der Montségur, Queribus, Peyrepertuse, etc. Tempel waren, die zu Ehren dieser Gottheit errichtet worden wären.

Der nicht vorbelastete Suchende kann sich angesichts dieser vielen Aussagen eines vagen Gefühls der Unsicherheit, ja der Skeptik nicht erwehren – um so mehr, als auch hier klare, stichhaltige Dokumente fehlen.

Ebenso, wie einige Forscher von der »geheimen Regel des Templerordens« haben sprechen können, scheint auch der katharische Glaube nicht nur eine manichäische Ausformung der katholischen Lehre gewesen zu sein. Was war er aber dann? Bis auf einige wenige Punkte ist der größte Teil der katharischen Lehre nicht bekannt; die Verhöre der Inquisition und ein paar Texte, die wie durch ein Wunder erhalten geblieben sind, liefern die einzigen Informationen.[1]

---

[1] Folgende Texte sind katharischen Ursprungs:
– das »Ritual de Lyon« (Ritual von Lyon)
– das »Liber de Duobus Principiis« (Buch von den zwei Prinzipien) von Juan de Luglio
– die »Interrogatio Johannis« (das »Geheime Abendmahl«)
– das »Liber contra Manicheos« (Buch gegen die Manichäer) von Durand de Huesca

Diese Zeugnisse lassen vermuten, daß der »Katharismus, über Paulikianer und Bogomilen als Zwischenstationen, auf den alten Manichäismus zurückgeht.«[1]

Die Wurzeln dieser Lehre liegen sehr weit zurück, nämlich zwischen dem siebten und achten Jahrhundert vor Christus. Zu dieser Zeit lebte ein Weiser, Zarathustra – oder Zoroaster – genannt, um dessen ursprünglich recht ungewisse Lebensgeschichte sich im Laufe der Zeit zahlreiche Legenden bildeten, die dem Außergewöhnlichen einen großen Platz einräumen und von Erleuchtung, Ekstasen und Wundern berichten. Der Überlieferung nach ist er der Erneuerer der persischen Religion, derjenige, der als erster ihrer dualistischen Auffassung des Universums Gestalt gab.

Ahura Mazda, der Weise Herr, der unter dem Namen Ormuzd[2] zum obersten Herrscher bzw. dem guten Gott geworden ist, kämpft gegen Ahriman, den bösen Geist bzw. bösen Gott. Augenblicklich regiert Ahriman die Welt, denn sein Vater Zervan hat ihm für 9000 Jahre die Herrscherwürde zugesprochen. Ormuzd wird ihn jedoch letztendlich unterwerfen und der Gerechtigkeit des Guten, der spirituellen, von den Wechselfällen der Materie befreiten Liebe zum Sieg verhelfen.

Diese Lehre wird weitergeführt von Manes oder Mani, der zu Beginn des 3. Jahrhunderts unserer Zeitrechnung in Babylon geboren wurde. Er wächst in einer Umgebung auf, die zunächst von der Religion des Zarathustra, dann von der Lehre der Gnostiker geprägt ist. Nach mehreren Erleuchtungen, deren erste im Alter von 12 Jahren erfolgt sein soll, kommt es bei ihm zu einer Bewußtwerdung, die zum Bruch mit der Sekte seiner Eltern führt. Er verspürt nun die Notwendigkeit, eine in seinen Augen unvollkommene Religion zu reformieren; durch eine zweite Botschaft fühlt er sich berufen, seine Lehre öffentlich zu verbreiten. Ungefähr 30 Jahre übt er sein Priesteramt aus, von einigen unterstützt, von anderen verachtet. Beim Tod seiner königlichen Gönner (Schapur, dann sein Sohn Hor-

---

[1] René Nelli, Le Phénomène Cathare, S. 18

[2] Die Zusammenziehung von »Ahura Mazda« zu »Ormuzd« oder »Ormazd«, was genauer wäre, entspricht im übrigen der Zusammenziehung von »Ahra Mainyu« zu »Ahriman«. Damit ergibt sich wieder die doppelte Polarität AOR – AGNI mit den Grundkonsonanten – oder Wortkeimen – RGN (vgl. Paul Le Cour).

muzd) erreichen die auf seine zahlreichen Bekehrungen eifersüchtigen Priester Zarathustras seine Gefangennahme und schließlich seine Tötung.

Welche Lehren hat Mani verbreitet? Was waren die Grundlagen, die wesentlichen Aussagen des Manichäismus?

Es handelt sich um eine Religion, die sich als universell versteht und deren wichtigstes Prinzip in der Kenntnis des schöpferischen, erleuchtenden, erlösenden Lichts besteht. Sie beruht im wesentlichen auf der mystischen Erfahrung des Manes und seiner persönlichen Interpretation des Mazdaismus. Die Welt, in der er zu leben gezwungen ist, hat nicht der gute Gott geschaffen, denn sie wird vom Bösen regiert. Die einzige Möglichkeit des Heils besteht in der unablässigen Suche nach dem Guten, d. h. dem Licht; damit verbunden ist die Reinigung durch das Feuer. Die beiden Prinzipien werden klar definiert: Es handelt sich um den Gegensatz, den Widerspruch zwischen Geist und Materie, zwischen Licht und Finsternis. Das Böse ist materiell, das Gute immateriell. Letzteres kann mit dem göttlichen Atem in Verbindung gebracht werden, durch den der Geist sich manifestiert. Es ist bekannt, daß die Geist-Taufe die Taufe durch das Feuer ist. Zur Kenntnis dieser beiden Prinzipien kommt die Vorschrift der »drei Siegel«: Mund, Hand und Schoß des Reinen – oder Vollkommenen – sind verschlossen. Diese Regel muß gewissenhaft befolgt werden; sie erfordert ständige Selbstbeherrschung und bedeutet damit eine wirkliche Askese.

Vor diesem Hintergrund wird allmählich die »katharische Ketzerei« deutlich. Wie die Manichäer lehrten auch die Katharer, der Mensch müsse das normalerweise völlig vom Einfluß des Fleisches beherrschte sprituelle Element in sich befreien, um gerettet zu werden. Andernfalls war er zur Wiederverkörperung als Mensch oder Tier verdammt – je nach der Schwere des begangenen Fehlers. Dies ist auch der Grund für das Verbot, ein lebendes Wesen zu töten: Die Katharer wollten sich nicht in den göttlichen Plan der universellen Re-Integration einmischen. Eine noch verwerflichere Handlung war es jedoch in ihren Augen, einem Kind das Leben zu geben und es zur Welt zu bringen. Der Tod eines Wesens befreite nur ein wenig früher seine Seele, die sich wieder mit ihrem »ersten Verursacher« verband. Zahlreiche Selbstmorde durch Feuer

oder Verweigerung der Nahrungsaufnahme sind auf diese Einstellung zurückzuführen. Da der Zeugungsakt das negative, materiegebundene Werk des Prinzen der Finsternis unterstützte, wurde er voll Abscheu abgelehnt. Jeder fleischliche Verkehr war für den Vollkommenen verboten. Die Denkweise des Katharers war einfach. Der Mensch, aus vergänglicher Materie geschaffen, birgt in seinem Innersten einen Funken der Göttlichen Seele. Sein irdisches Dasein ist der Tribut, das Fegefeuer – absolute Dualisten behaupten sogar, die Hölle –, die der Trennung des Geistes vom Körper vorausgehen. Diese Trennung ist das Ziel. In diesem Ziel liegt der Frieden.
Das »Liber de Duobus Principiis« bietet in Form einer der Dialektik nahestehenden Argumentationskette einen recht guten Zugang zum Wesen des katharischen Glaubens. Seine Logik läßt sich in fünf Punkten zusammenfassen, die die Grundlage des dualistischen »Glaubensbekenntnisses« bilden.

1. Die Grundannahme besteht darin, daß Gott nicht das Böse geschaffen hat. Gott hat das Licht und alles, was mit ihm in Verbindung steht, aus der Finsternis erschaffen. Als Schöpfer des Lichts und des Lebens ist er selbst Prinzip des Lichts und des Lebens. Der Begriff »Leben« ist hier nicht nur auf rein physischer, materieller Ebene zu verstehen, sondern meint die schwingende Dynamik, die jedes Ding belebt.
2. Daraus folgt, daß es ein anderes Prinzip gibt, das Böse, dessen Tätigkeit gegen die heiligen Werke des guten Gottes gerichtet ist.
3. Wie kann man z. B. einen Heiden der Macht der Finsternis entreißen, wenn das Böse nicht existiert? Das würde bedeuten, daß man ihn Gott entreißt, um ihn zu Gott zu bringen, denn Gott wäre das einzige existierende Prinzip. Und wie soll Gott das Böse besiegen, wenn es nicht existiert? Gott würde dann seine eigenen Schöpfungen bekämpfen, das heißt sich selbst. Und das wäre absurd!
4. Die beiden Prinzipien existieren also tatsächlich, das eine seit immer (Gott), das andere seit dem Sündenfall. Beide, Gott und Satan, sind mächtig, aber nur innerhalb ihrer jeweiligen Prinzipien. Was bedeutet, daß sie außerhalb ihres eigenen Bereiches keinerlei Macht und Einfluß besitzen – ein schwerer, in den Augen Roms sogar sehr schwerer

Irrtum, denn der Handlungsbereich Gottes wird so durch seinen Gegner beschränkt. Die »absoluten Dualisten« waren überzeugt, daß diese beiden Kräfte im Gleichgewicht stünden, während die »gemäßigten Dualisten« diese Meinung abmilderten und einen allmächtigen guten Gott von einem lediglich mächtigen bösen Satan unterschieden.

5. Schlußfolgerung: Das Böse kann nur ausgerottet werden, wenn es geleugnet wird und von sich aus zum Erlöschen kommt; wichtig ist, keine Gewalt anzuwenden, denn diese ist negativ und damit Ausdruck des Bösen.

Unser Wissen über die Katharer beschränkt sich nicht nur auf die uns erhaltenen lehrhaften Texte und die Dokumente der Inquisition, die zudem den tatsächlichen Inhalt der Verhöre nur ungenau widergeben.[1] Es finden sich auch einige, meist in Stein gehauene Gegenstände, die vom Geist des Katharertums geprägt sind. Es wäre jedoch falsch, sie als typische katharische Gegenstände zu bezeichnen, die z. B. anläßlich eines Rituals verwendet wurden; es hätte dem Denken der »Gutleute« widersprochen, Prinzipien oder Ideen ihrer Lehre mit Hilfe der verderbten Materie auszudrücken.

Diese Bildersprache ist zwar nicht weit verbreitet, bietet aber doch manch interessanten Aspekt. Problematisch ist nur, daß die Region, in der der katharische Glaube sich entfaltete, seit dem Neolithikum besiedelt wurde und im Lauf der Zeit ein Bevölkerungs- und Kulturgemisch entstand, das die Bestimmung des autochtonen Beitrags erschwert.

Was findet man nun außer Äxten, Schneidemessern und Pfeilspitzen aus Feuerstein im Land der Katharer? Was entdeckt man in Montségur und Queribus, den letzten Bastionen des ketzerischen Widerstandes gegen den katholischen Totalitarismus?

Eines der bekanntesten Stücke ist die »Hand von Morenci«. Sie ist aus grün und elfenbeinfarben schimmerndem Speckstein gehauen. Eine Seite der Hand ist sehr fein gearbeitet und gibt

[1] Wir haben dieses Problem bereits anläßlich der Prozesse gegen die Templer angesprochen, die ein halbes Jahrhundert später stattfanden; hier wie dort wurde der Ton von den kalten, undurchdringlichen Dominikanern angegeben, die aus der »Heiligen Inquisition« eine mächtige Institution machten. Zahlreiche Studien haben gezeigt, daß und warum die Protokolle dieser Untersuchungsrichter wenig glaubwürdig sind.

getreu die verschiedenen Linien und Krümmungen der Handinnenfläche wieder; die Handaußenseite dagegen ist nur grob ausgeführt und scheint die schrecklichen, durch Lepra hervorgerufenen Mißbildungen darzustellen. Diese Krankheit war zur Zeit der Katharer im südlichen Frankreich weit verbreitet, denn viele der aus Palästina zurückkehrenden und mit dem Leiden behafteten Kreuzfahrer ließen sich hier nieder und starben schließlich unter entsetzlichen Qualen.

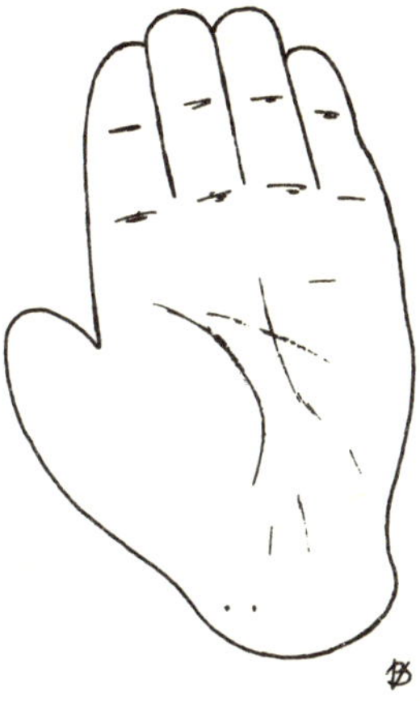

*Die Hand von Morenci*

Ob diese Hand tatsächlich unter dem Einfluß der Katharer geschaffen wurde, ist bei den Forschern umstritten. Durchaus denkbar ist, daß sie eine Art Votivbild darstellt, das von einem anonymen Gläubigen, dessen Religionszugehörigekit jedenfalls nicht festzustellen ist, hinterlassen wurde. Vielleicht war sie auch ein Zeichen der Macht, ein Symbol des Besitzes – ähnliche Abbildungen finden sich häufig an den Wänden der prähistorischen Grotten.

Andere ikonographische Darstellungen, wie etwa die Taube, sind leichter zu deuten.

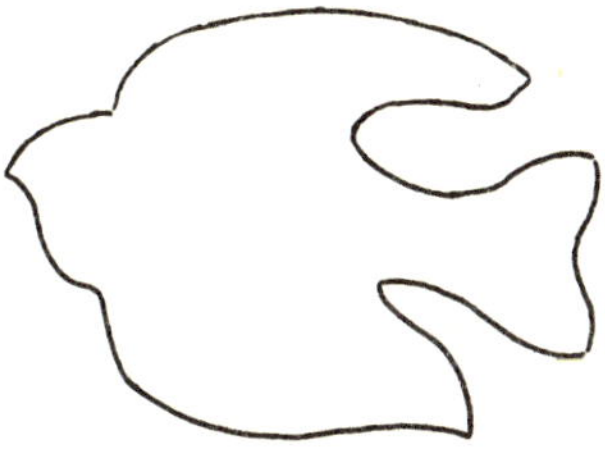

*Die Taube*

Die Taube, Symbol der Reinheit, verweist auf das reinigende Feuer, den Heiligen Geist; sein Herabkommen wird bei den Rosenkreuzern durch eine Taube dargestellt, die sich dem Mystiker zuneigt, während die christliche Tradition ihn als Feuerzunge sieht. Der Symbolgehalt der Taube als Botschafterin des Friedens war zu allen Zeiten bekannt. Schon zur Zeit Noahs war sie die erste, die, einen Olivenzweig im Schnabel, der Besatzung der Arche das Sinken des Wassers ankündigte.

Eine Taube aus weichem Stein ist in Montségur entdeckt worden und wird auf das 13. Jahrhundert geschätzt. Andere Darstellungen der Taube, wie die in Ussat gefundenen, sind mehr oder weniger tief in kleine Bronze- oder Metalltäfelchen eingraviert. Material und geringe Größe erklären ihr seltenes Vorkommen, aber es ist nicht bekannt, ob sie in größerer Zahl verfertigt wurden oder ob sie zur Nutzanwendung, zur Verzierung oder für rituelle Zwecke bestimmt waren.

Auch der Fisch findet sich an mehreren Stellen; Material und Größe variieren: seine Abbildungen finden sich sowohl auf kleinen Kiesel- als auch auf Mauersteinen. War er ein christliches Symbol, das an den »Ichtys« der Katakomben erinnert? Oder handelt es sich um den Fisch aus dem Wappen der Familie Bellisen-Mirepoix?

Wichtiger für das Studium des katharischen Beitrags zum okzitanischen Lebensraum sind die an bestimmten Orten anzutreffenden griechischen oder keltischen Kreuze, vor allem jedoch das berühmte »Kreuz von Toulouse«. Die griechischen Kreuze werden oft von einem Kreis umschlossen.

Die Größe dieser Kreuze liegt zwischen einem Zentimeter und mehreren Dezimetern; sie finden sich auf Felsen oder Töpferwaren, auf Mauern oder (Grab-)Stelen. Die keltischen Kreuze tauchen an denselben Stellen auf; ihr Vorkommen wird erklärlich, wenn man bedenkt, daß die keltische Zivilisation ja nicht nur auf die amorikanische Halbinsel beschränkt war.

Das charakteristischste dieser Kreuze ist ohne Zweifel das sogenannte »Kreuz von Toulouse«, das zum okzitanischen Symbol par excellence geworden ist: ein gleicharmiges, schlüsselringförmig durchbrochenes, leichtes Kreuz, dessen vier Arme je drei goldene Knöpfe – oder Perlen – tragen.

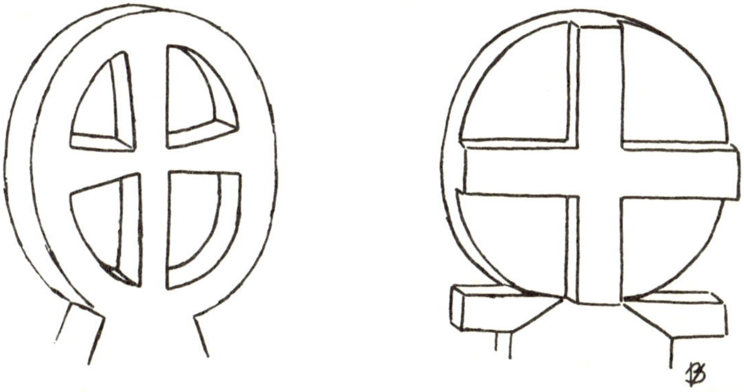

*Griechische Kreuze*

Abschließend seien noch die merkwürdigen anthropomorphen Kreuze erwähnt, deren tatsächlicher Ursprung im Dunkeln liegt. Einige von ihnen wurden als selbständige Skulpturen geschaffen, während andere als Ergebnis der Christianisierung antike Stelen, Denkmäler oder Menhire zieren.

Trotz ihrer dualistischen Weltanschauung erkannten die Katharer nur einen einzigen Gott als höchstes Wesen und absolutes Prinzip an. Sie waren also Monotheisten und verehrten ihren Schöpfer mit mindestens derselben Inbrunst wie ihre strenggläubigen katholischen Brüder. Sie rühmten die unendliche Liebe Gottes, aber sie setzten seiner Manifestation der Fülle das Nichts der bösen Kräfte entgegen.

Um der Mehrzahl der Gläubigen verständlich zu sein, stützte sich ihre Lehre auf Jesus und den Satan; der erstere war das reine Wesen, der zweite nur der dunkle Schatten eines auf

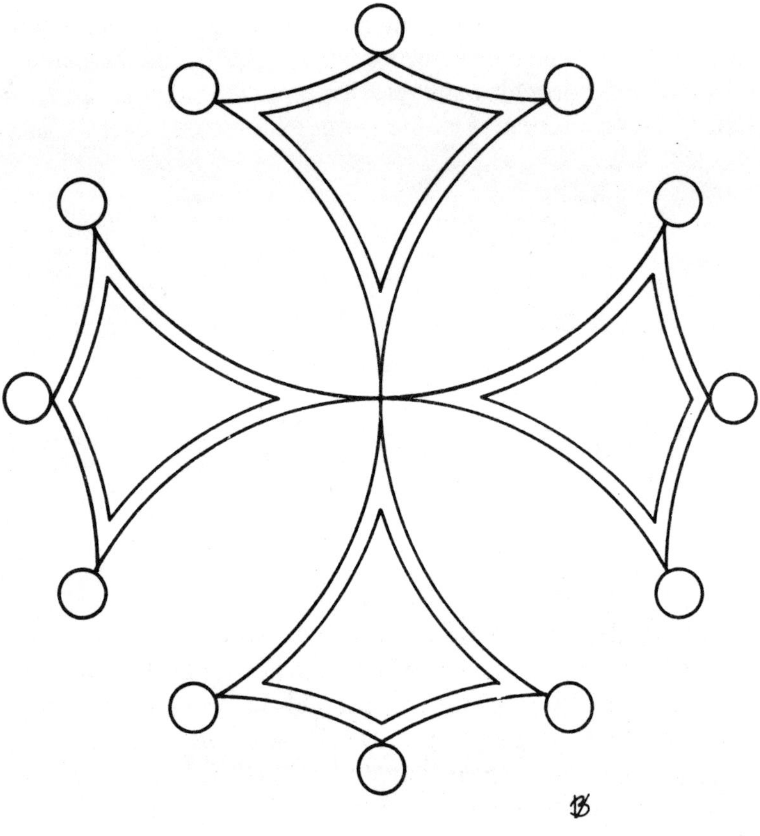

Selbstzerstörung gerichteten Wollens, das ständig in Frage stellt und unablässig versucht, sich zu äußern.

Allerdings war Jesus für sie nicht ein Wesen aus Fleisch und Blut, das unter die Menschen gekommen ist, um ihre Leiden zu teilen und ihnen den Weg zum Himmel zu weisen; er bot nur den Anschein eines menschlichen Wesens – in Wirklichkeit war er ein Aurakörper, eine Emanation des schöpferischen Lichts. Sein irdisches Leben hat nur scheinbar stattgefunden; grundlegendes Ziel war die Vermittlung der Heilsbotschaft, die aus den beiden sich ergänzenden Begriffen »Liebe« und »Opfer« bestand. Sowohl aus katholischer wie aus katharischer Sicht sind diese beiden Worte der Christus-Offenbarung nicht voneinander zu trennen. Hat Jesus nicht Liebe und Entsagung, Armut und Verzicht gepredigt?

Die »Vollkommenen« griffen also die Lehre des Evangeliums wieder auf; jegliche Anwendung von Gewalt wurde von ihnen strikt abgelehnt.

Predigten, ein beispielhaftes asketisches Leben, eine universelle, über die individuelle, egoistische, menschliche Zuneigung hinausgehende Liebe – alles in ihrem Verhalten zeugte von ihrem tiefen Glauben. Jeder spürte, daß etwas Besonderes von ihnen ausging.

Die zuverlässigsten Informationen, die zeigen, in welchem Maße die südfranzösische Gesellschaft von den Katharern geprägt war, stammen aus den dem »Albigenserkrieg« unmittelbar vorausgehenden Jahren; der Kreuzzug endete mit der Belagerung und dem Fall des Montségur (1243 bis 1244). Fast die gesamte Bevölkerung fühlte sich betroffen, aber ihr Engagement stand nicht im Verhältnis zur Tiefe ihres Glaubens. Denn auch hier herrschte die Dualität: entweder man war rein – d. h. Vollkommener, Katharer oder Gutmann –, oder man war es nicht – und dann war man ein einfacher Gläubiger.

Neben der strengen Beachtung der Vorschriften war der Hauptpunkt, der die beiden Zustände voneinander trennte, die Verabreichung des »Consolamentum«.

»Die Katharer waren, ebenso wie die Manichäer, in zwei Gruppen eingeteilt: in die Vollkommenen und in die Masse der einfachen Gläubigen. Die ersteren führten ein asketisches Leben. Sie aßen kein Fleisch, verweigerten den Schwur, logen nicht, enthielten sich jeglichen fleischlichen Verkehrs und widmeten sich der Bekehrung neuer Gläubiger, dem Fasten und dem Gebet. Sie übten Barmherzigkeit, pflegten Kranke, und ihre grenzenlose Ergebenheit führte dazu, daß sie allgemein beliebt waren. Die einfachen Gläubigen dagegen lebten normal, heirateten, hatten Kinder, unterlagen keinerlei Nahrungsbeschränkung und gaben sich im allgemeinen damit zufrieden, die Predigten der Gutleute anzuhören. Sie besaßen jedoch die Möglichkeit, vor dem Tod das Consolamentum zu empfangen.«[1]

Obwohl die Katharer alle Sakramente der römischen Kirche ablehnten, maßen sie den wenigen von ihnen geschaffenen, sehr einfachen Zeremonien große Bedeutung bei. Das oben erwähnte »Consolamentum«, dessen Ritual bekannt ist, war Kommunion und Glaubensbezeugung zugleich – es war die Salbung, die Einweihung. Im Leben des Gläubigen stellte es einen einzigartigen Augenblick dar, denn es machte ihn zum »Vollkommenen«. Als solcher hatte er die übernommenen Verpflichtungen einzuhalten; bei Zuwiderhandlung drohte der Verlust des Lebens – der Seele!

Die Anforderungen an einen Vollkommenen waren hart: er mußte ein rechtschaffenes, beispielhaftes Leben führen, durfte außer Fisch keine tierische Nahrung zu sich nehmen und hatte

---

[1] Fernand Niel, Les Cathares de Montségur, S. 33

sich geschlechtlichen Verkehrs jeder Art zu enthalten; außerdem mußte er seinem Glauben treu bleiben, auch wenn er deshalb den Tod »durch Feuer, Wasser oder auf jegliche andere Weise« erleiden sollte.

Der wichtigste Teil der Zeremonie bestand in der Handauflegung und im Austausch des Bruderkusses. Manche Forscher haben in dieser Geste eine Kommunion sehen wollen, andere eine Taufe. Beide Deutungsmöglichkeiten haben einiges für sich; um eine Taufe handelt es sich insofern, als durch das Handauflegen ein spiritueller Einfluß übertragen wird, der physisch durch die Lebensenergie – oder den Magnetismus – des Priesters bzw. Einweihenden gegeben wird. Dieser spirituelle Einfluß ist letztendlich nichts anderes als der Heilige Geist, durch den der Gläubige die »Taufe durch das Feuer« empfängt, die ihrerseits durch die Taube symbolisiert wird.

Die Vollkommenen besaßen ohne Zweifel eine im antiken Sinne zu verstehende Autorität, die sie nicht aus sich selbst bezogen: durch das »Consolamentum« waren sie zu lebenden Zeugen der Reinheit Christi geworden.[1] Die damit einhergehenden Verpflichtungen wogen für sie so schwer, daß sie das Sakrament nur dann erteilten, wenn sie sicher waren, daß der betreffende Kandidat genug Glauben und Entschlossenheit besaß, um nicht in weltliche Irrtümer zurückzufallen.

Die Masse der Gläubigen erhielt die »Tröstung« erst in der Sterbestunde, wenn eine Umkehr nicht mehr möglich war. Außer den wenigen uns bekannten katharischen Abhandlungen sind andere Dokumente zu diesem Thema nicht vorhanden, und wir möchten deshalb hier einen Autoren zitieren, dessen Einschätzung wir teilen:

»Das Wesen des ›Consolamentum‹ ist uns verborgen geblieben. Nur die Formeln des Ritus sind bekannt, und man weiß, daß es sich um eine Zusammenkunft von Männern und Frauen handelte, die sich gereinigt hatten. Das spirituelle Element, der göttliche Funke stammte von einem Vollkommenen, der ihn bereits besaß. Er gab das Leben weiter, dessen Bewahrer er

---

[1] Es wurde bereits darauf hingewiesen, daß Christus sich für sie nur dem materiellen Anschein nach, nicht aber realiter inkarniert hatte; er konnte also auch nicht am Kreuz sterben und war, als Emanation des Wortes, dem Heiligen Geist vergleichbar. »Igne Natura Renovatur Integra.« (Durch Feuer wird die Natur erneuert.)

war. Ein Kuß symbolisierte die erhaltene Gabe; als sichtbares Zeichen des Liebesstroms, der von einem zum anderen ging, machte er unter den anwesenden Gläubigen die Runde. Das ›Consolamentum‹ war das Geheimnis Christi, der Geist des Gral.«[1]

Neben dem »Consolamentum« kannten die Katharer verschiedene andere Rituale.

Das »Apparellamentum« war eine Art öffentliche Beichte.

Die »Convinenza« stellte eine Vereinbarung zwischen dem Vollkommenen und dem Gläubigen dar: Ersterer verpflichtete sich, Letzterem das »Consolamentum« zu erteilen, wenn dieser, an der Schwelle des Todes und vielleicht bewußtlos, nicht mehr in der Lage war, die rituellen Fragen zu beantworten.

Die »Endura« schließlich war eine mystische Askese, ein Fasten, das bis zum Tod durch Nahrungsentzug gehen konnte.

Anläßlich von Sonnwendfesten oder Festen der Tagundnachtgleiche wurden wahrscheinlich weitere Rituale vollzogen, die aber unbekannt geblieben sind.

In einem Artikel über die Katharer darf die Erwähnung des Montségur nicht fehlen – jenem »Sonnentempel«, über den schon soviel nachgedacht worden ist. Fernand Niel hat als erster auf die verschiedenen architektonischen Besonderheiten des Gebäudes hingewiesen. Wir möchten hier nicht die Ergebnisse seiner Studien wiederholen; stellen wir lediglich fest, daß das Schloß durch seine Lage am Gipfel eines steil abschüssigen, schwer zugänglichen Berges eher geschützt wurde als durch seine Architektur. Zudem erinnert seine Form in stärkerem Maße an ein Schiff oder an einen Steinsarkophag als an eine Festung.

Die Katharer bildeten eine organisierte, weitläufige Gemeinschaft mit eigenen Gesetzen, Zufluchtsstätten, Kultorten und Würdenträgern. Sie kamen anläßlich bestimmter Gelegenheiten zusammen und erörterten ihren Glauben, ihre Lehre und andere mehr weltliche Probleme, wie das 1206 in Mirepoix abgehaltene Konzil zeigte. Mehr als 600 Gläubige nahmen an ihm teil. Obwohl es verpönt war, sich um die

---

[1] Maurice Magre, La Clef des Choses Cachées

Zukunft zu sorgen und sich an irdische Güter zu klammern – diese Einstellung galt als zu materieverhaftet – forderten sie zwischen 1200 und 1204 den Wiederaufbau der »Festung« von Montségur, deren Struktur jedoch von einer irgendwie gearteten Verteidigungsanlage sehr weit entfernt ist.

Nicht geringes Kopfzerbrechen bereitet den Forschern auch jene zweiwöchige Frist, die den belagerten Katharern bei ihrer Übergabe am 1. März 1244 auf ihr Verlangen hin zugestanden wurde. War sie notwendig, um einen in ihren Augen wertvollen, uns unbekannten Gegenstand in Sicherheit zu bringen? Oder wollten sie lediglich eine ihrer Zeremonien vollziehen, bevor sie auf den Scheiterhaufen stiegen? Hier – und nicht in der Suche nach einem angeblich materiellen Schatz, dem Gral oder etwas anderem – liegt das wirkliche Geheimnis des katharischen Montségur.

# Gesellenbruderschaften

Was kommt dem Laien in den Sinn, wenn er das Wort »Gesellenbruderschaft« hört? Ein ausgezeichneter Arbeiter, der sein Handwerk versteht? Ein geheimer Bund[1] mit merkwürdigen Bräuchen, dessen Mitglieder mit Bändern verzierte Hüte und Stöcke tragen, die als Erkennungszeichen dienen und ihnen erlauben, sich gegenseitig zu helfen? Die Gewißheit, am jeweiligen Aufenthaltsort bzw. da, wo ihre »Walz«[2] sie hinführt, Arbeit zu finden? Versammlungsorte – Logen, Bauhütten oder etwas ähnlich Geheimnisvolles –, in denen mysteriöse Zeremonien stattfinden? Schwarze Messen zum Beispiel, bestimmt aber nichts besonders Katholisches, und etwas, was auf jeden Fall irgendwie nach Schwefel riecht!

Ihre Mitglieder haben die Dome und Kathedralen gebaut, und ihr Erkennungszeichen war ein Ring, den sie im Ohr trugen. Und was weiter?

Der Ursprung der Gesellenbruderschaften geht ebenso wie der der Freimaurer auf die Erbauung des Salomonischen Tempels unter der Leitung des Baumeisters Hiram zurück. Im Unterschied zur Tradition der Freimaurer spricht jedoch die Überlieferung der Gesellenbruderschaften von drei Gräbern: einem für den Körper Hirams, einem für seine Kleidung und einem dritten für seinen Stock. Der romantische Dichter

---

[1] Im Unterschied zu den deutschen Bauhütten des Mittelalters waren die französischen Gesellenbruderschaften (»Compagnonnage«) eine Organisation nur der Gesellen, ohne Meister; sie nahmen eine wirkliche Einweihung vor, während die Lossprechung der Lehrlinge in den deutschen Bauhütten eine vergleichsweise einfache Handlung war, die durch symbolisches Brauchtum bereichert wurde. Die »Compagnonnage« ist in Frankreich bis heute bei den verschiedensten Handwerksberufen üblich, während der Brauch des Gesellenwanderns in Deutschland nur bei den »Fremdgeschriebenen Zimmergesellen« lebendig geblieben ist (vgl. Winkelmüller, Les Compagnonnages, eine Wurzel der Freimaurerei). Neuerdings haben sich Gesellen aus verschiedenen Bauhandwerksberufen auf internationaler Ebene zusammengeschlossen (»Europäische Gesellenzünfte«), um das »Tippeln« zu fördern. (A. d. Ü.)

[2] In Frankreich als »Tour de France« bekannt (A. d. Ü.)

Gérard de Nerval schildert den von drei schlechten Gesellen verübten Mord so:

»Adoniram befand sich in der großen Halle des Tempels. Die undurchdringlichen Schatten um seine Lampe verwandelten sich in rötliche Spiralen, die die feinnervige Struktur der Gewölbe und die Wände der Halle erkennen ließen, von der drei Pforten nach draußen führten: im Norden, im Westen und im Osten. Die erste Tür, gen Norden gerichtet, war für das Volk bestimmt; die zweite für den König und seine Krieger; die dritte für die Priester. Zwei eherne Säulen, Jachin und Boas, waren vor der dritten zu erkennen. Adoniram schickte sich an, hinauszugehen. Plötzlich löste sich von einem der Pfeiler eine menschliche Gestalt und fuhr ihn in barschem Ton an:

›Gib mir das Paßwort der Meister, wenn du hinauskommen willst!‹

Adoniram war unbewaffnet; von allen geachtet und daran gewöhnt, daß einem Wink von ihm gehorcht wurde, dachte er nicht daran, seine heilige Person zu verteidigen.

›Unglücklicher!‹ antwortete er, den Gesellen Methousael erkennend, ›entferne dich! Du wirst von den Meistern empfangen werden, wenn Verrat und Verbrechen bezahlt sind! Fliehe mit deinen Komplizen, bevor die Gerechtigkeit Suleimans eure Häupter erreicht!‹

Methousael hörte ihn an und hob mit kräftigem Arm seinen Hammer, der krachend auf den Schädel Adonirams herabfiel. Der Künstler schwankte betäubt; instinktiv versuchte er, durch die zweite Pforte zu entkommen, der nach Norden. Dort stand der Syrier Phanor, der ihm sagte:

›Gib mir daß Paßwort der Meister, wenn du hinaus willst!‹

›Du warst nicht einmal sieben Jahre Geselle‹, antwortete mit ersterbender Stimme Adoniram.

›Das Paßwort!‹

›Niemals!‹

Phanor, der Maurer, stieß ihm seinen Meißel in die Seite; aber er kam nicht dazu, zum zweiten Male zuzustoßen, denn der Baumeister des Tempels, den der Schmerz wach gemacht hatte, flog wie ein Pfeil zur östlichen Pforte, um seinen Mördern zu entgehen.

Dort erwartete ihn der Phönizier Amrou, der bei den Zimmerleuten Geselle war, und schrie:

›Gib mir das Paßwort der Meister, wenn du hinauskommen willst!‹

›Nicht auf diese Weise habe ich es gewonnen‹, röchelte der erschöpfte Adoniram. ›Frag den danach, der dich geschickt hat.‹

Als er sich bemühte, einen Durchschlupf zu finden, stieß Amrou ihm die Spitze seines Zirkels ins Herz.

In diesem Augenblick brach mit einem tosenden Donnerschlag das Gewitter los.«[1]

Ganz offensichtlich handelt es sich hier um die Erzählung eines rituellen Verbrechens, das mit den berufsspezifischen Werkzeugen Hammer, Meißel und Zirkel begangen wird. Auch das später erwähnte Grab hat symbolische Bedeutung: Die Meister, die aufgebrochen sind, Hiram zu suchen – es sind neun an der Zahl –, entdecken es dank eines frisch gepflanzten Akazienbaumes. Damit wird angedeutet, daß das Wissen des Baumeisters über dessen Tod hinaus weiterlebt; er setzt sich in seinen Schülern fort. Denkbar auch, daß er sich opfert und ihnen seinen Platz überläßt, damit nun sie an der Quelle des Wissens schöpfen können...

Die Überlieferung der Gesellenbruderschaften läßt sich also bis ins hohe Altertum zurückverfolgen. Dies ist wichtig, denn eine traditionelle Organisation ist nur dann authentisch, wenn sie sich in eine homogene initiatische Strömung integriert. Gesellenbruderschaften und Freimaurerei bilden heute zwar zwei klar voneinander getrennte und unterschiedene Wege; ursprünglich jedoch sind beide aus der beruflichen Einweihung hervorgegangen. Die Gesellenbruderschaften entstanden als erste. Sie tauchten auf, sobald die berufsständischen Gilden Gestalt angenommen hatten. Die Spuren antiker Handwerkerzünfte finden sich sowohl in Griechenland wie in Rom, Asien und Ägypten. Ihre Schaffung war notwendig geworden, um den rein materialistischen Gilden eine moralische und spirituelle Basis zu geben. Manche Forscher lassen die Geschichte der Gesellenverbindungen mit Römern oder Goten beginnen, weil erst von dieser Zeit an schriftlich festgelegte Regeln existieren.

---

[1] G. de Nerval, zit. von Jean-Pierre Bayard in »Le Compagnonnage en France«, S. 44–45

Eine Vereinigung von handwerklich tätigen Menschen wie diese brauchte jedoch keine kodifizierten Texte, um lebendig zu bleiben.

Das noch unbekannte Papier wurde durch Felle ersetzt, die letztendlich anderen Zwecken dienten. Aus diesem Grund sind nur sehr wenige Baupläne erhalten; die entsprechenden Entwürfe wurden auch, dem Fortgang der Arbeiten folgend, auf den Boden gezeichnet – was ganz der Vorgehensweise von Leuten entspricht, denen das *rechte Verhältnis* wichtiger ist als eine übertrieben genaue Messung. Das Wissen um die richtige Proportion bildet den wahren Reichtum der Gesellen; es ist in den großen steinernen Büchern abzulesen, über die schon soviel gesagt worden ist, ohne daß der sie belebende Geist wirklich erkannt worden wäre: den gotischen Kathedralen. Ausgehend von einfachen Grundfiguren (Kreis, Dreieck, Viereck), die geschickt angeordnet werden, führen sie zu einer mystischen Vision des Gebäudes. Maßeinheit ist zudem nicht der Meter, sondern der Fuß, wodurch die Bauten eine menschliche Harmonie erhalten.

»Die Kathedrale antwortet. Aber nicht durch Ziffern, was zeigt, daß ihr Baumeister nie Berechnungen angestellt hat – nicht, weil er dazu nicht in der Lage gewesen wäre, sondern weil rein intellektuelle, quantitative Berechnungen zu disharmonischen Ergebnissen hätten führen können. Meßschnur und Maßstab genügen . . .

Der Baumeister rechnet außerdem nicht im schulmäßigen Sinne; er erbaut an Ort und Stelle. Er will keinen Plan entwerfen, sondern aus seiner Kathedrale ein Wesen machen, das mit einem eigenen Leben beseelt ist. Er arbeitet nicht im Bereich des Ideals, sondern mit der Materie, die er beleben möchte, und dazu benutzt er die rhythmischen Proportionen, die einer lebendigen, von den Pflanzen übernommenen Mathematik abgeschaut sind.«[1]

Sein Haupthilfsmittel: die Linie.

»Die Linie gleicht beschreibender Geometrie, von der sie jedoch insofern abweicht, als der Grundriß einfach ist, nicht mathematisch; seine Grundlage sind Proportionen und Maße, die mit Winkelmaß und Zirkel bestimmt werden. Man möchte

---

[1] Louis Charpentier, Les Mystères des la Cathédrale de Chartres, S. 126–127

das Volumen festlegen, denn ausgehend von diesem oft auf den Boden gezeichneten Grundriß richtet der Arbeiter Holz und Steine her.«[1]

Stehen die Mönche von Citeaux, die Zisterzienser, am Beginn dieser Bauweise? Viele Forscher glauben es, und wieder lassen sich bestimmte Beziehungen, bestimmte Übereinstimmungen feststellen. Benediktiner – Zisterzienser – Templer – Gesellenbruderschaften – folgten sie der gleichen Inspiration? Es war sicher nicht so, daß die Gesellenbruderschaften ihr Wissen aus der Lehre der Templer schöpften; viel wahrscheinlicher ist, daß der Templerorden sich bei den von ihm in Auftrag gegebenen Gebäuden von den Kenntnissen der Gesellen inspirieren ließ. Die Templer waren jedenfalls nicht selbst Baumeister, aber sie ermutigten und beschützten diese. Gleichzeitig mit der Verfolgung der Templer begann im übrigen auch die Verfolgung der Gesellen; ihre geheime Organisation, ihre Bräuche und vor allem die sie verbindende gegenseitige Hilfe hatten sie verdächtig gemacht. Sie wurden angeklagt, die königliche Autorität zu bedrohen und Kirche und Religion durch Zeremonien zu verhöhnen, die den Sakramenten ähnlich waren. Man sagte von ihnen: »Sie taufen zum Spott und geben neue Namen.«

Die Gesellenbruderschaften sind Verbindungen von Männern. Wie das Rittertum (aus dem die Templer hervorgegangen sind), achten und ehren sie die Frau, aber sie weihen sie nicht ein; denn die Einweihung ist an einen bestimmten (männlichen) Beruf gekoppelt. Das einzig zugelassene weibliche Element ist die Mutter, die als Seele der Bauhütte die rauhen Arbeiter betreut. Sie tritt auch als Beraterin und Schiedsrichterin bei eventuellen Streitigkeiten auf; aber ansonsten beschränkt sich ihre Rolle auf die einer wohlwollenden, aber autoritären Familienmutter. Zur Kenntnis der beruflichen Geheimnisse ist sie nicht zugelassen.

Keines ihrer »Kinder« wird jedoch versäumen, sich von ihr zu verabschieden, wenn es seine »Walz« fortsetzt. Denn der Geselle ist nicht seßhaft, sondern wandert. Von Bauhütte zu Bauhütte vervollständigt er seine Ausbildung, lernt neue Methoden kennen, neue Materialien, neue Menschen. Dies

---

[1] Jean-Pierre Bayard, Le Compagnonnage en France, S. 308

war früher um so wichtiger, als die Arbeitsmethoden von einem Ort zum anderen stark variierten.

Der Weg, der von einer Stadt zur nächsten führt, folgt dem Lauf der Sonne. Das heißt, er geht von Osten nach Süden, dann nach Westen und schließlich nach Norden. Überall stellt der Geselle sich den Eltern der Hütte vor. Erinnert ihre Rolle nicht ein wenig an die der heutigen Jugendherbergseltern? Denn wie früher die Gesellen bereisen heutzutage Jugendliche nicht mehr nur ihr eigenes Land, sondern ganz Europa, um ihr Wissen über die Welt und die Menschen zu vervollständigen.

Die Fähigkeiten der Gesellen und ihr Know-how werden allgemein anerkannt. Sie besitzen eine fundierte Kenntnis des Materials und der Art und Weise seiner Bearbeitung. Aber was zählt die Technik, wenn nicht eine Idee hinter ihr steht, die die Seele belebt – nämlich der Wille, zu dienen? Gemeint ist die Liebe zu einer gut ausgeführten Arbeit, die Überzeugung, an einem gemeinsamen Werk teilzunehmen, dem Menschen und Gott zu dienen. So ist es nur natürlich, wenn Rituale übernommen werden, die an diese Idee erinnern und erlauben, sie zu verinnerlichen. Die dem Laien meist nur unzureichend bekannten Rituale sind je nach Verbindung verschieden; sie bilden den Rahmen der Einweihungszeremonien, die etwa anläßlich der Aufnahme eines Gesellen vollzogen werden. Mehr noch als in der Freimaurerei sind hier die Geste und die Haltung des ganzen Körpers von Bedeutung. Ziel des Rituals ist es, den jungen Mann in einen emotionalen Zustand zu versetzen, der die idealistischen Gefühle in ihm anspricht und ihn so dazu bringt, sich selbst zu übertreffen, um zur Vollkommenheit, d. h. zur Beherrschung seines Handwerks, zu gelangen. Vorgedruckte Formeln existieren nicht: Der Geselle hat alles auswendig gelernt. Für ihn ist es eine Ehre, sein Ritual aus dem Gedächtnis zu kennen und es ohne Fehler wiederholen zu können. Mit jedem Ritual ist eine bestimmte Symbolik verbunden – d. h. ein bestimmtes esoterisches Wissen.

Die Symbolik der Gesellenbruderschaften ist der der Freimaurer sehr nahe: Übergabe der Handschuhe, Zimmer der Meistererhebung etc. Das Gegenteil wäre auch erstaunlich, denn die beiden Wege stellen heute den operativen und den spekulativen Aspekt ein und derselben Lehre dar. Diese ist, und das ist das Besondere an ihr, vor zehn Jahrhunderten in Europa nicht als natürlicher Abschluß, als Vollendung einer Wissenschaft entstanden, sondern taucht plötzlich, wie eine Offenbarung, aus dem Dunkel auf.

»Vor dem Jahr 1000 gab es wenige oder keine talentierten Baumeister. Bis auf einige ganz klar byzantinisch geprägte Bauwerke ist alles, was heute noch erhalten ist, ziemlich kläglich und grob. Nach dem Jahr 1000 kommt es zu einer außergewöhnlichen Entfaltung des Romanischen.

Im Jahr 1000 gibt es 1108 romanische Abteigebäude, die zum überwiegenden Teil seit 950 errichtet worden waren und nach dem Jahr 1000 erneuert wurden. 326 Abteigebäude wurden im 11. Jahrhundert ausgeführt und 702 im 12. Jahrhundert. Vor allem in den letzten beiden Jahrhunderten handelt es sich da nicht um kleine Gebäude: Cluny, Charité sur Loire, Tournus, Jumièges, die beiden Abteien von Caen gehören dazu...

Es ist jedenfalls überraschend, daß plötzlich nicht nur die erforderlichen Handwerker und Künstler da sind, sondern auch und vor allem die entsprechenden Baumeister, die in der Lage sind, eine größere Kirche materiell, intellektuell und spirituell zu erdenken...

Wie viele Generationen von Maurern, Steimetzen und Zimmerleuten waren notwendig, um eine Elite hervorzubringen, die in der Lage war, Bauwerke wie Chartres und Amiens zu schaffen? Und all dies scheint bei den Baumeistern des angeblich so finsteren Mittelalters eine angeborene, unvermittelt auftretende Wissenschaft zu sein.«[1]

Wir wollen hier weder untersuchen, woher dieses Wissen kam, noch wer es zum Erscheinen brachte bzw. seine Verbreitung förderte. Wichtiger ist, auf die bei Gesellenbruderschaften und spekulativer Freimaurerei ähnliche Symbolik hinzuweisen. In beiden Fällen geht es um die Werkzeuge und ihre Verwendung, aber der letztgenannte Weg entwickelte weitere, zusätzliche Dimensionen.

Die Gesellenbruderschaften kennen zwei Grade: Lehrling und Geselle. Außerdem wurde noch zwischen dem gerade zum Gesellen Beförderten und dem ausgelernten Gesellen unterschieden; letzterer entsprach dem Grad eines Meisters in der

[1] Louis Charpentier, Les Mystères Templiers, S. 62–63

Maurerei. Der ausgelernte Geselle hat seine Rundreise beendet und ist reif und sicher genug, sein Meisterwerk in Angriff zu nehmen. Bei der Ausführung, ganz gleich, ob es sich um Tischlerei, Schmiedekunst, Schlosserei, Steinbearbeitung oder Konditorei handelt, bietet der Handwerker alle Hilfsmittel seiner Kunst auf und häuft unbesehen alle die Schwierigkeiten an, die der Nichteingeweihte als unüberwindlich betrachtet. Das Meisterwerk ist eine Huldigung an die lange Reihe der Vorgänger, deren beharrliche Arbeit zu den Kenntnissen geführt hat, die der Geselle nun als heiliges Erbe übernimmt. Es ist die Zusammenfassung eines wertvollen Wissens und kann von einem einzelnen Handwerker genauso ausgeführt werden wie von einer Gruppe.

Auch bei den Gesellenbruderschaften ergibt sich somit bei der Anzahl der Grade die Zahl Drei, die an anderer Stelle kommentiert wird.

Fast alle Berufe sind in den Gesellenbruderschaften vertreten: Tischler ebenso wie Steinmetzen, Schlosser, Gerber, Hutmacher, Schmiede, Glaser, Bäcker, etc. Trotz der Vielzahl der entsprechenden Werkzeuge ist die Symbolik einheitlich; sie geht von den Arbeitsgeräten des Maurers aus. Wie in der Freimaurerei finden wir das Winkelmaß, den Zirkel, die Waage, den Hammer – aber auch andere Symbole, die die Originalität der Gesellenverbindungen bezeugen: den Stock, die Axt, die Biene, das Salomonische Pendel etc.

Winkelmaß und Zirkel symbolisieren den Übergang vom Viereck zum Kreis, vom Groben zum Feinen, vom Schüler zum Eingeweihten, vom Gesellen zum Meister. Sie können wie folgt angeordnet sein:

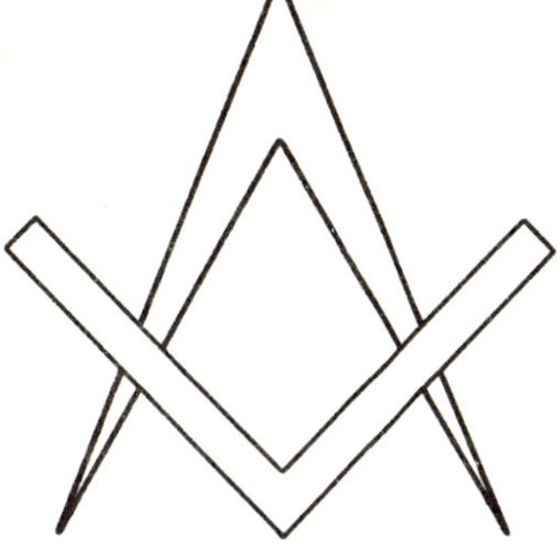

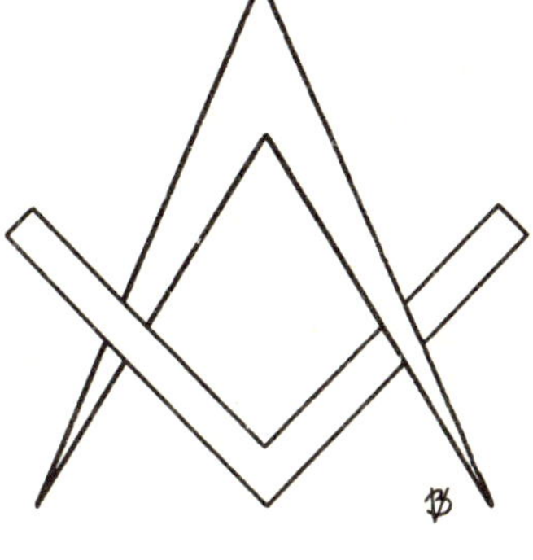

Ein Unterschied zwischen gerade aufgenommenem und ausgelerntem Gesellen besteht hier nicht.

Der je nach der »Familie« des Gesellen gerade oder aber schraubenförmig gewundene Stock ist ein typisches Attribut der Gesellenbruderschaften. Seine Haltung bedeutet Provokation (Spitze nach vorn), Vertrauen (Spitze nach hinten), Ehrerbietung (Spitze am Kopf) oder Mißachtung (Spitze schleifend gezogen).

Die am Stock, am Hut oder am Jackenaufschlag getragenen Farben hängen mit dem jeweiligen Beruf zusammen und erlauben so, die Zunft des Gesellen zu erkennen. Für die aus Samt oder Seide gefertigten Bänder stehen »fünf Farben und eine versteckte« zur Verfügung. Es sind: Weiß, Rot, Blau, Gelb und Grün, die jeweils ihre eigene Bedeutung haben.

Das Salomonische Pendel besteht aus »einem Kreis mit 32 Zimmererzeichen, der einen zweiten Kreis umgibt; in ihm befindet sich ein entweder dem keltischen Kreuz oder dem Christusmonogramm verwandtes Kreuz. Mit Hilfe dieser 32 Zeichen lassen sich Position und Umriß jedes Stückes Holz bestimmen.«[1] Nachstehend findet sich die Darstellung eines solchen Pendels; auch bei abweichendem Äußeren ist ihre Verwendung ähnlich.

Wir haben von »Bruderschaften«, von »Familien« gesprochen. Welche Besonderheiten haben sie, welche Erkennungszeichen? Wir möchten im folgenden Jules Boucher zitieren, der uns einen Überblick über die verschiedenen »Familien«, die zwischen ihnen bestehenden Beziehungen sowie die Eigenheiten der von ihnen verliehenen Namen gibt.

Die Gesellen verteilten sich auf drei ›Familien‹,[2] deren jeweilige Regeln sie zu befolgen schworen; die Regeln mußten geheim bleiben und wurden nur dem Eingeweihten enthüllt. Die drei Familien waren: ›Die Kinder Salomos‹, ›Die Kinder des Maître Jacques‹ und die ›Kinder des Père Soubise‹.

---

[1] Jean-Pierre Bayard, Le Compagnonnage en France, S. 291

[2] frz. »devoir« = Pflicht, Aufgabe, Auftrag. Jede der drei großen Abteilungen der »Compagnonnage« behauptete, von einem traditionellen Oberhaupt abzustammen, das seinem Gefolge einen »Auftrag« (devoir) hinterlassen habe. Die Gesellen nannten sich seine Söhne oder Kinder.

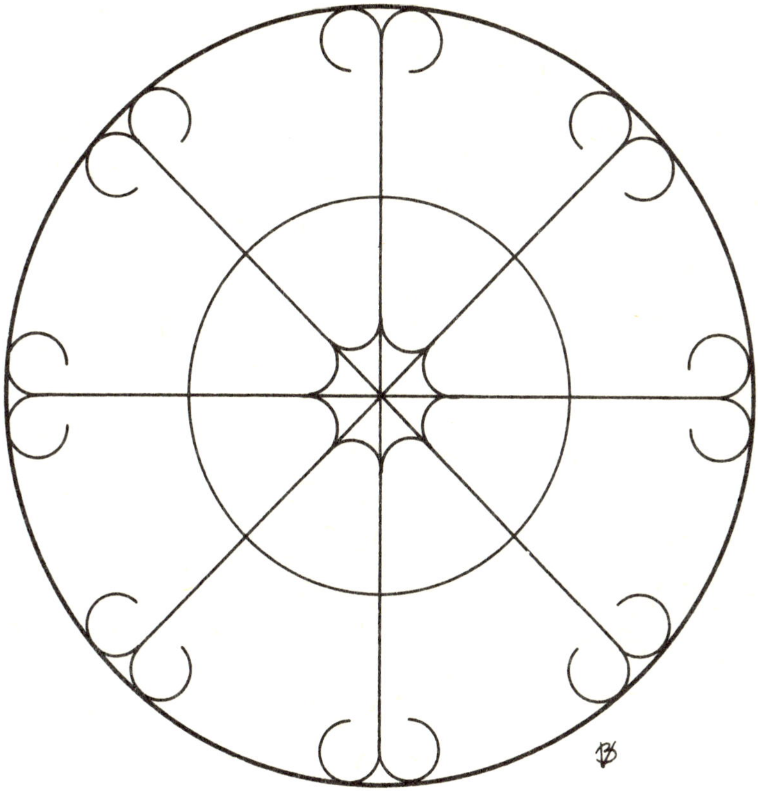

*Salomonisches Pendel*

Die ›Kinder Salomos‹ wurden auch ›Devoir de la Liberté‹, die fremden Gesellen der Freiheit, genannt. Zu ihnen gehörten die Steinmetzen, die ›fremde Gesellen‹ oder ›Wölfe‹ hießen, die Tischler, die als ›Gavots‹ bezeichnet wurden, und die Zimmerleute, bei denen der Bewerber ›Fuchs‹ hieß. Die Steinmetzen bezeichneten sich untereinander als ›Coterie‹ und die Tischler als ›Pays‹. Ihr Gesellenname bestand aus einem Spitznamen und dem Namen ihrer Vaterstadt, z. B. ›La Prudence de Draguignan‹ – die Vorsicht von Draguignan. Bei den Tischlern war das Duzen untersagt.

Die ›Kinder des Maître Jacques‹ hießen kurz auch nur ›Le Devoir‹. Zu ihnen gehörten die Steinmetzen, die als ›fahrende Gesellen‹ oder ›Werwölfe‹ bezeichnet wurden; die Tischler und Schlosser, genannt ›Gesellen der Pflicht‹ oder ›Devoirants‹ bzw. ›Devorants‹ – auch die Bezeichnung ›Hunde‹ war für sie gebräuchlich. Ihr Gesellenname bestand aus dem Vornamen und dem Namen der Region, aus der sie stammten, z. B. Jean le Parisien – Hans der Pariser. Der ›Devoir de la Liberté‹ war religiös unabhängig, während der ›Devoir‹ nur katholische Gesellen aufnahm. Die beiden ›Devoirs‹ haßten sich gründlich und Schlägereien waren an der Tagesordnung.

Die ›Kinder des Père Soubise‹ wurden auch ›Saint Devoir‹, die Gesellen der heiligen Pflicht, genannt. Der Sage nach sind sie aus einer Spaltung hervorgegangen, die im 17. Jahrhundert bei der Erbauung der Kathedrale von Orléans innerhalb der ›Kinder Salomos‹ stattfand. Die genaue Klärung dieses Punktes ist sehr schwierig. Die Familie scheint tatsächlich nur aus einer einzigen Berufsgruppe bestanden zu haben, den Zimmerleuten; sie wurden allgemein als ›gute Kerle‹ oder einfach ›Kerle‹ bezeichnet. Die Meister hießen ›Hunde‹ und die jungen Gesellen ›Füchse‹. Der Lehrling war ein ›Hase‹ und der Arbeitgeber ein ›Affe‹.«[1]

Die Gesellenbruderschaften, die damals die Elite der Arbeiter ausbildeten, waren eine harte Schule; hier galt der hermetische Grundsatz: »Du sollst das Feine vom Groben sondern mit großem Geschick.«

---

[1] Jules Boucher, La Symbolique Maçonnique

Die Kenntnis des Materials und seine Arbeit bedeutet für den am Werk Tätigen eine moralische und spirituelle Erhebung – ein unbekannter Begriff für die heutigen Arbeiter, die oft nur Sklaven der vielgepriesenen sakrosankten Produktivität sind und am Fließband eine gleichförmige, vom Takt des Zeitmessers bestimmte Arbeit verrichten.

Es ist in diesem Zusammenhang bezeichnend, daß die Arbeiter durch ihre Kenntnisse die Bedeutung ihres Standes und seine Rolle innerhalb der Gesellschaft sehr schnell erkannten. Tatsächlich traten die Gesellenverbindungen den Arbeitgebern gegenüber als Forderer auf und setzten durch, daß diese nicht mehr nach Belieben Arbeitskräfte einstellen durften. Sie verpflichteten sie so dazu, die Arbeitsbedingungen weniger hart zu gestalten oder aber ihre Arbeitskräfte besser zu bezahlen. Die Gesellen waren stolz. Ihre Arbeit adelte sie, und sie wollten, daß ihr Stand geachtet wurde. Die Arbeitgeber wußten, daß sie mit ihnen zu rechnen hatten. Unter Berücksichtigung dieser Gesichtspunkte wird erklärlich, daß die staatliche Macht dieser Art von Organisationen, die nicht jedem zugänglich waren und deren Mitglieder untereinander durch feierliche Versprechen der gegenseitigen Hilfe und Treue verbunden waren, mißtrauisch gegenüberstand.

# Rosenkreuzer

1623 tauchte an verschiedenen Stellen in Paris der folgende Aushang auf:

»Wir, die Abgesandten vom Großen Kollegium der Brüder vom Rosenkreuz, halten uns durch die Gnade des Allerhöchsten, dem die Herzen der Gerechten zugewandt sind, sichtbar und unsichtbar in dieser Stadt auf.

Ohne Bücher oder Zeichen zeigen und lehren wir, wie man die Sprachen des Landes, wo wir sein möchten, sprechen kann, um die Menschen, unsere Nächsten, aus Irrtum und Tod zu befreien.«

Und:

»Wir, die Abgesandten vom Kollegium des Rosenkreuzes, tun allen kund, die unserer Gesellschaft und Kongregation beitreten wollen, daß wir sie in der vollständigen Kenntnis des Allerhöchsten, in dessen Namen wir uns heute versammeln, belehren, und wir werden sie gleich uns zu sichtbaren Unsichtbaren und unsichtbaren Sichtbaren machen, und sie werden in alle fremden Länder verbracht werden, in die ihr Wunsch sie hinträgt. Um aber zur Kenntnis dieser Wunder zu gelangen, lassen wir den Leser wissen, daß wir seine Gedanken kennen, und daß, falls er den Wunsch haben sollte, uns lediglich aus Neugierde kennenzulernen, er nie mit uns in Verbindung treten wird; wenn aber der Wille ihn wirklich dazu bringt, sich in die Register unserer Bruderschaft einzutragen, werden wir, die wir die Gedanken beurteilen, ihn die Wahrheit unserer Versprechungen erkennen lassen, und so geben wir den Ort unserer Bleibe nicht an, denn die mit dem aufrichtigen Willen des Lesers verbundenen Gedanken werden in der Lage sein, uns ihm bekannt zu machen, und ihn uns.«

Von diesem Zeitpunkt an hat es bis heute nicht an eingeweihten Sekten – oder solchen, die sich dafür hielten –, an Gruppen, Verbindungen und Orden gefehlt, die sich auf die Tradition vom Rosenkreuz berufen. Sie bieten dem einfachen Sterblichen neben der Möglichkeit einer hohen spirituellen

Erhebung die Zusicherung eines materiellen Wohlstands, der jede Vorstellung übertrifft.

1614 und 1615 waren in Deutschland zwei programmatische Schriften erschienen: Die »Fama Fraternitatis« (die zu einer Abhandlung gehörte, die »Allgemeine und General Reformation« betitelt war) und die »Confessio Fratrum Rosae Crucis«.[1] Hinter einem gewollt satirischen Äußeren geißelten die Schriften die Absonderlichkeiten ihrer Zeit und schlugen in der »Reformatio« eine Umgestaltung der Sitten und der Politik vor. Das in Europa Ende des 16., Anfang des 17. Jahrhunderts herrschende Klima hatte einen Neubeginn notwendig gemacht, der von verschiedenen Gesellschaftsschichten erwartet und erahnt wurde. Die einen verlangten, die Religion müsse zu größerer Reinheit zurückfinden, und predigten ihren Zeitgenossen ein sittenstrenges Leben; für andere bestand die einzige Lösung in einer völligen Erneuerung der Kirche – was die Theologen angesichts der vielen möglichen Auslegungen des Glaubens in nicht geringe Schwierigkeiten brachte. Die von den Rosenkreuzern vorgeschlagene Reform der Welt entsprach daher dem inneren Streben eines krisengeschüttelten Europa.

»Die Rosenkreuzer gaben sich als Magier aus, um ihr wirkliches Denken, ihr ursprüngliches Ziel zu verbergen: die Erneuerung der ganzen Welt, für die sie die vorbestimmten Handlungsträger waren. Es ist vor allem dieser Aspekt, der den Leser der rosenkreuzerischen Schriften überrascht. Wichtiger als die von ihnen vorgeschlagenen Verfahren zur Herstellung des Steins der Weisen oder des Elixiers des ewigen Lebens, wichtiger als die von ihnen gelehrten Methoden zur Erlangung eines bestimmten Wissens war, daß sie den Europäern des 17. Jahrhunderts, die die ständigen Kriege zugrundegerichtet hatten, die zwischen Katholizismus und Protestantismus zerrissen wurden und deren Denken vom Geist der Kritik beherrscht wurde, Worte der Eintracht und Besänftigung mit auf den Weg gaben. Inmitten des allgemeinen Egoismus haben sie die Menschen daran erinnert, daß sie Brüder sind, Söhne desselben Vaters.«[2]

---

1 »Gerücht von der Bruderschaft« und »Bekenntnis der Brüder vom Rosenkreuz«

2 Sédir, Les Rose+Croix, S. 24

Die Behauptung stimmt jedoch nicht ganz: Die Rosenkreuzer haben sich nicht als Magier ausgegeben, um ihr eigentliches Ziel im Dunkeln zu lassen. Sie haben lediglich so gut sie konnten ihre Kenntnisse über die Verwandlung der Metalle und die Kunst der Verlängerung des Lebens sowie ihre außersinnliche Wahrnehmung verborgener Dinge bei dem Versuch benutzt, Staaten und Menschen zu erneuern.

Ihre Haltung wich von der der intellektuellen bzw. spirituellen Elite erheblich ab: »Durch ihre Schriften, ihre Lehre und ihr Beispiel standen sie über den Kämpfen der Schulen. Sie fanden im Mysterium ihrer Person und in der Verschwiegenheit ihrer Kollegien eine Heiterkeit, eine Erhabenheit des Standpunkts, die sich von den Niedrigkeiten und Disputen so vieler Geistlicher des beginnenden 17. Jahrhunderts unterschied.«[1]

Viele Männer, die ihre Epoche durch Werke auf so unterschiedlichen Gebieten wie Philosophie, Medizin, Mathematik oder Musik bereichert haben, waren entweder selbst Rosenkreuzer oder standen mit dieser hehren Bruderschaft in mehr oder weniger langem Kontakt. Zu ihnen gehören etwa Robert Fludd, Francis Bacon, René Descartes, Valentin Andreae (der im Verdacht steht, die »Chymische Hochzeit des Christian Rosencreutz« verfaßt zu haben) und viele andere.

Die Erwähnung des Namens von Christian Rosencreutz erfordert eine nähere Ausführung, denn er gilt gemeinhin als Gründer des Rosenkreuzerordens und wird als wirkliche Persönlichkeit mit Geburts- und Todesdatum vorgestellt. Seine Existenz ist jedoch rein symbolisch zu verstehen; seine Lebensumstände, sein Tod und die Entdeckung seines Grabes sind Allegorien und gehören zum Einweihungsweg des Rosenkreuzers.

Christian Rosencreutz stammte aus einer adligen deutschen Familie, wurde jedoch sehr früh Waise. Er erhielt eine ausgezeichnete Erziehung und unternahm zahlreiche Reisen in den Nahen und Mittleren Orient, in deren Verlauf er in verschiedene Mysterien eingeweiht wurde. Er gewann ein solches Wissen und eine solche Tiefe des Denkens, daß ihm eine »universelle harmonische Wissenschaft« zugänglich wurde, die

---

[1] P. Montloin und Jean-Pierre Bayard, Les Rose+Croix, S. 41

ihm erlaubte, »einen Plan der universellen Erneuerung zu entwerfen: politisch, religiös, wissenschaftlich und künstlerisch«; sein sehnlichster Wunsch war, diesen Plan in Europa zur Anwendung zu bringen. Von einigen Brüdern umgeben, die er in die Arkana der Wissenschaft einweihte, widmete er sich anschließend spirituellen und humanitären Werken und bereitete sein eigenes Grab in einer Krypta vor, das erst 120 Jahre nach seinem Tod entdeckt wurde. Dieses Grab stellt eine symbolische Verdichtung der rosenkreuzerischen Kenntnisse dar.

Auf dem Altar in der Mitte der Krypta findet sich folgende Inschrift:

*Hoc universi compendium vivus mihi sepulchrum feci*

(Zu Lebzeiten habe ich mir dieses Kompendium des Universums als Grab bereitet)

Der Weg der Rosenkreuzer, der bei dem zur Einweihung bereiten Schüler zur spirituellen Erleuchtung – dem sogenannten Zustand des Rosenkreuzes – führt, hat die Fülle zum Ziel, die durch das Verständnis der das Universum regierenden kosmischen Gesetze gewonnen wird. Dies ergibt sich aus der Anordnung des Grabes von Christian Rosencreutz. Alles hat hier eine Bedeutung: die Abmessungen und die Form der Krypta, die ein wahrer »Tempel des Heiligen Geistes« ist, die Beschaffenheit, die Form und die Position des Sarkophags, die auf Tür und Altar angebrachten Inschriften, etc.

Wie sieht nun ein solcher »Tempel des Heiligen Geistes« aus? »Der kreisförmige, mittelgroße Saal, dessen Boden mit regelmäßigen Dreiecken aus schwarzem und weißem Marmor bedeckt ist, deren Spitzen zum Eingang weisen, bietet meinem Blick eine beeindruckende Perspektive. Im Hintergrund des Saales, hinter und leicht rechts von denen, die ich gedanklich schon als die ›Männer in Weiß‹ kenne, stehen zwei Säulen, eine weiß, die andere schwarz, auf einer rechteckigen Estrade aus rosa Marmor, zu der auf drei Seiten je drei Stufen hinaufführen.«[1]

[1] R. Bernard, Les Maisons Secrètes de la Rose+Croix, S. 43

Die Gruppen, die sich heute zu Recht oder zu Unrecht auf die Lehre vom Rosenkreuz berufen, sind relativ zahlreich. Trotz der Verschiedenartigkeit ihrer Beweggründe änderte sich ihr Symbol wenig oder gar nicht: es blieb bei der Verbindung von Kreuz und Rose, wobei letztere als einzelne Blume oder als Kranz in Erscheinung treten kann.

Der symbolische Gehalt bleibt der gleiche:

»Das Leiden ist ein goldenes Kreuz, auf dem die Rose der Seele sich öffnet.«

Die Lehren und die verfolgten Ziele sind jedoch unterschiedlich, je nachdem, ob man sich mit einem spekulativen oder mehr anwendungsbezogenen Aspekt beschäftigt, ob man sich der christlichen Tradition verpflichtet fühlt oder im Gegenteil die Konfession eines Bewerbers völlig außer acht läßt.

Das gemeinsame Ziel dieser Organisationen liegt in dem beständigen Versuch, den Menschen zu bessern. Die diesem Ziel untergeordnete Ausbildung neuer Schüler geschieht zum einen durch Bücher (Werke der anerkannten Lehrer, Fernkurse, geheime Manuskripte), zum anderen mündlich durch Einweihungs- und Unterrichtssitzungen in geweihten Tempeln. Diese philosophische Unterweisung ist die tragende Säule, der andere »Fächer« sich anschließen. Sie erlauben die Entfaltung von Kräften, durch die Elemente und Ereignisse des täglichen Lebens gemeistert werden können. Die Kräfte, die bald auf die psychische Wahrnehmungsfähigkeit (Telepathie, Verbindung mit dem kosmischen Bewußtsein), bald auf mehr praktische Anwendung (z. B. die Entwicklung des menschlichen Magnetismus zu Heilzwecken) ausgerichtet sind, führen den Schüler zum Bewußtsein des Magiers oder Eingeweihten und gestatten ihm so, das Normalbewußtsein zu transzendieren und an der Erneuerung der Menschheit mitzuwirken. Denn Ziel ist immer die materielle und spirituelle Verbesserung des Menschen, seine individuell und kollektiv zu verstehende Re-Integration in Gott.

Auch der Rosenkreuzer arbeitet also an der Herstellung des »Steins der Weisen«. In der Tat lassen sich die Arbeiten der Alchemisten ohne weiteres in diese Erneuerung der Welt integrieren. Zahlreiche, die Etappen der Suche bezeichnende

Symbole greifen bei Einweihungen oder mystischen Zeremonien diesen spekulativen Aspekt wieder auf, der den physischen Arbeiten an der Materie fast immer spiegelbildlich entspricht.

*Bete und arbeite*

Die zwei Heiligtümer des Rosenkreuzers sind also Oratorium und Laboratorium; der Meditation folgt die Handlung.

Aber dieses Laboratorium ist nicht nur jener dunkle Keller, in dem physikalisches Gerät und Zauberbücher in schöner Eintracht nebeneinander liegen.

Es ist auch die Welt, in der er seinen Platz als einfacher Handwerker, Arzt, Künstler oder Philosoph einnimmt. Denn die Erneuerung zielt auf die ganze Gesellschaft ab, die sich unter dem Anstoß der als Katalysatoren wirkenden Rosenkreuzer verändern soll. Diese Umwandlung kann nur zum Guten hin geschehen, zum Guten für den Menschen und die Menschheit. Der wissenschaftliche Materialismus hat einem tiefen Verständnis und der Achtung der kosmischen Gesetze Platz zu machen – worunter keinesfalls die blinde Unterwerfung unter eine despotische Religion verstanden werden darf.

Denn »Rose und Kreuz« bedeuten auch »Wissen und Toleranz« und sind damit Ausdruck der göttlichen Liebe.

Die Lehre der Rosenkreuzer hat sich seit ihren Ursprüngen nicht verändert. Es geht um die Suche nach einem ganzheitlichen, d. h. Körper und Geist, das Individuum und die Gesellschaft betreffenden Heilmittel.

Zwei Wege bieten sich an, der eine intellektuell, der andere mystisch.

Aber die beiden Wege können nicht unabhängig voneinander beschritten werden. Sie gehören zusammen. Der intellektuelle Weg erlaubt die theoretische Annäherung an das Gesetz, aber diese Annäherung endet im Nichts, wenn das Verständnis des Gesetzes nicht auf *erfahrenen* Erkenntnissen beruht.

Für den Rosenkreuzer bedeutet Mystik nicht die glückselige Anbetung des Göttlichen, die allmählich zu einer Vernachlässigung der Bedürfnisse des täglichen Lebens führt. Er lebt nicht in einem gleichsam körperlosen Traum, sondern betrachtet die Mystik als Wissenschaft, deren Techniken er erkennen kann. Eine dieser Techniken besteht in der Kunst, die Fähigkeiten des menschlichen Körpers besser zu nutzen. Nur zu oft, besonders durch das heutige moderne Leben, wird er vernachlässigt, funktioniert schlecht und kann die Bedürfnisse seines Besitzers nicht erfüllen. Krankheiten, Behinderungen, vorzeitiger Tod oder einfach mangelnde Widerstandskraft sind allgemein verbreitet, und jeder Rosenkreuzer bemüht sich, aus seinem physischen Körper ein Instrument zu machen, das seiner Rolle gerecht wird und ihm bei der Erfüllung seiner Aufgabe hilft.

Denn der Körper muß als Tempel der Seele betrachtet werden, als »Vehikel«, in das sie sich inkarniert hat und das sie notwendig braucht, um den Prozeß der Wiedereingliederung in das Göttliche zu einem guten Ende zu führen. Weit davon entfernt, das Vorhandensein und die Bedeutung des Körpers zugunsten des Geistes zu leugnen – was nur zu einem Ungleichgewicht führen würde –, gesteht der Rosenkreuzer ihm die gebührende Achtung zu, ohne ihn jedoch zu überschätzen. Er bemüht sich, dieses Behältnis des kosmischen Funkens so gesund wie möglich zu halten.

Bei der Erreichung dieses Ziels sind ihm verschiedene Methoden behilflich, wie z. B. eine tiefere Atmung, eine gesündere Ernährung und das Ablegen von Gewohnheiten, die für den Organismus schädlich sind. Bestimmte Praktiken, deren Absichten, Prinzipien und Modalitäten geheim bleiben, erlauben ihm außerdem, mit den lebendigen Kräften des Universums in Verbindung zu treten, um z. B. sich selbst zu heilen oder anderen Hilfe und Erleichterung zu bringen. Tägliche Übungen führen zu einer Kontrolle und Regulierung der verschiedenen Funktionen des Organismus, wodurch die psychischen Zentren erwachen. Diese Zentren, deren Vorhandensein nur schrittweise enthüllt wird, machen den Schüler nach langen Jahren des Studiums und der Übung zum Meister. Sie erzeugen Kräfte, deren Anwendung zu einer wirklichen Meisterung des Lebens führt. Die so erhaltene Macht kann nur im Sinne des Guten angewandt werden; jede negative Ausrichtung bleibt wirkungslos oder wendet sich letztendlich gegen ihren Erzeuger. Das hier wirksam werdende kosmische Gesetz ist jeder traditionellen und authentischen Organisation bekannt. Jede auf den spirituellen Fortschritt des Menschen abzielende Lehre wird die Herrschaft des Menschen über den Menschen durch schwarzmagische Praktiken strikt ablehnen.

Die einzige Macht dieser sogenannten schwarzen Magie besteht im übrigen in der Furcht vor ihr, und der Mensch schafft so selbst die Voraussetzungen für ihr Erscheinen. Die weiße Magie im Zeichen des Rosenkreuzes dagegen will nicht den Naturgesetzen zuwiderlaufende Wirkungen hervorbringen, sondern diese Gesetze in all ihren Ableitungen kennenlernen und sie für die Erhöhung des Geistes nutzbar machen, der durch die Lösung von der Materie zu Gott zurückfinden soll.

Diese Lehren, die einer spirituellen Alchemie vergleichbar sind, bereiten den Rosenkreuzer auf die Wirkungen des »Großen Werkes« vor, das er in der Materie zu vollbringen hat; sie sind leichter wahrnehmbar, wenn sie einer mystischen Annäherung an die Schöpfung folgen. Zwei Wege bieten sich an, der eine spekulativ, der andere, weniger oft beschrittene, anwendungsbezogen. Viele begnügen sich mit der ständigen Verbindung zu Gott und verspüren nicht das Bedürfnis, die in ekstatischen Visionen erfahrene spirituelle Erlösung in die physische Ebene, die dunkle Materie einzubringen.

Nur wenige arbeiten im Laboratorium und versuchen, in sich diesen göttlichen Funken zu finden – jene aus der Unendlichkeit des Kosmos stammende geheimnisvolle Schwingung, die ihnen bei Meditationen enthüllt wurde, während derer ihre Seele sich für einen Bruchteil der Ewigkeit mit der Quelle aller Weisheit verband.

Dem Ziel näher sind jene Demütigen, die der Materie den ihr zustehenden Platz einräumen und sich nicht mit einem spirituellen Leben zufriedengeben, das die Vervollkommnung der physischen Ebene vergißt.

Hauptsymbole der Rosenkreuzer sind bekanntlich Rose und Kreuz, die auf verschiedene Weise dargestellt worden sind. Die klassischste Verbindung der beiden besteht in einer einfachen roten Rose, die im Schnittpunkt eines lateinischen oder griechischen Kreuzes erblüht; aber auch vier und mehr Rosen, ein einfacher, doppelter oder dreifacher Kranz sind möglich. Die verschiedenen Rosenkreuzer-Bewegungen bemühen sich, immer neue Zusammenstellungen zu finden, aber die Grundbedeutung bleibt gleich: die Rose der Seele soll in den harten

Prüfungen dieser Welt, in der jeder sein Kreuz trägt, zur Entfaltung gebracht werden.

Diese Symbolik findet auch in der Alchemie ihre Entsprechung. Die Rose wird zum Stein der Weisen, das Kreuz zum Schmelztiegel. »Im Tiegel geht die Urmaterie, wie Christus, ihren Leidensweg; hier stirbt sie, um gereinigt, durchgeistigt und bereits verwandelt wiederaufzuerstehen.«[1]

Die Rose ist rot, ebenso wie die letzte Etappe des »Großen Werkes«. Aber sie ist auch so rot wie das Blut Christi, das Er am Kreuz verströmte. Ist die Rose, ein wunderbares Symbol der Reinheit und Anmut, nicht die geheimnisvollste aller Blumen? Ist sie nicht, wenn sie erblüht und endlich ihr Geheimnis preisgibt, wenn sie ihr Innerstes enthüllt und süßen Duft verströmt, nicht schon am Punkt des Welkens und dem Tode nahe? Deshalb ist die beste Darstellung der Rose am Kreuz eine kaum halbgeöffnete Knospe – sie entspricht einer Lehre, die den Augen des Uneingeweihten noch verborgen ist.

Das Kreuz, das die Prüfungen dieser Welt symbolisiert, erinnert den Christen auch an den Opfertod Jesu. Aber es war schon lange vor dem Christentum bekannt; gemalte oder gehauene Zeugnisse finden sich auf Denkmälern, die bis ins höchste Altertum zurückreichen. Meist galt es als Sinnbild der Prüfung und des Leidens, aber man kann auch etwas ganz anderes in ihm sehen.

Das durch den Schnittpunkt zwischen einer horizontalen (passiven, weiblichen, befruchtbaren) und einer vertikalen (aktiven, männlichen, befruchtenden) Linie gebildete Kreuz bedeutet einen schöpferischen Vorgang, der im Schnittpunkt, da, wo die Rose ersteht, offenbar wird.

Die Rose erwächst aus der Befruchtung des an der Oberfläche ruhigen, horizontalen Wassers mit dem vertikalen Strahl des göttlichen Lichts. Die Alchemisten glaubten, daß dieses Licht siderischen Ursprungs sei. Richtet nicht der »Sohn der Wissenschaft« seinen Weg nach dem Polarstern aus? Und besteht die einfachste Darstellung eines Sterns nicht in zwei sich kreuzenden Linien? Die Bedeutungen dieses Symbols sind vielfältig.

---

[1] Fulcanelli, Le Mystère des Cathédrales, S. 59

Rose und Kreuz, das spürt man, entstammen dem Urgrund der Zeiten. Wie eine von zahllosen Wächtern weitergegebene Botschaft, die sich, eingekrustet ins Unterbewußtsein, latent in jedem von uns befindet, hallen diese Worte in uns wider.

Es ist bezeichnend, daß das Wahre immer harmonisch und Synonym des Schönen ist. Die Harmonie der Formen, Töne und Farben ist eine Botschaft, die der Kenntnis der göttlichen Harmoniegesetze vorausgeht.

Anders als das in seiner Grundgestaltung unveränderlich bleibende Kreuz (zwei sich kreuzende Linien sind neben Punkt und Kreis die elementarsten Symbole) kann die Rose durch verschiedene symbolische Darstellungen wiedergegeben werden; eine davon ist der Kreis.

Er hat im praktischen Leben und in der Symbolik des Menschen schon immer eine bedeutende Rolle gespielt. Lange bevor er die Null – das Leere – repräsentierte, galt er als schematisierte Abbildung des Universums, des Kreislaufs von Leben und Tod, des Wechsels zwischen den verschiedenen Reichen der Schöpfung etc.

Die Verbindung von Kreuz und Rose entspricht also der von Kreuz und Kreis, was zu folgenden Abbildungen führt:

Damit sind wir wieder beim keltischen Kreuz angekommen! Wenn man sagen kann: Das Kreuz ist in der Rose, und die Rose am Kreuz, so kann man auch sagen: Das Kreuz ist im Kreis, und der Kreis im Kreuz.

Ad rosam per crucem,
ad crucem per rosam.

## *Orden der Gold- und Rosenkreuzer*

Bei seiner Gründung im Jahre 1720 trat der Rosenkreuzer-Orden unter dem Namen Gold- und Rosenkreuzer auf. Die Zahl der Mitglieder, die untereinander durch strenge Verpflichtungen verbunden waren, wurde absichtlich klein gehalten. Die Vereinigung hatte sich die Herstellung des Steins der Weisen, die spirituelle Vollendung der Brüder und die Einweihung in die göttlichen Mysterien zum Ziel gesetzt; letztere fanden anläßlich bestimmter Zeremonien in einem Tempel statt.

## *AMORC* (Antiquus Mysticusque Ordo Rosae Crucis)[1]

Dieser Orden wurde 1909 gegründet. Schriftliche Abhandlungen und mündliche, in Logen verbreitete Lehren erlauben die Entwicklung der Persönlichkeit, die spirituelle Vollendung mit Hilfe mentaler Alchemie, die Verlängerung des Lebens durch physische und psychische Methoden und die Entwicklung der Macht des Geistes über die Materie.

Individual-Ziel: die Entfaltung der latent im Menschen vorhandenen Fähigkeiten. Soziales Ziel: die Schaffung einer brüderlichen menschlichen Gemeinschaft, die über Religionen oder Rassen hinausgeht. Transzendentes Ziel: die Bildung eines dem Guten geweihten Egregore, damit die Entwicklung der Weltpolitik positiv beeinflußt werden kann.

## *Lectorium Rosicrucianum*

Eine sehr geschlossene Schule, die dem Katholizismus und den Evangelien nahesteht und angeblich eine Nachfolgeorganisation der Katharer ist.

---

[1] Alter mystischer Orden vom Rosen-Creutz

## *Rosenkreuzer-Gemeinschaft*

Sie wurde 1908 von Max Heindel gegründet. Ziel ist die Ausbildung der Brüder in Astrologie und ärztlicher Kunst (Heiler).

Die Philosophie bzw. Kosmogonie stammt von Max Heindel selbst. Die Unterweisung erfolgt durch Bücher, Fernkurse oder Gespräche im Tempel.

## *Aeth Priesthood Fraternitas Rosae Crucis* (The Brotherhood, Order, Tempel and Fraternity of Rosicrucians)[1]

Die Dokumente dieser Bruderschaft nennen als Gründungsjahr 1773. Ziele: Diese geheime, spiritualistische Schule widmet sich der Erforschung und Lehre der religiösen, philosophischen und wissenschaftlichen Wahrheiten. Sie ist nicht politisch, nicht dogmatisch und sieht ihr »Großes Werk« in der Entfaltung des Menschen, der Verherrlichung der Seele und der Schaffung einer echten, weltumspannenden Bruderschaft aller Menschen.

Viele weitere Rosenkreuzer-Gruppen existieren, aber wir wollen uns hier einer Verbindung zuwenden, die bereits genannt wurde und die in zahlreichen Ländern der Welt vertreten ist: dem »Alten und mystischen Orden vom Rosen-Creutz«. Er hebt sich von den anderen Gruppen insofern ab, als er am ehesten im Sinne des Guten zu wirken scheint – sowohl in den Beziehungen von Mensch zu Mensch wie auf gesellschaftlicher Ebene. Der Orden kennt keine Schranken: Geschlecht, Hautfarbe, Rasse, Religion oder gesellschaftlicher Status sind nicht wichtig. Ganz gleich, ob der Bewerber ein Grundschulzeugnis, ein Universitätsdiplom oder keins von beiden besitzt, und unbeschadet seiner früheren Lektüre bietet der AMORC ihm neben einer Botschaft der Hoffnung und der Brüderlichkeit eine Quelle sicherer Kenntnisse über die

[1] Die Vereinigung besteht, soweit bekannt, nur in den USA (A. d. Ü.)

Geheimnisse des Lebens, Studienthemen, die die Lehren der Rosenkreuzer der Vergangenheit wiederaufnehmen, sind z. B.:

- Die Vervollkommnung des physischen Körpers;
- Die Schwingungen und ihre Wirkungen auf den Menschen;
- Das Geheimnis der Materie, Kohäsion, Adhäsion, Magnetismus;
- Die wahre Bedeutung der antiken Symbolsprache;
- Die menschliche Aura und ihr Schwingungseffekt;
- Farberfahrungen, die Kraft der Gedanken, der Ton, das Licht....

Der Orden betont vor allem die Notwendigkeit, die erlernten Prinzipien im täglichen Leben zu erproben und nur das als wahr anzuerkennen, was durch persönliche Kontrolle nachgeprüft werden kann.

*Die Symbole der Arbeit des Rosenkreuzers: Studium, Meditation, Experiment.*

# Alchemie

Zahlreich waren die Suchenden, die sich vom Altertum bis heute auf die ewige Wissenschaft des dreimalgroßen Hermes berufen haben. Aber wie viele haben sie tatsächlich praktiziert, und wie vielen ist das »Große Werk« gelungen?

Die Arbeit der Alchemisten und die Entwicklung des hermetischen Denkens sind der umfangreichen Literatur zu entnehmen, die sie den »Söhnen der Wissenschaft« hinterlassen haben. Nicolas Flamel z. B. vermachte der Nachwelt recht kuriose Abhandlungen; die wohl bekannteste ist das »Buch von den hieroglyphischen Abbildungen«. Der Autor gibt dieses Werk als Kommentar zu einem anderen aus, das unter merkwürdigen Umständen an ihn gelangte:

». . .Für die Summe von zwei Gulden fiel mir ein vergoldetes Buch in die Hände, das recht alt und groß war. Es bestand nicht, wie die anderen, aus Papier oder Pergament, sondern war (wie mir schien) aus der feinen Rinde zarter Bäumchen gefertigt. Der Deckel war aus sehr feinem Kupfer und ganz mit seltsamen Buchstaben oder Abbildungen bedeckt; ich meinerseits glaube, daß sie sehr gut griechische Lettern sein konnten oder zu einer ähnlichen alten Sprache gehörten. Es waren so viele, daß ich sie nicht lesen konnte, und ich weiß wohl, daß es keine lateinischen oder gallischen Zeichen oder Buchstaben waren; denn davon verstehe ich ein wenig. Was das Innere betrifft, so waren die Rindenblätter durchstochen und sehr geschickt mit einer eisernen Nadel in schönen und sehr klaren bunten lateinischen Buchstaben beschrieben. Es enthielt dreimal sieben Blätter, von denen das jeweils siebte unbeschriftet war.«[1]

Welches Ziel, welchen Zweck hatte diese Wissenschaft, von der behauptet wurde, daß sie allen anderen Wissenschaften überlegen sei, die Königin unter den esoterischen Disziplinen? Die Alchemisten sind des Goldmachens bezichtigt worden,

[1] Nicolas Flamel, Le Livre des Figures Hiéroglyphiques, S. 74–75

was ihre Verfolgung durch Kirche und Staat nach sich zog. Die Kirche konnte nicht zulassen, daß der Mensch die Geheimnisse der Schöpfung ergründete; die Staatsmacht dagegen bewachte eifersüchtig ihr Monopol der Münzprägung und befürchtete, daß das wertvolle Metall durch das Erscheinen eines synthetischen Goldes auf dem Markt schnell entwertet würde. War die abschätzige Bezeichnung »Goldmacher« berechtigt, die die Tätigkeit der Alchemisten kindisch und lächerlich zugleich erscheinen ließ? Man braucht nur die Werke von Basilius Valentinus, Michael Maier oder Robert Fludd zu lesen, um sich vom Gegenteil zu überzeugen. Es ist zwar von der Herstellung von Gold, genauer von der Umwandlung unedler Metalle in Gold die Rede, aber nur als Beweis, als Bestätigung für das Gelingen des Werkes. Wenn man bedenkt, daß ein Alchemist mehrere Jahrzehnte, wenn nicht gar sein ganzes Leben, mit der Suche nach dem »Stein der Weisen« verbringt, wird fraglich, ob er solche Mühen nur in der Hoffnung auf einen gewöhnlichen materiellen Nutzen auf sich nahm oder ob nicht eine ganz andere Motivation ihn bei seiner langen, undankbaren Arbeit leitete. Wenn er 30, 40 oder 50 Jahre beobachtet, laboriert und gelitten hat, wenn er Bequemlichkeit und weltlichen Ruf einem harten, aber nicht trockenen Studium geopfert hat, hebt sich vor seinen Augen das Dunkel der Nacht, und die langersehnten Strahlen des aufdämmernden Morgens führen ihn an das Bewußtsein des Adepten heran. Er hat sein Ziel erreicht. Nachdem er das Innere der Materie erforscht (»Visita Interiora Terrae Rectificandoque Invenies Occultum Lapidem«)[1] und unablässig gebetet, gehofft und gearbeitet hat, sieht er schließlich, wie sein alter Traum sich verwirklicht. Der Geist hat sich in einem festen Körper verdichtet, um die Seele zu verherrlichen. Das ist die universelle Medizin, deren Erneuerungskraft im Mineralreich ebenso wirksam ist wie im Pflanzenreich und die sich auch auf den Menschen anwenden läßt.

Und das Goldmachen? Die Herstellung des Lebenselixiers, das Krankheiten und Alter vertreibt?

---

[1] Erforsche das Innere der Erde, und, indem Du dich läuterst, wirst Du den verborgenen Stein finden.

Der an das Ende seiner Reise gelangte Alchemist verachtet diese Segnungen nicht, aber er besitzt eine Schau des Universums, die über lediglich materielle Vorteile hinausgeht. Zu Beginn seines Forschens war er ein unentwegter Beobachter der Natur. Beobachtung, Überlegung und Meditation sind nicht voneinander zu trennen, und allmählich versteht er ihre Gesetze; denn er arbeitet außerdem konkret an jener dunklen Materie, die er stufenweise bis zur letzten Reinigung führt. Diese Reinigung kann erst nach der Verwesung, d. h. dem physischen Tod der Mischung, stattfinden. Der Alchemist weiß, wie die dazu vorher notwendige Gärung zu erzeugen ist. Der a priori sehr schwierige Vorgang wird dem leichter fallen, der die Natur z. B. in ländlicher Umgebung zu beobachten versteht und die Identität der »Mutter der Materie« erkannt hat. Über verschiedene Stadien der Lösung und Zusammfügung (solve et coagula) nimmt der Stein Form, Konsistenz und Farbe an und begleitet den Menschen auf dem Weg der Erneuerung.

Zwei Wege bieten sich dem Alchemisten bei der Ausführung des »Werkes« an:

»...der erste Weg wird ›feucht‹ genannt, denn er erfordert auf mäßig heißer Flamme im flüssigen Zustand die Verwendung von Gerätschaften aus Glas; der zweite dagegen wird als ›trocken‹ bezeichnet, weil er in schmelzbarer Form im glühendheißen Ofen die Verwendung von undurchsichtigen und feuerfesten Gefäßen verlangt.«[1]

Welche Anhaltspunkte hat der Suchende, wenn er aufbricht, das Goldene Vlies zu erobern? Seine Erfolgschancen sind gering, wenn er nur auf die eigenen Kräfte zählt, um inmitten des Sturms im richtigen Hafen anzukommen. Ein geschickter Steuermann ist bei der Orientierung von Nutzen, denn jeden Augenblick droht in den mächtig anrollenden Wogen des hermetischen Meeres die Gefahr des Schiffbruchs. Die Unterstützung – oder besser die Anleitung – durch einen wohlwollenden Meister wird die gröbsten Irrtümer vermeiden helfen; aber auch hier wird nichts enthüllt, der Lehrer kann den Weg nur andeuten, nicht zeigen.

---

[1] Eugène Canseliet, Alchimie, S. 43

Die für die Ausbildung des angehenden Alchemisten notwendigen Texte entstammen den zahlreichen alten oder neuen hermetischen Abhandlungen. Sie müssen immer wieder nachgeschlagen, gelesen und überdacht werden. Diese hinsichtlich ihres Zeugniswertes sehr wichtigen Werke können jedoch zu Anfang nichts anderes sein als verschlüsselte Botschaften, deren Bedeutung nicht unmittelbar einsichtig ist. Die Bilder und Symbole entsprechen positiven, konkreten und greifbaren Wirklichkeiten; aber sie wenden sich vor allem an das Unbewußte, denn sie können erst nach einer langen und geduldigen Durchdringung mit dem Geist, der konstruktive Assoziationen bildet, logisch gedeutet und objektiv analysiert werden.

Aber der Schüler lernt nicht nur aus Büchern. Lange vor der Erfindung der Druckerkunst, die immerhin die dauerhafte Fixierung von Ideen auf leicht transportierbarem Material erlaubte, was zu einer stärkeren Verbreitung dieser Erzeugnisse führte, vertrauten die Künstler ihr spirituelles Testament dem Stein oder dem Holz weltlicher oder religiöser Bauten an. Rundbilder, Kapitelle, Flach- oder Hochreliefs bieten dem Liebhaber der Wissenschaft ein weites Forschungsfeld, und die Kathedralen von Paris, Amiens, Chartres oder Straßburg bestätigen unsere Behauptung.

»Diese steinernen Bücher besitzen ihre gehauenen Buchstaben – Flachrelief-Sätze und Spitzbogen-Gedanken –, aber ihre Sprache ist doch die des unvergänglichen Geistes, der sich in ihren Seiten äußert. Sie sind klarer als ihre jüngeren Brüder (Manuskripte und Druckschriften) und besitzen gegenüber diesen den Vorteil, nur einen einzigen, absoluten Sinn wiederzugeben, der einfach ausgedrückt sowie naiv und malerisch interpretiert werden kann, einen Sinn frei von Finessen, Anspielungen und literarischen Zweideutigkeiten.«[1]

Der Laie wird überrascht sein, daß die Motive der katholischen Tradition nah verwandt sind: Häufig sind es Szenen aus dem Alten oder Neuen Testament, falls sie nicht direkt der liturgischen Symbolik entnommen wurden. Zwei Gründe mögen diese Wahl bestimmt haben. Zum einen wären die

[1] Fulcanelli, Le Mystère des Cathédrales, S. 48

*Der Alchemist von Notre Dame*

Bildhauer – die »Bildermagier«[1], wie sie genannt wurden –, von der Inquisition verfolgt worden, wenn sie ihre Kunst zu heidnischen oder ketzerischen Zwecken gebraucht hätten. Der zweite, eigentliche Grund bestand darin, daß »zahlreiche Alchemisten die Ausübung ihrer Wissenschaft per Analogie auf die Texte und Rituale der katholischen, apostolischen und römischen Kirche abstimmten«.[2]

Ein kürzlich erschienenes Werk erhellt die Verbindungen zwischen der katholischen Messe und dem »Großen Werk«, der heiligen Kunst: »Das Große Christliche Werk schöpfte seine Symbolik aus der alchemistischen Esoterik; im Gegenzug haben zahlreiche Alchemisten die Gleichnisse und Lehren Christi verwendet, um bestimmte operative Phasen des Werks im Laboratorium zu verhüllen. Die Heilige Geschichte bietet nicht zufällig Parallelen zum Verlauf der Arbeiten der Söhne der Wissenschaft; sie ist vielmehr auf menschlicher Ebene die Wiederholung dieser Summe transzendenter und heiliger Vorgänge.«[3]

Die Skulpturen der weltlichen Gebäude sind je nach der Inspiration des Künstlers verschieden. Das Studium der zahlreichen Beispiele – genannt seien nur das Schloß von Dampierre und der Palast Jacques Coeur in Bourges – wird für den Interessenten in jedem Fall von Nutzen sein.

Obwohl die alchemistische Suche eine rein persönliche Erfahrung ist, kann auch ein körperlich, vor allem aber seelisch völlig im Einklang schwingendes Paar das Ende der Herstellung des Steins der Weisen erleben. Dabei ist unwichtig, ob die Verbindung formal legalisiert wurde oder nicht; das Paar, das zur Androgynie zurückgefunden hat, kann sich dann – wie etwa Nicolas Flamel und seine Frau Petronelle – die dreifache Krone des Erfolgs und der damit einhergehenden Segnungen teilen.

Wo bleibt bei dem allen die Einweihung? Ergibt sie sich aus dem Studium der Bücher der alten Meister? Wir haben bereits gesehen, daß Bücher nicht einweihen können. Geschieht sie bei einem Meister, der die Arkana der Wissenschaft enthüllt?

---

1 frz. »Ymaigiers«; es finden sich Anklänge an »Image = Bild« und »Mage = Magier« (A. d. Ü.)
2 Eugène Canseliet, Alchimie, S. 173
3 Séverin Batfroi, Alchimie et Révélation Chrétienne, S. 12

Wir wissen bereits, daß ein Lehrer sein Wissen nicht öffentlich weitergibt, sondern im Geist des Schülers den winzigen Funken erweckt, der, wenn Glaube und Studium ihn nähren und beleben, in ihm ein reinigendes Feuer entzündet. Die Früchte der Einweihung reifen nur langsam.

Die Einweihung kann hier darin bestehen, die wirkliche Bedeutung der vier Elemente, das Wesen des Geschenks Gottes oder den Schlüssel zu den hermetischen Texten zu entdecken. Sie besteht also nicht in der Enthüllung über das Wesen des Gefäßes, der Erde, des geheimen Agens oder der Hitzegrade. Sie bedeutet vielmehr die Verwirklichung, besser gesagt das plötzliche Offenbarwerden latenter Wahrheiten – eine Erfahrung, die rein persönlich und nicht mitteilbar ist.

Der Schüler bildet sich selbst durch ständige Lektüre und Meditation weiter. Nach mehreren Monaten oder Jahren eines harten Studiums geht er mit dem Ziel, seine Vorstellung zu präzisieren und die keimhaft entwickelte Theorie zu überprüfen, an die Verwirklichung im Laboratorium. Die Einweihung findet statt, wenn eine der Theorien sich als richtig erweist und neue Perspektiven sich eröffnen. Wie bei jedem anderen Einweihungsweg besteht das letztendliche Ziel in der erlösenden Erleuchtung, die jedes Ding durch unmittelbare Identifikation erkennbar macht. Anders aber als z. B. die Katharer leugnen die Alchemisten die Existenz der Materie nicht, sondern versuchen, ihre Gesetze zu entdecken – die Gesetze der Geburt und des Todes, der Anziehung und der Abstoßung, der Belebung und Verkümmerung. Die sinnlich wahrnehmbare, aber nur scheinbar existierende Welt stellt für den Adepten keine Verlockung mehr dar, denn sein Blick durchdringt den Mantel der Natur und sieht nur noch das wahre Wesen jeder geschaffenen Sache. Die zum Alltag des einfachen Sterblichen gehörenden Täuschungen verschwinden und machen der strahlenden Wirklichkeit Platz, die nur wenige mit eigenen Augen erschauen konnten.

Die Lektüre eines alchemistischen Werkes ruft ein vielschichtiges, von Erstaunen und Skeptik bestimmtes Gefühl hervor. War es wirklich notwendig, solch umfangreiche Abhandlung zu verfassen, um derart unverständlich zu sein? Und eine Abbildung, die dem Leser bei der Orientierung helfen zu wollen scheint, erweist sich bei näherem Hinsehen als ebenso verwirrend wie der Text, den sie erhellen sollte!

Voll guten Willens und mit verdienstlichem Eifer nimmt man die Lektüre etwas aufmerksamer als zuvor wieder auf, um den versteckten Sinn hinter den Symbolen zu erkennen. Denn man hat gleich bemerkt, daß die Allegorien einer ungewohnten Symbolik die Geheimnisse der hermetischen Wissenschaft verhüllen. Auch nach einem zweiten, dritten und vierten Durchlesen bleibt das Denken des Autors hartnäckig dunkel und entzieht sich jeder Analyse. Was bedeuten die grünen und roten Löwen, die Hunde, Hündinnen, Raben und Tauben, Salamander und Pelikane? Was ist mit Gold, Antimon und Mercurius gemeint? Ist das mit dem Beiwort »philosophisch« versehene Metall in seiner gewöhnlichen Form oder bereits durch das Feuer gereinigt zu betrachten? Falls es sich bei ihm nicht sowieso um den besonderen Zustand einer Materie handelt, deren wahre Natur geheim bleibt und die ihren Namen nur einigen vergänglichen Aspekten ihres physischen Erscheinungsbildes verdankt? Welche Materie ist überhaupt gemeint? Und worin besteht der Unterschied zwischen »materia prima« und »prima materia«? Diese und viele andere Fragen können erst nach langen Jahren beharrlicher Arbeit beantwortet werden.

*Man tritt nicht unvorbereitet in den Palast des Königs.*

Beim Studium der alchemistischen Texte fallen einige immer wiederkehrende Punkte ins Auge.

Zunächst die drei Stufen bei der Herstellung des Steins der Weisen, die durch die Farben Schwarz, Weiß und Rot symbolisiert werden. Diese Grundfarben kennzeichnen die Materie in ihrer Masse und bezeugen eine tiefgreifende Strukturveränderung. Verschiedene Symbole wurden ihnen beigeordnet, um dem ernsthaft Suchenden zusätzliche Informationen zu geben und den »Schnapphahn« durch die Vielzahl der eigentlich überflüssigen Benennungen zu verwirren.

Die schwarze Farbe, Sinnbild des Elements Erde, der Nacht und des Todes, erhält als Chiffre den Raben. Hinter diesem Symbol verbirgt sich eines der größten Geheimnisse des »Werkes«: die Fäulung. Diese einleitend absolut notwendige Phase kann nur durch das geheime Feuer stattfinden, das die Materie in ihre Bestandteile auflöst. »Jedes menschliche oder tierische Fleisch kann seine Art weder vergrößern noch verbreiten, wenn es nicht vorher durch die Fäulung gegangen ist.«[1]

Der auf diese Stufe gelangte Kompost wird von den Autoren als »schwarzes Pech«, »geschmolzenes Blei«, »verbranntes Salz«, »Rabenschnabel« etc. bezeichnet. Die unförmige, chaotische, ekelhaft riechende schwarze Masse ist der eigentliche Schlüssel zur Reinigung der Materie, die durch die Farbe Weiß zum Ausdruck gebracht wird. Von jeher ist weiß als Zeichen der Reinheit bekannt: Die Kinder (die Unschuld) sind damit bekleidet, die Federn der Taube (der Frieden, der Heilige Geist, die reine und flüchtige Beschaffenheit) haben diese Farbe, die Katharer wurden die »Reinen« genannt (abgeleitet aus dem Griechischen katharos = rein und katharsis = Reinigung). Der Rabe, der seine Federn verloren hat, bedeutet also, daß das Weiße (Reinigung) die Materie verwandelt hat.

Diese beiden Stufen stehen in einem ständigen Wechsel, bis schließlich das »Weiße Werk« verwirklicht ist; die Erreichung dieses Ziels ist nicht allzu schwierig, wenn die zusammengesetzte Materie vorher völlig erstorben, d. h. Schwarz geworden ist. »Die Weisen behaupten, daß ihre Materie auf dieser Stufe von jeder Unreinheit befreit, gewaschen und gereinigt sei. Sie gleicht dann festen Körnchen oder glänzenden Atomen, schimmert diamanten und ist strahlend weiß.«[2]

Die letzte Grundfarbe, Rot, entspricht der Verklärung der Seele. Sie ist die Königsfarbe, die Farbe des Feuers und des Mantels Christi. Der Geist findet sich erhöht und erhält den Vorrang vor dem Körper, und die schmelzbaren, schweren, in der Dunkelheit leuchtenden Kristalle sind der Zauberstab, der alle Wunder ermöglicht. Die Metalle werden an ihre edelste Stufe, das Gold, herangeführt, und bei Tieren und Menschen verschwinden die Gebrechen und machen strahlender Gesundheit Platz.

Die Farben, Ausdruck für die verschiedenen Etappen des *Werkes*, sind jedoch »cum grano salis« zu verstehen; sie sind

---

[1] Basilius Valentinus, Les douze Clefs de la Philosophie

[2] Fulcanelli, Le Mystère des Cathédrales, S. 109

weit eher eine Gedankenstütze als ein praktischer Führer für die Arbeit im Laboratorium. Der Alchemist, vergessen wir dies nicht, ist vor allem Philosoph.

Andere sehr wichtige, ständig wiederkehrende Symbole beschreiben eine bestimmte Stufe der Verarbeitung der Materie, geben die spezifischen Charakteristika eines Agens oder eine bestimmte Operation an.

Die drei wichtigsten, die man als Urprinzipien beschreiben könnte, sind Mercurius, Schwefel und Salz. Wie die vier Elemente Wasser, Luft, Erde und Feuer sind diese Begriffe jedoch nicht im geläufigen materiellen Sinne zu verstehen; sie sind vielmehr Symbole, deren Wirklichkeit der »Sohn der Wissenschaft« erst entdecken muß.

Das Zeichen für Schwefel 🜍 z. B. besteht aus den Symbolen Dreieck und Kreuz. Das Dreieck verweist auf das Feuer, eine aufsteigende, zentrifugale und positive Kraft. Es strahlt von innen nach außen und bezeichnet das, was in der Masse versteckt und begraben liegt und durch die expansive Kraft nach außen gestoßen wird. Zum Schwefel gehört die Farbe Rot; es handelt sich um den mineralischen Samen, die in der Materie gefangene, werdende Sonne, das entstehende Gold. Die Herstellung des Schwefels besteht in der Isolierung des winzigen festen Korns, das dem groben Erz entzogen wird. Der Ertrag ist übrigens im Verhältnis zur verarbeiteten Materie verschwindend gering.

Am längsten wird dem Studierenden möglicherweise der Sinngehalt des Mercurius verschlossen bleiben. Das entsprechende Zeichen ☿ kann auf verschiedene Weise gedeutet werden: zunächst als die von der Mondsichel ◡ überragte Venus ♀[1], dann als die Verbindung von Mondsichel, Sonne ☉ und Kreuz. In diesem Fall ist der Mercurius aufgewertet und müßte ☿ geschrieben werden. Er wird mit der Farbe Blau in Verbindung gebracht und evoziert damit das Blau des Himmels und der Luft, den nächtlichen Himmel, in dem der »spiritus mundi« waltet. Ist nicht auch der Mantel der Jungfrau Maria blau, die über den Quellen wacht?

[1] Die Ausführungen von Basilius Valentinus zum lunatischen Vulkan sind entsprechend zu übertragen

Der Mercurius gilt als Diener des Schwefels und wird meist als Frau oder Verlobte dargestellt. Seine Reinigung wird allegorisch durch die schwarze Frau wiedergegeben, die entweder weiß wird – oder aber ihren Kopf verliert.

Hier wird deutlich, daß der Studierende nicht jedes Symbol einzeln und losgelöst von seinem jeweiligen Kontext betrachten darf, sondern die verschiedenen Bedeutungen einander gegenüber- (besser: übereinander-)stellen muß, um zu einer Gesamtschau zu gelangen. Denn dann tauchen nutzbringende Gedankenassoziationen auf, die zu interessanten Entdeckungen führen. Genannt seien nur die Symbolik der Farben und Homonymien wie »weiß« und »weise«. Die Verbindung von Mercurius und Schwefel wird im übrigen durch die Mittlerfarbe Grün angezeigt.

*Alchemie*

Der Mercurius gilt als Grundlage und einziges Agens des »Werkes«, das nur von ihm ausgehend und durch ihn vollbracht werden kann. Zahlreiche Namen wurden ihm gegeben, wie etwa Magnesia oder Magnet. Als solcher hält er den astralen Geist oder die kosmische Energie ebenso zurück wie ein Netz die Fische im Meer.

Aus den beiden extremen Farben, dem Blau des Mercurius und dem Rot des fertigen Steines, haben die Weisen das Symbol des Veilchens abgeleitet, das den alchemistischen Rebis darstellt – die Vereinigung von Sonne und Mond, von männlich und weiblich.

Einige der in diesem kurzen Überblick über die hermetische Tradition angesprochenen Punkte waren uns bereits bekannt; wir werden sie an anderer Stelle wiederfinden, da, wo wir eine der ewigen Wissenschaft des Hermes verwandte Symbolik kaum erwarten. Wir werden weniger überrascht sein, wenn wir ihr eigentliches Ziel verstanden haben.

# Freimaurer

Selbst für einen Maurer ist es schwierig, wenn nicht gar unmöglich, den Ursprung der Freimaurerei örtlich und zeitlich zu bestimmen. Als erster Maurer kann vielleicht der Mensch bezeichnet werden, der als erster im Universum die Ordnung suchte und ihr durch ein Symbol Ausdruck verlieh.

Diese sehr abstrakte Formulierung bekommt Leben und Farbe, wenn wir einen Blick auf die großen Baustellen des Mittelalters werfen. Dort entstanden im Zusammenwirken von Steinmetzen und Zimmerleuten die Dome und Kathedralen, deren Bedeutung bereits im Zusammenhang mit den Gesellenbruderschaften angesprochen wurde. In dieser letztgenannten Institution ist – unbeschadet der jeweils eigenen Symbole und Rituale – sicher auch der Ursprung der Freimaurerei zu suchen. Die Logen waren damals einfache Bretterverschläge, in denen Baumeister und ausgelernte Gesellen zusammenkamen, um Ideen zu besprechen und Weisungen weiterzugeben. Erstmalig in Frankreich erwähnt wird der Begriff anläßlich der Erbauung der Kathedrale »Notre-Dame« in Paris. Die Loge war damals – im 13. Jahrhundert – eine überdachte Werkstätte, in der die für den Bau notwendigen Steine zurechtgeschnitten und behauen wurden. Außerdem war sie ein Ort des Studiums und des Unterrichts: die Lehrlinge wurden hier in die Grundlagen ihres Handwerks eingeführt und nahmen die Ratschläge und Anweisungen ihres Meisters entgegen; die Gesellen tauschten Gedanken und Erfahrungen aus. Die Bedeutung dieser Unterweisung nahm allmählich immer mehr zu; sie bezog sich hauptsächlich auf die Geometrie, d. h. die Linienführung. In ihr lag das Geheimnis der Baumeister, denn die Prinzipien der Baukunst beruhten auf der Magie der Rhythmen und Proportionen. Einige in Baustein eingravierte geometrische Figuren, die die Struktur eines Glasfensters oder den Plan eines Gebäudes bestimmen, lassen dies noch erkennen; es sind Dreieck (Pyramide), Kreis, fünfarmiger Stern und Salomonisches Siegel.

Später wurden auch nicht zum Bauhandwerk gehörige Bewerber als Mitglieder aufgenommen. Die ausschließlich auf die Anwendung hin orientierte Zielsetzung der Logen verlagerte sich in den spekulativen Bereich, bis man schließlich nach Spaltungen und Neugründungen zur heute bekannten Situation kam: die Gesellenbruderschaften bilden die Lehrlinge aus und führen sie an den Stand des Gesellen heran. Ziel der Freimaurer, die ihre eigene Tradition und Lehren besitzen, ist vor allem die sittliche Verbesserung des Menschen. In den alten »Devoirs« waren beide Richtungen vertreten. Der religiöse Geist des Mittelalters prägte sie, und die Arbeiten an den größten Baustellen jener Zeit, den Kathedralen, wurden zum Ruhme Gottes und der Heiligen Dreifaltigkeit ausgeführt. So begannen auch Dokumente aus der damaligen Zeit meist mit einer Anrufung des Schöpfers und dem Dank des Menschen an Ihn.

Welches Ziel hat nun die Freimaurerei? Sie strebt die Heranbildung von Eingeweihten an, d. h. von Wesen, die durch die Hinordnung ihrer Gedanken, Gefühle und Absichten auf ein über ihre Persönlichkeit hinausgehendes Ziel Menschen im eigentlichen Sinne sind. »Das Zerstreute sammeln«, die »Steine in Ordnung bringen«, lautet ihre tägliche Devise, damit der »Tempel des Menschen errichtet« und die »initiatische Einheit« verwirklicht werden kann.

Der sich als universell verstehende Orden sieht als Grundlage seiner Philosophie und seiner Arbeit die Brüderlichkeit, die unter den Menschen geschaffen werden soll – zunächst unter jenen, die den Schurz tragen. Tatsächlich hat diese Vereinigung »freier Männer von gutem Ruf« das Verdienst, ganz konkret eine menschliche Bruderschaft zu bilden, denn Wesen jeder Rasse, jeder Nationalität und jedes Glaubens sind in ihr vertreten. Die Maurer arbeiten an der ständigen materiellen und spirituellen Verbesserung ihrer eigenen Persönlichkeit und der ihrer Zeitgenossen. Denn sie sehen sich als Glieder eines großen Körpers, als Brüder, die sich gegenseitig Beistand und Hilfe schulden, selbst wenn sie dabei ihr Leben aufs Spiel setzen sollten. So entsteht eine unauflösliche Einheit unter den Mitgliedern, die durch die »Kette« symbolisiert wird: Die Brüder bilden bei der Eröffnung und bei der Schließung der Logen einen Kreis und halten sich auf bestimmte Art bei den Händen. Dieser auch in den Gesellenbruderschaften existierende Brauch drückt aus, daß die Brüder auf der ganzen Erde trotz ihrer unterschiedlichen Nationalität nur eine einzige Familie bilden. Die »Kette« wird jedoch in ihrer vollen Bedeutung erst erfaßt, wenn der Maurer sich der Kraft des entstandenen Kreises bewußt ist:

»Die Kette, die gleichzeitig erschafft und empfängt, ist für den Maurer beschützender Schild und Antenne für segensreiche Einflüsse zugleich«, schreibt Stanislas de Guaita. Diesen initiatischen Aspekt des Rituals muß der Maurer als erstes vertiefen; denn die Einweihung wird von einem Ritual begleitet, das Träger des Symbols ist und das der Bewerber völlig verinnerlichen muß. Die Teilnahme an der Einweihung anderer Lehrlinge ist deshalb für ihn von größtem Nutzen: durch sie erlebt er seine eigene Initiation.

Die freimaurerische Einweihung beruht, wie viele andere auch, auf der gedanklichen Durchdringung einer bestimmten Anzahl von Symbolen, die dem Kandidaten am Tage seiner Aufnahme in die Loge und im Verlauf seiner weiteren Arbeit »zwischen den Säulen«[1] vorgelegt werden. Am überaus wichtigen Tag der Einweihung wird der Bewerber zunächst ins »Vorbereitungszimmer« geführt. In diesem völlig schwarzen Raum, der nur von einer Kerze erhellt wird und »in den Tiefen der Erde« zu suchen ist, befinden sich ein Schädel, Gebeine, ein Tisch und ein Schemel[2]. An den Wänden sind andere Symbole: ein Hahn, die Worte »Wachsamkeit« und »Beharrlichkeit«, eine Sense, eine Sanduhr, die Buchstaben »Vitriol«. Auf dem Tisch befinden sich Salz, Schwefel, Brot und ein Krug mit Wasser. Dem Kandidaten gegenüber ist eine Warnung zu lesen, die sich an den Neugierigen oder Schwachen wendet und ihn beschwört zu fliehen, wenn sein Wille oder seine Ziele nicht der Bedeutung der Aufgaben entsprechen, die ihn erwarten. Wenn der Bewerber in seiner Absicht beharrt, der Bruder-

---

[1] Gemeint sind die beiden Säulen Jachin und Boas, ursprünglich die beiden Säulen vor dem Tempel Salomos in Jerusalem (A. d. Ü.)

[2] In Deutschland wurden im 19. Jahrhundert Ritualreformen durchgeführt; daher finden sich nicht alle dieser und der im folgenden genannten Symbole auch in einem deutschen Vorbereitungszimmer. Auch hier gibt es jedoch von Loge zu Loge Unterschiede. (A. d. Ü.)

schaft beizutreten, muß er zunächst sein philosophisches Testament verfassen; dann wird er abgeholt und einer neuen Prüfung unterzogen, an deren Ende er seine erste Einweihung erfährt – genauer: den ersten Teil der freimaurerischen Einweihung.

Der vorübergehende Aufenthalt im Vorbereitungszimmer bedeutet offensichtlich den Tod des »alten«, noch uneingeweihten Menschen. Das schwarze Zimmer verweist auf das Grab, die Fäulnis, die für den Kompost notwendig ist, bevor er den Kreislauf der Reinigung beginnen und zum »Stein der Weisen« werden kann. Dies ist hermetische Symbolik, und in der Tat handelt es sich um den ersten Teil des »Großen Werkes«: sterben, um wiederaufzuerstehen. Auch die Anwesenheit des Schädels spricht für diese Deutung. Wenn der Kandidat schließlich abgeholt und mit einer Binde vor den Augen zu den »drei großen Lichtern«[1] geführt wird, ist er bereit, die Einweihung zu empfangen und jene Veränderungen auf sich zu nehmen, die aus ihm einen »kubischen Stein« machen.

Bei dem Wort »Vitriol« handelt es sich um die Anfangsbuchstaben des folgenden lateinischen Satzes: *Visita Interiora Terrae Rectificandoque Invenies Occultum Lapidem.* (Erforsche das Innere der Erde, und, indem Du Dich läuterst, wirst Du den verborgenen Stein finden.) Der Lehrling muß den ihm anvertrauten »rauhen Stein« unablässig bearbeiten, bevor er die Geheimnisse, die er im Tempel sucht, entdecken kann. Der »rauhe Stein« bedeutet dabei nichts anderes als seine eigene Persönlichkeit, und er kann nur zum Meister werden und die »schwarze Kohle« in einen »strahlenden Diamanten« verwandeln, wenn er es wagt, in die Dunkelheit seines eigenen tiefen Ichs hinabzusteigen. Das ist der Sinn der spirituellen Alchemie; er wird noch deutlicher, wenn das geheimnisvolle Wort als »Vitriolum« erscheint: Erforsche das Innere der Erde, und, indem Du Dich läuterst, wirst Du den verborgenen Stein finden, die »wahre Medizin«. Die so erlangte Weisheit gleicht dann tatsächlich dem Stein der Weisen, von dem gesagt wird, daß er den Aussatz der gewöhnlichen Metalle heilt. Denn die leidende Menschheit könnte von ihrem Übel geheilt werden,

---

[1] Gemeint sind Bibel, Winkelmaß und Zirkel (A. d. Ü.)

wenn jeder Mensch in seiner eigenen »stillen Kammer« meditieren würde. Dieser erste Schlüssel führt den Kandidaten aus dem Grab hinaus; nicht umsonst haben die alten Hermetiker dem Wort »Vitriol« als Chiffre den Schlüssel beigegeben.

Auch das Skelett verweist auf jenen Begriff des notwendigen Todes, der der spirituellen Wiedergeburt des Eingeweihten vorausgeht. Es verweist zudem auf das Ziel des Maurers: die ständige Suche nach der Wahrheit. Diese hat sich, wie jeder weiß, nackt in einen Brunnen geflüchtet, und Aufgabe des Suchenden ist es nun, sie zu finden und zum Hinauskommen zu bewegen. Dazu muß er jedoch von ihren vergänglichen, täuschenden Formen abstrahieren und bis zum Skelett vordringen – d. h. der eigentlichen Wirklichkeit. Auch das Skelett wird sich allmählich auflösen; mit ihm verschwinden seine letzten Fesseln, und er wird das Unendliche sehen, denn er befindet sich im Herzen der Wahrheit selbst. Er ist nun eingeweiht, ist Maurer geworden – aber er ist im Moment nur Lehrling. Werkzeuge wurden ihm zur Verfügung gestellt, die er kennenlernen muß, bevor er sie benutzt. Aufmerksam und nachdenklich – denn er kann nur zuhören, nicht aber das Wort ergreifen – arbeitet er an sich selbst, um auf dem Pfad voranzukommen, der zum Gesellen und schließlich zum Meister führt. Wenn er auf dieser Stufe – »zwischen Winkelmaß und Zirkel« – angekommen ist, hat der Maurer scheinbar nichts mehr zu lernen. Seine Einweihung ist beendet. Aber seine größte Arbeit beginnt erst. Bisher folgte er einem angegebenen Weg und korrigierte sein Tun nach eigenem Gutdünken und ausgehend von brüderlich erteilten Ratschlägen. Obwohl seine persönliche Erziehung noch nicht beendet ist, soll er nun außerdem ein Vorbild für die von ihm angeleiteten Lehrlinge sein.

Auf seinem Weg berührt der Freimaurer die drei Gipfel des initiatischen Dreiecks: »Nach einer Zeit der Stille, während der er an sich selbst arbeitet, bekommt der Lehrling gleich lange Seiten und wird Geselle. Diese Seiten glätten sich und verlieren allmählich ihre Unebenheiten. Der zum wahren Menschen herangereifte Meister schließlich, der seine maurerischen Rechte und Pflichten voll ausübt, ist für die Loge ein ›Behauener Stein‹, der für ihre Existenz unentbehrlich ist.«[1]

---

[1] Jules Boucher, La Symbolique Maçonnique, S. 278

Im folgenden sollen nun die verschiedenen Stufen, die den Profanen an die Schwelle zur Meisterschaft führen, näher untersucht werden.

Der Kandidat wird zunächst aufgefordert, alle metallischen Gegenstände – Schmuck, Geld, Uhr etc. – abzulegen. Diese Geste bedeutet die Aufgabe all dessen, was in der Welt mit künstlichem, letztendlich täuschendem Glanz lockt. Geld, Ehren und materielle Würden haben keinen Platz im Tempel, denn sie verhüllen nur die lichtvolle Wahrheit, die einfach ist. Einweihung und Erkenntnis sind nicht käuflich; sie werden durch Arbeit und Demut erworben.

Es ist merkwürdig, aber einer relativ großen Zahl von Menschen scheint es ein Dorn im Auge zu sein, daß diese oder jene traditionelle Organisation Beiträge erhebt, Spenden entgegennimmt und in internen Mitteilungen finanzielle Angelegenheiten behandelt. Ein Satz ist kennzeichnend für diese Einstellung: »Die wirkliche Einweihung ist mit Geld unvereinbar.«

Was bedeutet dies genaugenommen? Daß der Schüler (Freimaurer, Rosenkreuzer, Martinist) ein Gelöbnis der Armut ablegen soll? Daß traditionelle esoterische Organisationen nicht über Geld verfügen dürfen? Wie aber soll man dann z. B. ein Grundstück für den Bau eines Tempels erwerben? Wie einen Saal mieten, um Vorträge oder Ausstellungen zu veranstalten? Wie Zeitschriften und spezielle Werke herausgeben? Und die Verwaltung? Eine Gruppe von 15 oder 20 Gleichgesinnten kann durchaus auf freiwilliger Basis funktionieren, aber bei mehreren Tausend Mitgliedern ist dies nicht mehr möglich.

Das Übel liegt in diesem Fall nicht da, wo es gemeinhin gesucht wird. »Der Eingeweihte wird nicht gezwungen, ein Gelöbnis der Armut abzulegen. Er sollte nur daran denken, daß die Habsucht der Ausgangspunkt aller unsozialen Laster ist: Sie ist das mächtige Element der Unordnung, das die alten Kosmogonien als Schlange dargestellt haben.«[1]

Wichtig ist also, jedem Ding den ihm zustehenden Platz einzuräumen. Die traditionelle Einweihung ist kein esoterischer Kursus, und ein Beitrag gleich welcher Höhe ist nicht

[1] O. Wirth, La Franc-Maçonnerie rendue intelligible à ses adeptes

dazu bestimmt, irgendwelche Geheimnisse zu Geld zu machen, sondern die Kosten der Organisation zu decken, die durchaus von dieser Welt ist.

Bei den Einweihungen der Vergangenheit war es im übrigen üblich, daß der Neuaufgenommene am Orte seiner Initiation ein Geschenk hinterließ – Stoff, Duftstoffe oder Gold –, dessen Wert der Bedeutung entsprach, die er der Zeremonie beimaß. Er betrachtete die Einweihung nicht als etwas ihm Geschuldetes, sondern als eine Gunst, und gern bewies er seine Dankbarkeit durch ein persönliches Opfer.

Drei Grade bezeichnen also das Fortschreiten des Maurers in der »Königlichen Kunst«. Er muß sich zunächst von den Schlacken befreien, die ihn in der materiellen Welt gefangenhalten und ihn daran hindern, die Gipfel der Erkenntnis zu erreichen. Eine erste Reinigung ist notwendig, bevor er schließlich das Licht erreicht. Seine Arbeit besteht nun darin, dieser »Erleuchtung« entsprechend zu handeln. Wissen allein genügt nicht, die Tat, das Wirken in der Welt muß hinzukommen. Hier liegt die Aufgabe des Gesellen. Als Lehrling hat er gelernt, seinen Stein mit Meißel und Hammer grob zu behauen; der Meißel steht dabei für den Entschluß zur ständigen Vervollkommnung, der Hammer für den Willen, das Werk zu Ende zu führen. Die Verbindung der beiden Werkzeuge und ihr weiser Gebrauch führen zu einer ersten, intellektuellen Wandlung des Arbeiters. Auf einer nächsten Stufe führt ihn das durch die Umschreibung mit dem Zirkel klug umgrenzte Lineal zur richtigen Haltung; er lernt nun, seinen Platz zwischen der Begrenztheit des Kreises und der Unendlichkeit der geraden Linie, zwischen kalter Vernunft und utopischem Idealismus zu bestimmen. Der Geselle ist nicht mehr ein Gefangener der Materie, denn er beginnt, den Zirkel zu benutzen. Dieser war ursprünglich eine an zwei Pflöcken befestigte Schnur. Werden beide Pflöcke bei straff gespannter Schnur in die Erde gesteckt, ergibt sich eine gerade Linie. Diese Linie wird zum »Strahl«, wenn einer der Pflöcke zu »wandern« beginnt und auf dem Boden einen Kreis beschreibt. Aus dieser Entwicklung entstand die Geometrie, die in ihren Anfängen dem ersten »Chef« erlaubte, sein Gebiet zu vermessen.

Der Geselle, der bereits eine Seite seines Steins eben gemacht hat, kann nun mit Lineal und Zirkel an die Zeichnung des Vierecks gehen, das die zukünftige Form des Steins bestimmt. Später braucht er einen Hebel, um den Stein bewegen und umdrehen zu können. Hier sei angemerkt, daß bei der Ausführung des Werkes alle Werkzeuge gleich wichtig sind; jedes ist notwendig, jedes hat seinen Wert und seine Bedeutung, und von der Kenntnis dieser Bedeutung hängt die wirkliche Einweihung des Maurers ab.

Der Hebel z. B. ist ein einfaches Werkzeug, das bei geschickter Benutzung die menschliche Kraft vervielfacht. Sein unscheinbares Äußeres verbirgt tiefe Wahrheiten, deren Unkenntnis nicht ohne nachteilige Folgen bleibt. Denn es geht nicht nur darum, den Stein nach vorne zu heben, sondern auch darum, zu verhindern, daß er nach hinten zurückfällt und Schaden verursacht. »Wenn sie der Regel gemäß angewandt wird, ist diese Kraft gewaltig. Aber der unüberlegt hochgehobene Stein kann leicht fallen und zerbrechen; unter Umständen kann er sogar den unvorsichtigen Benutzer erschlagen.«[1]

Der Hebel ist Ausdruck des wohlüberlegten, entschlossenen Willens. Hier wirkt nicht die rohe Kraft des Widders, der sich blind auf sein Hindernis stürzt, sondern die des Weisen, der die Grundlagen der Wissenschaft kennt, sich selbst und seinen Werkzeugen vertraut und beherzt handelt. Dieser Mensch vertraut auch seinen Meistern und Brüdern, durch deren Hilfe er erst an diesen Punkt gelangen konnte. Er steht in ihrer Schuld – ebenso wie sie in der seinen; denn Hilfe gewähren heißt nichts anderes, als selbst Fortschritte zu machen.

Εν Τὸ πᾶν *Alles ist eins*

Tatsächlich sind wir alle füreinander verantwortlich, und der Meister kann oft von seinem Schüler lernen.

Wenn der Sein schließlich kubisch geworden ist, muß das Ergebnis der Arbeit überprüft werden. Die Seiten müssen eben und glatt sein und senkrecht aufeinander stehen. Welches Werkzeug wäre hier besser geeignet als das Winkelmaß? Jetzt

[1] O. Wirth, Les Mystères de l'Art Royal, S. 185

zeigt sich, ob die Anwendung der Lehren Früchte getragen hat, ob der durch beharrliche Arbeit selbst zum *kubischen Stein* gewordene Mensch das gesuchte Ideal verwirklicht hat und sich in das von den Meistern begonnene Werk einfügt. Als lebendiger Stein wird er zu einem Teil des ständig weiterwachsenden Tempels. Er kann nun die unedlen Metalle in das Gold der Philosophen und die Irrtümer in strahlende Wahrheiten verwandeln, denn er hat die Macht gewonnen, die mit der Erleuchtung einhergeht.

Bisher hat er das Licht, die Erkenntnis anderer benutzt; jetzt, da er Meister geworden ist, erwartet man, daß auch von ihm etwas ausgeht: Er hat nun das Erlernte weiterzugeben.

Aber ... war die Arbeit, die er als Lehrling begonnen und als Geselle beendet hat, wirklich so vollkommen? War seine Haltung würdig? Hat er sich bemüht, ein Beispiel zu geben? Wenn nicht, ist alles von vorne zu beginnen. Wenn ja, kann er sich auf die neue Arbeit vorbereiten, die nun auf ihn zukommt. Was ist natürlicher, als in diesemAugenblick an den Ausgangspunkt zurückzukehren, in den Schoß der Erde?

Du bist Staub, und zum Staub wirst du zurückkehren.

Im Tempel der Meistererhebung prüft der Mensch sich, wendet sich seiner Vergangenheit zu, und er erkennt seine Fehler. Aber er hatte doch die vier Prüfungen bestanden, die Reinigungen durch Erde, Wasser, Luft und Feuer! Trotzdem ist er immer noch unrein. Ein neuer Tod ist notwendig, wenn er sich seiner Schlacken entledigen will. Als Uneingeweihter, der freiwillig auf die Versuchungen der materiellen Welt verzichtet, hatte er den ersten symbolischen Tod erlebt. Jetzt ist er ein Eingeweihter, der die Schwelle überschreitet und endgültig den gewählten Weg für sich annimmt. Seine Persönlichkeit existiert nicht mehr. Hier wird die Geschichte des Hiram lebendig, der gerade durch seinen Tod das ewige Leben gewann – das einzig wirkliche Leben, denn in ihm wohnt der Geist der Maurerei.

»Die unabänderliche Katastrophe ist vom Ritual vorgesehen: Der Geist lenkt nicht mehr, der Baumeister des Tempels ist tot und niemand in der Lage, ihn zu ersetzen. Die Meister, die er unterrichtete, sind machtlos; sie haben sich im Meistertempel zur Erhebung versammelt, aber sie halten die Situation für ausweglos und geben sich dem Schmerz hin, daß der weise

*Meisterteppich*

Hiram, der die höchsten Geheimnisse der Baukunst besaß, nicht mehr an ihrer Spitze steht.«[1]

Unwissenheit, Fanatismus und Ehrgeiz haben Hiram getötet. Der neue Meister muß sich vor diesen Eigenschaften hüten und darauf achten, daß sein Inneres nicht von ihnen befleckt wird. Dann wird auch in ihm der Geist der Freimaurerei leben.

Die Symbolik der Freimaurer ist, wie wir gesehen haben, sehr konkret. Sie geht aus von dem Werkzeug des Steinmetzen, das, in einer bestimmten Weise gebraucht, eine initiatisch zu nennende Bedeutung erhält: Jeder Arbeitsgang wird mit einem festen Symbolgehalt verknüpft, der eine Lehre enthält. Die Werkzeuge werden zu Trägern einer Idee, die den Menschen zur Vervollkommnung aufruft. Sie geben die Mittel an, mit denen dieses Ziel erreicht werden kann. Die Auswirkungen einer guten oder schlechten Führung des Meißels z. B. sind sofort an der rohen Materie sichtbar. Der Schüler lernt so, den Meißel besser zu halten und, unter bestmöglichem Einsatz seiner Energie, mit dem Hammer besser zuzuschlagen. Er lernt, kurz gesagt, seinen Willen effizienter einzusetzen.

Die bisher genannten Symbole sind jedoch nicht alles. Sie sind nur die erste Stufe des Tempels, die für den notwendig ist, der seinen Weg fortsetzen und das Heiligtum betreten möchte. In ihm befindet sich der »Flammende Stern«, der uns zur alchemistischen Symbolik, d. h. zur Hermetik, führt. Denn der Flammende Stern, in dessen Zentrum der großgeschriebene Buchstabe G steht, symbolisiert den Rohstoff, die materia prima des Großen Werkes. Der Buchstabe G ist angeblich der erste Buchstabe des Namens dieser Materie, und die Aufgabe des Eingeweihten besteht darin, diesen Namen vervollständigen zu können. Hier taucht der universelle Begriff des »Verlorenen Wortes« wieder auf. Der Schüler ist nun bereit zur Einweihung, denn er ist bis an die Pforte des Heiligtums geführt worden. Allerdings – von der Finsternis der äußeren Welt bis zu dieser Pforte ist es nicht so weit wie von ihr zum Heiligsten selbst. Die Kenntnis des Buchstabens G bedeutet die Kenntnis der Materie, bedeutet, sich in dem von den

[1] O. Wirth, Les Mystères de l'Art Royal, S. 224

Philosophen zur Verwirrung unerlaubt Eindringender absichtlich angelegten Labyrinth nicht verloren zu haben.

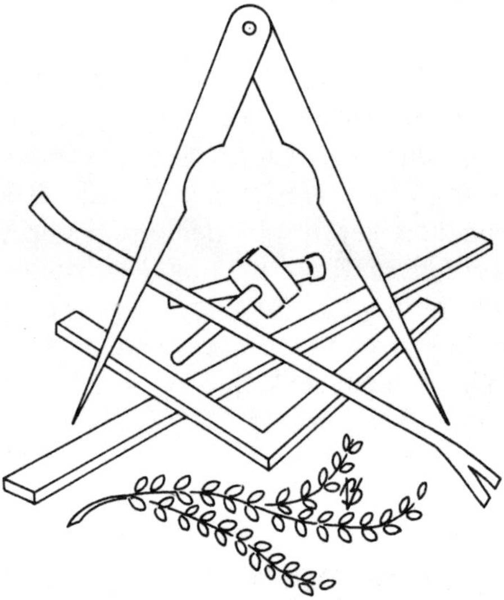

*Die Werkzeuge*

Sowohl zu Beginn des »Werkes« – als die Meditation die Tür zu fruchtbringenden Feststellungen öffnete – als auch in seinem weiteren Verlauf – während dem er die Herstellung des Steins der Weisen begleitet – leitet der Stern den Pilger bei seiner Arbeit. Aber wie groß ist die Zahl jener, die ihn sehen und als solchen erkennen?

Der Flammende Stern wird gewöhnlich als Pentagramm dargestellt. Warum? Weil er die Quinta Essentia, die Quintessenz, das Wesen jedes Dinges bedeutet. Während die Zahl Vier die manifestierte Materie, die mit unseren physischen Sinnen wahrnehmbare geschaffene Welt symbolisiert, stellt die Zahl Fünf die Quintessenz dar – jenes feinstoffliche Element, das zwar an der Beschaffenheit der vier Elemente teilhat, aber über sie hinausgeht, sich jeder Analyse entzieht und nur durch tiefe Meditation erfaßt werden kann.

Die Suche nach der Erkenntnis dieser Quintessenz ist »die Notwendigkeit, in das eigene Innere hinabzusteigen und bis zum Zentrum vorzudringen, wo das innere, jeden Menschen erleuchtende Licht entspringt; diese Suche wird im übrigen durch das Senkblei angezeigt.«[1]

Die Quintessenz bedeutet also das Wesen des wirklichen Ichs, den Kern der Individualität. Im Verlauf seiner Arbeit und seiner Überlegungen weitet der Maurer allmählich sein Verständnis von ihr auf andere Bereiche aus: Auf universeller Ebene bedeutet sie die Einheit, die in allem gegenwärtig ist und das Ganze verbindet; auf menschlicher Ebene entspricht ihr die Ziffer Fünf und der anthropomorphe Stern.

Sie ist auch der Schnittpunkt der vier Arme des Kreuzes, der Mittelpunkt, an dem alle Gegensätze ausgeglichen sind.

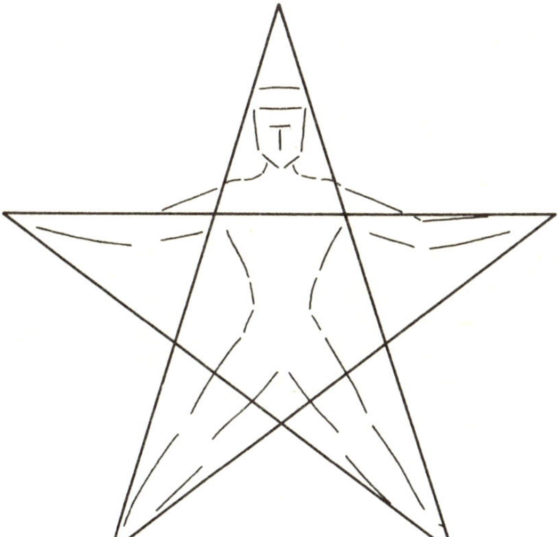

[1] O. Wirth, Le Symbolisme Maçonnique, S. 63

In der Symbolsprache der Gesellenbruderschaften wird sie durch den würfelförmigen Stein wiedergegeben, der von einer Spitze überragt wird. Das Viereck weist auf die Materie, das Dreieck auf den Geist – was bedeutet, daß das Feuer des Geistes in der Materie entzündet wird.

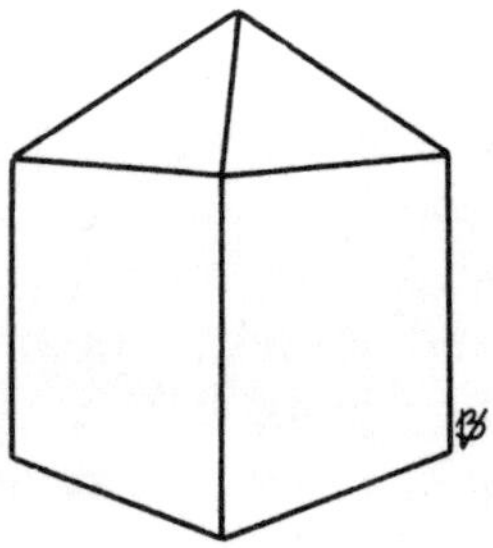

Die Quintessenz ist also eine lebendige, reine Einheit; dies entspricht der Auffassung der Alchemisten. Im Gegensatz zu dem stinkenden Chaos, aus dem sie entstanden ist, strömt die Quintessenz, »Pur Puros«, einen süßen Duft aus.

»Wisse, daß der Gestank ... sich bald in einen starken Duft verwandelt, wie Lulle es von seiner Quintessenz bezeugt, der er, wenn sie den Regeln entsprechend hergestellt wird, einen so lieblichen, süßen Duft zuschreibt, daß sie die ziehenden Adler zum Verweilen veranlaßt, wenn sie in den oberen Teil eines Hauses gestellt wird. Er stellt seine Quintessenz in den Misthaufen, wo die sanfte Wärme dazu führt, daß dieser Duft entsteht.«[1]

Struktur und Symbolik der Freimaurer sind, wie dies in vielen traditionellen Organisationen der Fall ist, auf die Zahl Drei aufgebaut. In diesem Zusammenhang ist der Hinweis erforderlich, daß man zwar üblicherweise von den drei Einweihungsgraden der Freimaurerei spricht – Lehrling, Geselle, Meister –, daß dies aber nur die Bezeichnungen für die drei ersten Grade sind. Der Alte und Angenommene Schottische Ritus etwa besitzt 33 Grade, die wie folgt bezeichnet werden:

[1] Michael Maier, Atalanta Fugiens

1. Lehrling
2. Geselle
3. Meister
4. Geheimer Meister
5. Vollkommener Meister
6. Geheimer Sekretär
7. Vorsteher und Richter
8. Intendant der Bauten
9. Auserwählter Meister der 9
10. Auserwählter der 15
11. Auserwählter Ritter
12. Groß-Architekt
13. Royal Arch
14. Auserwählter, Vollkommener und Erhabener Maurer
15. Ritter des Ostens
16. Meister von Jerusalem
17. Ritter vom Osten und Westen
18. Ritter vom Rosenkreuz
19. Hoher Priester
20. Obermeister aller Logen
21. Preußischer Ritter
22. Prinz vom Libanon
23. Meister des Allerheiligsten
24. Obermeister des Allerheiligsten
25. Ritter der ehernen Schlange
26. Schottischer Trinitarier
27. Obermeister des Tempels
28. Ritter der Sonne
29. Groß-Schotte des hl. Andreas
30. Kadosch-Ritter
31. Groß-Richter
32. Meister des Königlichen Geheimnisses
33. General-Groß-Inspektor

Die drei ersten Grade bilden die sogenannten »blauen« oder Grundlogen, während die übrigen Perfektionslogen sind. Anzahl und Benennung der Grade sind je nach Obödienz unterschiedlich.

In der Bundesrepublik Deutschland arbeiten unter dem Dach der »Vereinigten Großlogen von Deutschland« fünf Großlogen:

- Großloge der Alten Freien und Angenommenen Maurer (AFAM)
- Große Landesloge der Freimaurer von Deutschland (FO)
- Große National-Mutterloge »Zu den 3 Weltkugeln«
- American and Canadian Grand Lodge (AF&AM)
- The Grand Lodge of British Freemasons in Germany

Daneben bestehen noch folgende Vereinigungen:

- Großkapitel zur Humanität – Bund freimaurerisch arbeitender Frauen
- Universaler Freimaurer-Orden »Humanitas«

In dieser Aufzählung nicht enthalten sind die vielen kleinen, nur vage maurerisch zu nennenden Gruppen, die ebenso wie Templer oder Rosenkreuzer zuhauf existieren.

Abschließend die Grundsätze der Großloge der Alten Freien und Angenommenen Maurer von Deutschland:

### Artikel 1

Die Großloge der Alten Freien und Angenommenen Maurer von Deutschland ist ein Zusammenschluß von Freimaurerlogen. In ihrer Bruderschaft lebt die Überlieferung früherer deutscher Großlogen fort.

### Artikel 2

In den Mitgliedslogen der Großloge arbeiten Freimaurer, die in bruderschaftlichen Formen und durch überkommene rituelle Handlungen menschliche Vervollkommnung erstreben. In Achtung vor der Würde jedes Menschen treten sie ein für die freie Entfaltung der Persönlichkeit und für Brüderlichkeit, Toleranz und Hilfsbereitschaft und Erziehung hierzu. Glaubens-, Gewissens- und Denkfreiheit sind den Freimaurern höchstes Gut. Freie Meinungsäußerung im Rahmen der Freimaurerischen Ordnung ist Voraussetzung freimaurerischer Arbeit.

### Artikel 3

Die Freimaurer sind durch ihr gemeinsames Streben nach humanitärer Geisteshaltung miteinander verbunden; sie bilden keine Glaubensgemeinschaft.

Sie sehen im Weltenbau, in allem Lebendigen und im sittlichen Bewußtsein des Menschen ein göttliches Wirken voll Weisheit, Stärke und Schönheit. Dieses alles verehren sie unter dem Sinnbild des Großen Baumeisters aller Welten.

### Artikel 4

Die Freimaurer nehmen in ihrer Bruderschaft ohne Ansehen des religiösen Bekenntnisses, der Rasse, der Staatsangehörigkeit, der politischen Überzeugung und des Standes freie Männer von gutem Ruf als ordentliche Mitglieder auf, wenn sie sich verpflichten, für die Ziele der Freimaurer an sich selbst zu arbeiten und in den Gemeinschaften, in denen sie leben, zu wirken.

Mit seiner Aufnahme schließt der Freimaurer mit seinen Brüdern einen Bund fürs ganze Leben.

### Artikel 5

Die Großloge und ihre Mitgliedslogen nehmen in konfessionellen oder parteipolitischen Auseinandersetzungen nicht Stellung.

# Martinisten

Der Martinisten-Orden betrachtet sich als eine mystische Vereinigung; sein Ziel besteht in der Suche und Verbreitung der Einweihung und der abendländischen christlichen Tradition. Der Orden, der strikt apolitisch ist, lehnt Diskussionen und Aktionen zu diesem Thema ab, um die Freiheit des einzelnen zu respektieren. Er ist nicht sektiererisch, nicht dogmatisch und sieht in der Toleranz eine Haupttugend, die es zu verwirklichen gilt. Es werden sowohl Männer als auch Frauen aufgenommen. Die Frau gilt nicht als dem Mann unterlegen, allerdings auch nicht als ihm gleich – sie ist komplementär. Der Orden bildet ein homogenes Ganzes, in dem die initiatischen Wahrheiten und Prinzipien harmonisch verbreitet werden.

Wie jede mystische Philosophie ermöglicht er die spirituelle Entwicklung des Menschen und seine völlige Entfaltung. Und wie jede traditionelle Organisation besitzt er im feinstofflichen Bereich ein Egregore, mit dem die Mitglieder in Verbindung treten können und aus dem sie Inspiration und Trost beziehen.

Was die Ursprünge des Ordens betrifft, so wäre es eigentlich richtiger, von »Martinisten« und »Martinezisten« zu sprechen, wie einige Historiker[1] es bereits getan haben. Denn zwei Männer stehen am Beginn dieser Geistesströmung, die auch als »Herzweg« bezeichnet werden kann: Louis-Claude de Saint-Martin und sein spiritueller Meister, Martinez de Pasqualis. Saint-Martin machte es sich zur Aufgabe, durch zahlreiche Werke die Lehre Pasqualis' zu entwickeln und zu verbreiten. Hier ein Auszug aus seiner Lebensgeschichte:

»Louis-Claude de Saint-Martin wurde am 18. Januar 1743 in einer adligen Familie in Amboise geboren. Er war ein zerbrechliches und sensibles Kind, das sehr früh eine lebhafte Intelligenz zeigte und in Idealen und frommen Gefühlen lebte; sie machten aus dem reifen Mann einen großen christlichen

[1] Serge Hutin, Robert Amadou

Mystiker und einen bedeutenden Illuminaten. Eine verständnisvolle Stiefmutter förderte die edlen Gefühle des jungen Mannes; er erklärte später selbst, daß er ihrer weisen Erziehung sehr viel verdankte. Dem Wunsch seiner Eltern folgend, studierte er zunächst Rechtswissenschaft und wurde Advokat. Aber sein inneres Wollen und sein Interesse für die Philosophie ließen ihn nicht lange in einem Beruf verweilen, der seinen außergewöhnlichen Fähigkeiten nicht entsprach. Bald kehrte er der Jurisprudenz den Rücken und schlug die Armeelaufbahn ein; durch Unterstützung eines einflußreichen Freundes erhielt er ein Offizierspatent bei einem in Bordeaux stationierten Regiment. Die Militärlaufbahn ließ damals anscheinend viel Muße, denn Saint-Martin war hauptsächlich daran gelegen, mehr Zeit für esoterische Studien und mystische Forschungen zu haben. Einer seiner Freunde aus dem Offiziers-Zirkel war Mitglied des von Martinez de Pasqualis gegründeten ›Ordre des Elus-Cohen‹[1]. Saint-Martin wurde dem obersten Meister des Ordens bald vorgestellt und war von seinen Zielen und seiner Unterrichtsmethode sogleich begeistert. Nach einer gewissen Vorbereitungszeit und der Ablegung einiger Prüfungen wurde er 1768 – er war zu diesem Zeitpunkt 25 Jahre alt – in den Ritus der ›Elus-Cohen‹ eingeweiht. Er erreichte später ihren höchsten Grad, den des ›Réau-Croix‹. Von 1768 bis 1771 war er der persönliche Sekretär Pasqualis', und während dieser Jahre entstand zwischen den beiden Männern eine große Freundschaft. Der Charakter und die Lehren Pasqualis' hatten auf Saint-Martin einen Eindruck gemacht, der sein ganzes Leben lang nicht verblaßte und auch noch wirksam war, als er sehr viel später einen eigenen Weg wählte. Der oberste Meister der ›Elus-Cohen‹ erkannte in dem brillanten, vielversprechenden jungen Mann einen Schüler nach Maß, der seine Arbeit weiterführen und ausbauen konnte ...

Nach dem Tode seines Meisters wurde Saint-Martin unabhängiger und entwickelte eine Philosophie, die seinem tiefen Verständnis und seiner Reife entsprach. Der Titel seines ersten, im Alter von 32 Jahren veröffentlichten Buches trägt den Titel ›Irrtümer und Wahrheit‹. Viele sehen dieses sehr

[1] Orden der auserwählten Priester (A. d. Ü.)

sorgfältig ausgearbeitete Werk als seinen bedeutendsten Beitrag zur mystischen Literatur an ...

Saint-Martin hat der Nachwelt außerdem eine richtungweisende, inspirierende Korrespondenz hinterlassen.«[1]

Saint-Martin war ein großer Denker, vor allem aber ein großer Mystiker. Sein tiefes Verständnis der Gesetze, die das Universum regieren, überraschte seine Gesprächspartner; bald erkannten sie in ihm einen Meister, dem man zuhört, den man achtet und dem man folgt.

»Man nannte ihn den Mann mit der Botschaft. Frankreich, das sich im 18. Jahrhundert in einer politischen und ökonomischen Krise befand, hielt inne, um ihm zuzuhören. Er war liebenswürdig, ideenreich und geheimnisvoll und beeindruckte den Adel ebenso wie das Volk. Woher hatte er seine Kenntnisse? Man hätte ihn für einen Sophisten halten können, wenn er nicht die Freundlichkeit und das tiefe Verständnis eines Philanthropen besessen hätte ... Er wagte es, in den Salons der reichen Aristokraten zu erscheinen und durch inspirierende Plaudereien ihre kleinlichen Interessen zu bekämpfen. Er wurde zum Abgott der französischen Gesellschaft, aber sein Tun hatte nur ein einziges Ziel: Er wollte das Denken der Menschen von einem vergänglichen, oberflächlichen Dasein auf die Wirklichkeiten des Lebens lenken; er wollte für die Mystik, die Philosophie und die Geheimnisse des Abendlandes Interesse wecken. Alle Gesellschaftsschichten hörten auf ihn, und das von ihm enthüllte Wissen wurde bald unter dem Namen ›Martinismus‹ bekannt.

Allerdings stritt er ab, der Urheber der von ihm verbreiteten Lehren zu sein. Er rühmte Martinez de Pasqualis, der ihn eingeweiht hatte. Den Würdigsten enthüllte er, daß es ein höheres Wissen gebe, das ihnen nach einer Vorbereitung zugänglich sei. Grundlage dieser Vorbereitung war die Einweihung.«

Saint-Martin gab also die durch sein eigenes Verständnis »gefilterten« Gedanken Pasqualis' weiter. Dessen Ziel war die Re-Integration des Menschen in die göttliche Ebene gewesen. Zu diesem Zweck hatte er eine Naturphilosophie entwickelt,

[1] Ordre Martiniste Traditionnel (Traditioneller Martinisten-Orden) in »Lumière Martiniste«

die auf der Verbindung des Eingeweihten zu bestimmten höheren Wesenheiten oder Geistern beruhte; die Kontaktaufnahme erfolgte durch genau festgelegte theurgische Verfahren. Es handelte sich um eine Art höherer weißer Magie.

Über die Person des Martinez de Pasqualis ist bis heute sehr wenig bekannt. Seine Herkunft (es wird angenommen, daß er aus einer portugiesischen jüdischen Familie stammte), sein Leben, seine Nachkommenschaft und auch der Ort seines Grabes liegen noch in einem geheimnisvollen Dunkel.

Er wurde 1727 in Grenoble geboren, bereiste Frankreich und hatte zahlreiche Kontakte zu freimaurerischen Kreisen der damaligen Zeit. Besonders verbunden war er Jean-Baptiste Willermoz, dem er vorab die Prinzipien des »Ordre des Chevaliers Maçons Elus-Cohen de l'Univers«[1] – so der vollständige Name – darlegte. Der 1767 gegründete Orden entlehnte viel den Ritualen der Freimaurer und war von rosenkreuzerischen und okkultistischen Auffassungen geprägt.

1768 trat Louis-Claude de Saint-Martin dem Orden bei. Er war gleich von seinen besonderen Riten begeistert und faßte eine tiefe Verehrung für seinen Meister. Als Sekretär unterstützte er ihn bei der Abfassung seines einzigen Werkes, dem »Traité de la Réintégration des Etres«[2]. Die unvollendet gebliebene Schrift gibt im wesentlichen eine Darstellung der Genesis, erklärt die Folgen des Sündenfalls und gibt eine Reihe von Verfahren an, um sich mit Engeln und himmlischen Mächten in Verbindung zu setzen. Diese Praktiken, die zwar selbstlos und nicht zur Befriedigung persönlicher, egoistischer Wünsche ausgeführt wurden, fanden nicht die volle Zustimmung Saint-Martins. Er löste sich allmählich von ihnen, weil der Weg ihm zu gefahrvoll erschien; er zog einen inneren Weg vor, den sogenannten Herzensweg.

Saint-Martin verbreitete diesen Weg, den man als »inneres Christentum« bezeichnen kann, durch seine Schriften; er gründete nie eine Schule oder einen Orden, deren Meister oder Großmeister er gewesen wäre. Der Name »Martinismus« wurde erst nach seinem Tod von eifrigen Schülern aufgebracht.[1]

---

[1] Orden der auserwählten Priester-Maurer-Ritter des Universums
[2] Abhandlung über die Re-Integration der Wesen

Viele Mitglieder des Martinisten-Ordens gehörten vorher anderen philosophischen, mystischen oder okkulten Zirkeln an, deren Lehre sie nicht befriedigte. Andere wiederum kommen zum erstenmal mit dem sprituellen, initiatischen Erbe des Abendlandes in Berührung; diese Menschen sind vom Katholizismus enttäuscht und suchen bei den »Unbekannten Dienern« eine Antwort auf ihre Fragen über Gott, den Menschen und die Religion (die in ihrem ursprünglichen Sinne der re-ligio, der Rückbindung des Menschen an die Gottheit, verstanden wird). Wer Wunderbares und Außergewöhnliches liebt, wird jedoch nicht auf seine• Kosten kommen. Denn der Martinismus hat nichts zu enthüllen; er ist ein innerer, persönlicher Weg.

Saint-Martin bleibt als westlicher Mensch der abendländischen Tradition, d. h. dem Geist der Evangelien, verhaftet. Er achtet die Botschaft Christi, den er als »Mittler« oder »Göttlichen Wiederhersteller« bezeichnet. Sein Ziel beschreibt er wie folgt:

»Die einzige Einweihung, die ich predige und von ganzer Seele suche, ist die, durch die wir in das Herz Gottes eintreten können und durch die das Herz Gottes in uns eintritt, um eine unauflösliche Ehe einzugehen, die uns zum Freund, zum Bruder und zum Gemahl unseres Göttlichen Wiederherstellers macht. Es gibt keine anderen Mittel, um zu dieser heiligen Einweihung zu gelangen, als mehr und mehr in die Tiefen unseres Wesens hinabzusteigen und nicht aufzugeben, bis wir die lebende, belebende Wurzel gefunden haben.«

Aber der Martinismus ist weder eine neue Religion noch eine religiöse Bewegung, die eine besondere Art der Gottesverehrung lehrt. Er hat nichts mit der trügerischen Auffassung irgendeiner Sekte zu tun, sondern lehrt eine christliche Mystik, die auf die Kommunion mit der göttlichen Intelligenz abzielt.

---

[1] Die Werke Saint-Martins:
- »Des erreurs et de la vérité« (Irrtümer und Wahrheit)
- »Tableau naturel des rapports qui existent entre Dieu, l'homme et l'univers« (Natürliche Übersicht über die Zusammenhänge zwischen Gott, Mensch und Welt)
- »L'homme de Désir« (Des Menschen Sehnen und Ahnen)
- »Ecce homo« (Sehet da den Menschen)
- »Le nouvel homme« (Der neue Mensch)
- »Le crocodile, ou la guerre du Bien et du Mal«(Das Krokodil oder der Kampf zwischen Gut und Böse)
- Le Ministère de l'homme esprit« (Der Dienst des Geistmenschen)

Der vom Strom der göttlichen Weisheit Erleuchtete ist dann bereit, sein Wissen auch in seinem irdischen Lebensbereich anzuwenden; er wird so zu einem Sendboten Gottes.

Die christliche Ausrichtung wird in einer Erklärung des 1888 – 1891 von Papus gegründeten Martinisten-Ordens[1] klar zum Ausdruck gebracht:

»Der Martinismus ist christlich, ganz und gar christlich; ein Martinismus, der nicht Christus, Jesus-Christus, dem einzigen Retter und Versöhner, dem Fleischgewordenen Wort treu ist, ist nicht vorstellbar.«

Der Martinismus, der die innere Seite des Christentums verständlich macht, steht in seiner Zielsetzung der Gralssuche nahe: Beide Wege lehren ein den höchsten ethischen Normen gemäßes Leben, aber auch die Schönheit des Rittertums und die Tugenden und Segnungen eines solchen Lebens.

Stets wird an der Botschaft Jesu Christi festgehalten, die die Quintessenz des initiatischen Wissens unserer Tradition darstellt. Hier ist die Unterscheidung zwischen Form und Inhalt, zwischen den Kirchen und der Kirche sinnvoll:

»Der Katholizismus gehört in den Bereich der Zeit; das Christentum ist ewig.«

Obwohl die martinistischen Bewegungen die christliche Esoterik verbreiten, sind sie keine Geheimgesellschaften, wie es etwa die Freimaurer in manchen Ländern gezwungenermaßen waren. Als initiatische Zentren stehen sie allen offen, die für den Nächsten mit Toleranz, Wohlwollen, Verständnis und Liebe handeln.

Louis-Claude de Saint-Martin, der viel meditierte, bekam allmählich ein Bewußtsein der universellen Harmonie; ihm wurde klar, daß jede wahre Erkenntnis nur einer einheitlichen Ganzheit entstammen konnte, einer sogenannten Ur-Tradition.

»Die vielen Analogien zwischen den verschiedenen Traditionen beweisen die Notwendigkeit eines ihnen gemeinsamen Stammes. Die jüdische Tradition scheint dieser allgemeine Stamm zu sein.« Von hier aus wird erklärlich, warum das Studium der Kabbala und ihrer Anwendungen bei den Martini-

---

[1] Ordre Martiniste de Papus

sten so hohes Ansehen genießt. Saint-Martin betrachtet die Wissenschaft von den Zahlen als reinsten Ausdruck für die Intelligenz der Mysterien des Universums.

»Je höher wir stehen, desto einfacher wird das Rechnen ... Vielleicht können wir an einen Punkt kommen, an dem das Rechnen und die Dinge untrennbar miteinander verbunden sind – d. h. an einen Punkt, an dem Zahlen Dinge in Aktivität und Dinge Ausdruck der Zahlen sind.«

Der Schlüssel zu dieser mathematischen Philosophie findet sich im Sohar, und zwar im Kapitel über die Gematrie, die sich mit dem zahlenmäßigen Wert der Buchstaben beschäftigt. Durch Addition der einzelnen Buchstaben-Werte kann der Zahlenwert eines Wortes ermittelt und eine Verbindung zu gleichwertigen Worten hergestellt werden.

Betrachten wir z. B. das Wort »Metatron«, die Bezeichnung für den »Engel, in dem der Name Gottes wohnt«. Der Zahlenwert der Buchstaben Mem, Theth, Theth, Resch, Vau und Noun ergibt zusammen 314 (40+9+9+200+6+50=314).

Schaddai, einer der zehn Namen der Gottheit, schreibt sich Shin, Daleth und Yod, was ebenfalls 314 ergibt (300+4+10=314). Dies bedeutet, daß zwischen den beiden Namen eine Identität besteht: der eine ist in dem anderen enthalten.

Die Beschäftigung mit der hebräischen Kabbala mag überraschend erscheinen, wenn man sich zur Aufgabe gestellt hat, abendländische Traditionen zu studieren. Gehört die Kabbala nicht zur östlichen, jüdischen Tradition?

Hier sei daran erinnert, daß die Kabbala die ersten fünf Bücher[1] des Alten Testaments behandelt. Die Martinisten, christliche Eingeweihte, schätzen die Kabbala deshalb so hoch, weil sie ihnen ein vertieftes Verständnis der heiligen Texte erlaubt, die die Grundlagen ihrer eigenen Tradition bilden.

Die Kabbala, zu deren Texten unter anderem der Sohar gehört, bietet dem Eingeweihten die Möglichkeit, die Geheimnisse des Gesetzes (der Thora) zu verstehen und zu erklären. Sie gibt ihm den Schlüssel an die Hand, mit dessen Hilfe die Bindeglieder zwischen Mensch und Universum, zwischen dem einfachen Sterblichen und seinem Schöpfer erkannt werden

[1] Genesis, Exodus, Levitikus, Zahlen, Deuteronomium

können. Diese Bindeglieder werden als Kräfte aufgefaßt, die unter Beachtung des Gesetzes die Schöpfung formen. Sie können also, wenn sie bekannt sind, im Umkehrschluß dazu verwendet werden, Naturphänomene zu erzeugen oder zu verändern. Die Kabbala nennt bestimmte Mächte, »Engel« oder »Genien«, durch deren Anrufung der Natur befohlen werden kann. Diese praktische Kabbala steht im Gegensatz zur theoretischen Kabbala, die rein spekulativ ist.

Die Kabbala, von Juden erdacht, geschrieben und ausgelegt, besitzt nichtsdestoweniger eine universelle Dimension, die sie auch Nicht-Orientalen zugänglich macht. Ihre besondere Bedeutung für die westliche Tradition besteht darin, daß sie gewisse Aspekte der christlichen Symbolik erklärt.

»Die christliche Kabbala wurde durch die hebräische Kabbala inspiriert; aber sie weist eine Tendenz auf, die sie klar von der hebräischen Kabbala unterscheidet: Sie ist auf Christus ausgerichtet.«[1]

Das offensichtlichste und bekannteste Beispiel stammt von Jesus selbst und schmückt in religiöser Bildersprache die Wände unserer Kirchen. Es ist der Ausspruch: »Ich bin das Alpha und das Omega.«

Bei der Taufe Jesu im Jordan kam der Heilige Geist in Gestalt einer Taube auf ihn herab. Das griechische Wort für Taube ist περιστερα, der Zahlenwert beträgt 801 ($\pi = 80$, $\varepsilon = 5$, $\varrho = 100$, $\iota = 10$, $\sigma = 200$, $\tau = 300$, $\varepsilon = 5$, $\varrho = 100$, $\alpha = 1$). Die Buchstaben α und Ω ergeben ebenfalls 801 ($\alpha = 1$, $\Omega = 800$). Jesus identifiziert sich also mit dem Heiligen Geist, der sich durch ihn manifestiert. Dies überrascht nicht, denn beide sind Teil der ursprünglichen Einheit und können in ihrer spezifischen Eigenart nur wahrgenommen werden, wenn sie als Heilige Dreifaltigkeit erscheinen.

Die Kabbala kann als eigentlicher Eckstein des auf der Christuslehre basierenden abendländischen Initiations-Gebäudes betrachtet werden. Dies wird beim Studium mystischer Philosophien und geheimer Wissenschaften schnell klar:

»Alle Alchimisten sind Kabbalisten, alle geheimen Gesellschaften oder Sekten, die im Abendland aufgetreten sind

[1] Henri Sérouya, La Kabbale, S. 126

(Gnostiker, Templer, Rosenkreuzer, Martinisten oder Freimaurer), lehnen sich an die Kabbala an und lehren mehr oder weniger ihre Theorien. Wronski, Fabre d'Olivet und Eliphas Lévi verdanken ihre tiefsten Erkenntnisse der Kabbala und gestehen das auch freimütig zu.«[1]

Die Erklärungen zur Thora wurden lange mündlich weitergegeben; der Meister unterwies seinen Schüler nur, wenn dieser Prüfungen abgelegt und seine Charakterstärke unter Beweis gestellt hatte.

Später wurden die heiligen Lehren schriftlich niedergelegt. Mehrere Werke entstanden, die jeweils einen speziellen Teil der Lehre behandelten:

- Die Massora: Regeln für das Niederschreiben und Lesen der Thora.
- Der Talmud: Bestehend aus Mischna und Gemara, auf Überlieferung beruhenden Kommentaren zum gesetzgeberischen Inhalt der Thora.
- Die Kabbala: Sie besteht aus dem Sepher Jesira, dem Sohar, dem Tarot und den Clavicula; die beiden ersten Werke sind theoretisch, die beiden letzten praktisch ausgerichtet und einer hohen Magie vergleichbar.

Papus, auf den wir uns in diesem Buch beziehen, unterteilt die Kabbala in drei Stufen:

»Die Lehre der Überlieferung, dreifach wie die menschliche Natur und ihre Bedürfnisse, war zugleich historisch, moralisch und mystisch; daher erhielt die Heilige Schrift einen dreifachen Sinn:

1. Den buchstäblichen historischen Sinn (pashut), der dem Körper und der Vorhalle des Tempels entspricht.
2. Den durch moralische Erklärung gefundenen Sinn (drusch), entsprechend der Seele oder dem Heiligen des Tempels.
3. Dem durch mystische Erklärung gefundenen Sinn (sod), entsprechend dem Geist und dem Allerheiligsten.

Der historische Inhalt, der aus Berichten über das Leben der alten Patriarchen bestand, pflanzte sich wie eine volkstümliche

[1] Papus, Die Kabbala, S. 62

Legende von Generation zu Generation fort. Man findet darauf bezügliche Erklärungen in den biblischen Manuskripten und den chaldäischen Paraphrasen.

Der moralische Sinn betrachtete alles vom Gesichtspunkt des praktischen Lebens aus, während die mystische Erklärung sich über die sichtbare, vergängliche Welt hinaushob und unaufhörlich in der Sphäre des Ewigen schwebte.«[1]

Kommen wir auf den theoretischen Teil der Kabbala zurück. Das Sepher Jesira, das die Schöpfung und ihre Gesetze behandelt, ist ein kurzes, dafür aber sehr dichtes Werk. Die sechs Kapitel erörtern:

I. 10 Zahlen und 22 Buchstaben (3 Mütter, 7 Doppelte und 12 Einfache);
II. 10 Sephirot und ihre Kombinationen;
III. Die Unterteilung der 22 Buchstaben;
IV. Entsprechungen zwischen den 3 Müttern und der Trinität;
V. 7 doppelte Buchstaben;
VI. 12 einfache Buchstaben.

Der Sohar schließlich, dessen Inhalt in vier Gruppen eingeteilt wurde (praktisch, buchstäblich, nicht-schriftlich und dogmatisch), ermöglicht die Interpretation des Pentateuch. Er führt den Schüler auf immer höhere Verständnisebenen, die letztendlich die Glückseligkeit der Anschauung Gottes zur Folge haben. Der spirituelle Aufstieg beginnt in der sichtbaren Schöpfung und endet bei der ersten Ursache, dem »Unaussprechlichen Namen«. Vom äußeren Anschein der Dinge, der Exoterik, kommt man zu ihrem inneren Wesen, der Esoterik. Die intuitive Wahrnehmung der Realität führt schließlich zur Verschmelzung, zur Identifikation mit dem Wesen der Thora – zur mystischen Erkenntnis, dem Zustand der Ekstase.

Die Kabbala beschreibt Gott und die Schöpfung als Einheit und als Dreiheit. Nichts ist starr; unaufhörliche Bewegung, ewiges Werden kennzeichnen das Leben. Aus der ursprünglichen, unwandelbaren Einheit entsteht die Dreiheit, wenn das schöpferische Gesetz sich manifestiert. Die Verwirklichung der Schöpfung erfolgt auf der Ebene der Vier: Jetzt wird

---

[1] Papus, Die Kabbala, S. 11

sichtbar, was vorher nur Möglichkeit war. Aber jedes Teil des Ganzen hat nur ein Ziel: das Verschmelzen mit der ursprünglichen Einheit; diese beinhaltet nicht die Leugnung des Seins und des Bedürfnisses nach Werden, sondern verweist vielmehr auf die Notwendigkeit der Verwesentlichung, um über den Veränderungen der geschaffenen Welt zu stehen.

So sind auch die Buchstaben des hebräischen Alphabets nicht tot oder steril: »Für den Kabbalisten ist ein hebräischer Buchstabe ein Universum mit all seinen komplizierten Beziehungen im Kleinen und das Universum mit seinen ineinander verketteten Lebensabstufungen ein kabbalistisches Alphabet.«[1]

Die 22 Buchstaben bilden die Grundlage der Kabbala. Ihre Form (sie sind Hieroglyphen), ihr Zahlenwert und ihre wechselseitigen Beziehungen bilden ein System, das alle möglichen gedanklichen und arithmetischen Kombinationen erlaubt. Der Tarot und der praktische, magisch zu nennende Teil der Kabbala haben hier ihren Ursprung. Der Martinismus ist keine eigene Lehre, sondern die Erklärung einer Lehre – so, wie die Kabbala eine Erklärung oder Auslegung der heiligen Bücher darstellt.

»Analog kann der Martinismus nicht mit einem System verglichen werden, das mit dem Ziel der Ausbildung vollendeter Künstler die Technik einer Kunst lehrt. Er ist vielmehr einem System vergleichbar, das lehrt, eine Kunst zu schätzen, um das durch sie hervorgerufene Vergnügen kosten zu können.«[2]

Martinismus und Rosenkreuzertum stehen einander sehr nahe. Die beiden Wege können gemeinsam verfolgt werden, denn sie gehören demselben Überlieferungsstrom an; ein Unterschied besteht allerdings darin, daß die Lehre Saint-Martins dem Christentum eng verbunden ist. Die Symbolik ist ähnlich: in beiden Richtungen spielt das Dreieck – eins bei den Rosenkreuzern, zwei bei den Martinisten – eine bedeutende Rolle. Es spiegelt die Dreiteilung des Wesens in Körper, Geist und Seele – eine Auffassung, die Martinisten, Rosenkreuzern und Hermetikern gemeinsam ist (aber gibt es eigentlich wirkli-

---

[1] Papus, Die Kabbala, S. 92
[2] Ordre Martiniste Traditionnel

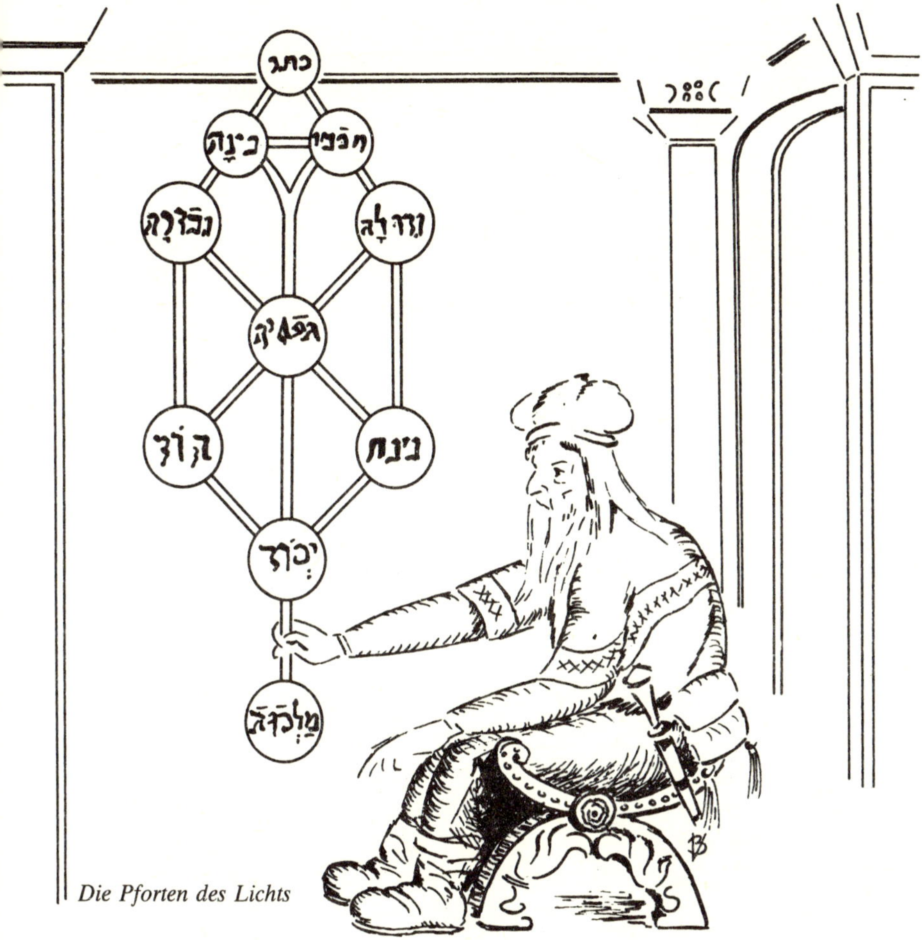

*Die Pforten des Lichts*

che Unterschiede zwischen diesen drei Wegen?) und auch Bestandteil der ursprünglichen christlichen Esoterik war; ihr eigentlicher Gehalt wurde hier jedoch im Laufe der Zeit vergessen.

Ein Beispiel von vielen? Die Heilige Dreifaltigkeit oder Vater, Sohn und Heiliger Geist. Der Begriff der Dreiheit wird im dritten Teil dieses Buches näher erläutert, aber wir möchten schon jetzt auf Übereinstimmung hinweisen, die schwerlich zu leugnen sind:

Seele – Vater: Gott, Logos, kosmisch, Universalseele.
Körper – Sohn: Brot des Lebens, zum Opfer gebrachter Leib (die katholische Liturgie selbst verwendet diese Worte).

Geist – Heiliger Geist: Ein Kommentar ist hier wohl überflüssig; angemerkt sei nur, daß der Begriff »Heiliger Geist« im rosenkreuzerischen Ausdruck »Tempel des Heiligen Geistes« einen etwas anderen Sinn hat.

Aus der Verbindung der beiden Dreiecke – eins mit der Spitze nach oben, das andere mit der Spitze nach unten – ergibt sich das wichtigste Symbol der Martinisten. Es wird wie folgt gedeutet:

*Martinistisches Symbol*

Das erste, weiße Dreieck fängt aus dem Äther die Kosmischen Kräfte auf, die jedes Teilchen des Universums durchdringen. Das Göttliche Licht wird magnetisiert und polarisiert, um die Tiefe des Wesens mit feinstofflichen Schwingungen zu durchstrahlen; es folgt der durch das zweite, rote (hier schwarz abgebildete) Dreieck angegebenen Richtung. Die beiden einander entgegengesetzten Richtungen, oben und unten, außen und innen, streben demselben Ziel zu: einem sechseckigen Kristall, dem Stein der Weisen, den der Uneingeweihte nicht erkennen kann und der das letztendliche Ziel der menschlichen

Re-Integration ist. Um zu ihm zu gelangen, muß man sein Kreuz auf sich nehmen, das Kreuz der irdischen Prüfungen und der vier Stufen des menschlichen Daseins. Erst dann, gereinigt vom Feuer der Erfahrung und geleitet vom Verständnis des Gesetzes, wird man bewußt an der Einheit des Universums mitwirken. Der Martinist, der diese Stufe erreicht hat und »Unbekannter Oberer« wird, ist dann ein Band zwischen Vergangenheit und Zukunft, denn er IST in der unwandelbaren Gegenwart. Das ist die Bedeutung des roten Kreises, der das Sechseck umschließt und schützt.

Zwei weitere martinistische Symbole sind Maske und Mantel. Die Maske schützt den Philosophen, denn sie macht ihn unkenntlich, d. h. unsichtbar. Seine gewöhnliche Persönlichkeit existiert nicht mehr, sie hat dem wahren Wesen Platz gemacht, das von gesellschaftlichen Zwängen frei ist. Dies ist eine weitere Parallele zu den Rosenkreuzern des 17. Jahrhunderts, die erklärten, »unsichtbar« zu sein.

Die Maske, die bei Zeremonien im Tempel getragen wird, bedeutet das esoterische Pseudonym; sie symbolisiert auch Bescheidenheit und unpersönliches Handeln. Denn es kommt darauf an, unerkannt zu bleiben:

»Ich wollte Gutes tun, aber ich wollte keinen Lärm machen, denn ich spürte, daß der Lärm nicht das Gute tat und daß das Gute keinen Lärm machte.«[1]

Der Mantel steht für die Weisheit, die seinen Träger vor den Angriffen der Welt schützt. Er bedeutet die schützende Erkenntnis, die Einweihung, durch die man furchtlos den feindlichen Kräften standhalten kann, die der Gegner, der Dämon, der Hüter der Schwelle hervorbringt.

---

[1] Louis-Claude de Saint-Martin

DRITTER TEIL

# DIE LEHREN

# Vorbemerkung

Wir haben einen kurzen Überblick über die neun Wege gegeben, die sich dem westlichen Menschen anbieten. Trotz scheinbar unterschiedlicher Lehren und Symbole bleibt ihr Ziel dasselbe: Sie wollen den Menschen und die Gesellschaft wandeln. Sie wollen den Platz des Menschen im Universum bestimmen, indem sie die Gesetze untersuchen, die dieses regieren; und sie wollen die Lage des Menschen insgesamt verbessern, indem sie denen, die suchen, und denen, die noch von der Finsternis der Gleichgültigkeit umfangen sind, eine Botschaft der Liebe und Brüderlichkeit bringen.

Nachdem wir die Ziele der verschiedenen Wege dargestellt haben, wollen wir uns mit einigen spezifischen Punkten näher beschäftigen. Manche dieser Punkte sind allgemein bekannt durch Zeitschriften, Veröffentlichungen und sonstige Werke, andere weniger. Unser Überblick erhebt keinen Anspruch auf Vollständigkeit, aber das war auch nicht unsere Absicht. Eventuelle Wiederholungen sind zum einen darauf zurückzuführen, daß derselbe Gegenstand unter verschiedenen Gesichtspunkten betrachtet wird; zum anderen wurden die Texte dieses Teils zu unterschiedlichen Zeiten verfaßt. Daher die Mängel, für die wir unseren Leser, unseren Freund und vielleicht unseren Bruder um Nachsicht bitten.

# Die Symbolik

Sobald eine Lehre sich nicht nur an den Intellekt, sondern auch an das Gefühl des Menschen wendet und eine gewisse Intuition verlangt, sind Symbole zur Vermittlung der Idee besser geeignet als Worte. Sie sind leichter im Gedächtnis zu behalten, und ihre einfache oder komplexe graphische Gestaltung erlaubt die sofortige Visualisierung des jeweiligen Gesetzes. Ihre Verwendung ist nur für den Wissenden von Nutzen – was jede Entweihung dieses Wissens ausschließt. Der Schüler erfährt ihre Bedeutung im Laufe seiner Unterweisung durch den Lehrer, der sie zur Erhellung und Erklärung seiner mündlichen Darlegungen heranzieht. Symbole haben schließlich den Vorteil, ebenso wie die Musik universell verständlich zu sein.

Nicht zu verwechseln sind Symbol und Allegorie. Das Symbol, mit dem wir uns hier ausschließlich beschäftigen wollen, ist die mehr oder weniger abstrakte Darstellung einer Idee. Sein Verständnis hängt vom Kenntnisgrad des Schülers ab. Die Allegorie geht über das Symbol hinaus: sie besteht aus mehreren Symbolen, die in einer Skulptur, einem Gemälde oder einer Geschichte zusammengefaßt werden. Die Gleichnisse Christi z. B. sind typische Allegorien.

Wenn man sich einer Religion, Philosophie oder mystischen Lehre nähert, kann man exoterisch oder esoterisch vorgehen: man kann entweder die verschiedenen Komponenten zwar buchstabengetreu, aber gleichsam von außen analysieren, oder man kann ihre Symbolik untersuchen, erklären und die verborgene Bedeutung offenlegen – was ein ständiges Bemühen von seiten des Schülers voraussetzt, der das Geheimnis erkennen will. Das Symbol ist damit nicht nur Studienobjekt, es muß gelebt werden.

Das Symbol, das in einem Wort, einem Satz, einer Gebärde enthalten ist, steht dem Ritual sehr nahe. Gleichgültig, ob es sich um Rosenkreuzer, Martinisten oder Freimaurer handelt, das Ritual hat wie das Symbol die Aufgabe, durch Eindrücke und Assoziationen eine Botschaft zu vermitteln. Jedes Kleidungsstück, jede Farbe, jede Gebärde und jedes Wort sind wichtig, denn sie sind Träger des Sinngehalts. Ein Symbol hat jedoch nur innerhalb eines bestimmten Systems einen Wert. Seine Bedeutung kann von Organisation zu Organisation unterschiedlich sein – allerdings nur scheinbar, denn wenn eine Organisation eine tatsächlich authentische Lehre vermittelt, die der gemeinsamen Tradition angehört, werden auch das Ziel und die tiefe Bedeutung des Symbols gleich sein. Die einem Freimaurer oder einem Rosenkreuzer als erstes einfallende Interpretation des Dreiecks z. B. mag nicht dieselbe sein, aber beide werden ihm, wenn sie einen bestimmten Grad der Meisterschaft erreicht haben, den gleichen Wert hinsichtlich seines initiatischen Inhalts beimessen.

Das Symbol, dessen Bedeutung nur dem Wissenden zugänglich ist, kann auch dazu dienen,dem Uneingeweihten, der nur die graphische Darstellung wahrnimmt, bestimmte Punkte der Lehre zu verbergen. Dieses Prinzip ist in der Alchemie am deutlichsten ausgeprägt. Die ganze alchemistische Literatur ist symbolisch und dem Nicht-Eingeweihten im wahrsten Sinne des Wortes hermetisch verschlossen. Es wimmelt von mehr oder weniger phantastischen Tieren, deren bekanntestes noch der Rabe ist, das Sinnbild für die Fäulnis, den Tod der Mischung. Die hermetische Fauna ist reich; ihre Vertreter verhüllen bald einen Aspekt der Urmaterie (der Drache), bald einen ihrer aufeinanderfolgenden Zustandsformen (Fuchs und Hahn), bald einen speziellen Punkt der Herstellung (Adler, Tauben).

Der Wahl eines Symbols sind keine Grenzen gesetzt; wichtig ist nur der Sinn, den es vermitteln soll, und die Leichtigkeit, mit der es gedankliche Assoziationen weckt. Auch Laute können zu Symbolen werden: Eine oft übergangene Form der Symbolik ist in der Tat die phonetische Kabbala, die sogenannte »Vogelsprache«. Sie arbeitet hauptsächlich mit den im Mittelalter beliebten Assonanzen, Wortspielen und Buchstabenumstellungen und erlaubt den in die »fröhliche Wissenschaft«[1] Eingeweihten, sich zu unterhalten, ohne von Fremden verstanden zu werden.

---

[1] Der Auadruck stammt von François Rabelais, der in seinen hermetisch zu nennenden Schriften das Pseudonym »Alcofribas Nasier« annahm – ein Anagramm seines eigenen Namens.

Die Farben haben seit alters her eine – jeweils unterschiedliche – symbolische Bedeutung erhalten. In der Alchemie bezeichnen sie die verschiedenen Etappen bei der Ausführung des »Großen Werkes«. Den Farben entsprechen ebensoviele Ordnungen, deren Zahl traditionell sieben beträgt. Zur leichteren Kenntlichkeit erhielten sie die Namen und Charaktere der Götter des Olymp. Die erste dieser Ordnungen ist Merkur oder Hermes, dem die Farbe Weiß und der Vorgang des Kochens entspricht. Herrscher der zweiten Ordnung ist Saturn, der durch die Farbe Schwarz charakterisiert und mit der Fäulung gleichgesetzt wird. Die übrigen Ordnungen werden Jupiter (Blau/Violett), dem Mond (Silber), Venus (Grün), Mars (Rot) und Sonne (Gold) zugesprochen.

*Farben, Düfte und Töne entsprechen sich.*

Dieser kurze Satz verweist auf das Ziel der Symbolik. Jedes Teil des Ganzen ist aus einer gemeinsamen Quelle hervorgegangen, die trotz vieler Facetten *eins* ist; die scheinbare Vielheit besteht nur auf der Ebene des menschlichen Verständnisses, das unvollkommen und unterschiedlich ist. Mit der Meisterschaft schwindet die Unsicherheit und damit die Notwendigkeit des Symbols. Der Uneingeweihte lebt weiterhin in der Vielheit, aber bei dem, der sich selbst verwirklicht hat, macht das *Viele* dem *Einen* Platz. Er braucht nun keine Stütze mehr für sein Denken: Er ist selbst zum Symbol geworden, denn er kommuniziert mit der Wirklichkeit, der kosmischen Wahrheit.

# Exoterik und Esoterik

Jedes Gebäude hat eine sichtbare und eine verborgene Seite. Eine Kathedrale z. B. ist für die meisten Menschen ein Tempel, der Gott und dem Gebet geweiht ist. Der heilige, von der göttlichen Gegenwart erfüllte Ort gibt dem Gläubigen oder dem einfachen Kunstliebhaber in farbenreicher Bildersprache einen Überblick über die Geschichte der Religion und die Taten der Heiligen. Nur einige wenige erkennen die Harmonie der Abmessungen und der Formen.

Wie Marcel Moreau[1] gezeigt hat, kannten die Bildhauer, die unsere Kirchen mit Monstern, Menschen, Vögeln und Blattwerk füllten, nur ein Gebot: Sie wollten die keltische Tradition und die Philosophie der Druiden in der religiösen Bildersprache ihrer Zeit weitergeben. Beweise? Sehr häufig findet sich das Eichenblatt, Symbol der keltischen Tradition, auf den Kapitellen der romanischen Kirchen. Und unter den Monstern, vom Klerus leichthin als Sinnbilder der Untugend gedeutet, erscheint das Wildschwein, Kennzeichen des Druiden.

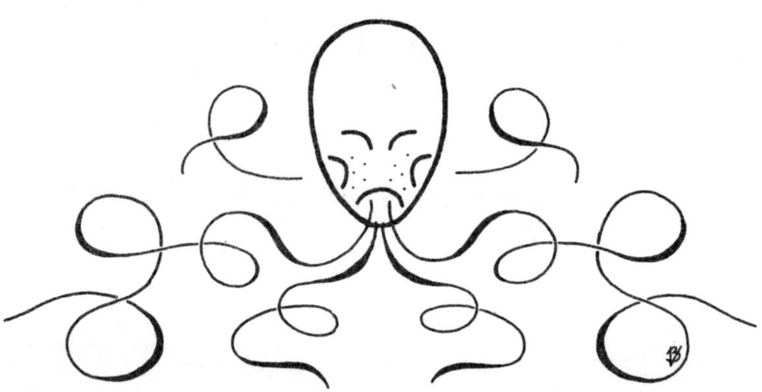

*Ogmios, das schöpferische Wort*

[1] Marcel Moreau, La Tradition Celtique dans l'Art Roman

Jede Organisation, sei sie nun mystisch oder weltlich, besitzt bestimmte Informationen oder Lehren, die nur einer kleinen Anzahl ihrer Mitglieder bekanntgegeben werden. Traditionelle Orden kennen diese Vorgehensweise ebenso wie gewerkschaftliche oder politische Institutionen. Letztere begründen die »Geheimniskrämerei« mit den Erfordernissen ihrer Organisationsstruktur, während das initiatische Geheimnis einer bestimmten Kenntnisstufe entspricht.

Die Exoterik gibt eine erste, alltägliche Erklärung einer Tatsache oder eines Symbols; die Esoterik dagegen enthüllt den verborgenen, eigentlichen Sinn. So sind auch die den Gläubigen erteilten Lehren auf mehrere Arten zu lesen; und machte nicht eine besondere Lehre den Reichtum gewisser religiöser Zentren, wie etwa des Benediktinerordens, aus, der als mutmaßlicher Erbe des druidischen Geistes gilt?

»Die benediktinischen Mönche, die die Abteikirche von Vézélay errichteten, bewahrten die traditionellen Lehren im Geheimnis des Heiligtums; die Symbolik schützt sie gegen profane Übergriffe, denn sie wußten, daß eine freie Interpretation dieser Lehren eine Gefahr für die Menschheit wäre. Metaphysische Wahrheiten können tatsächlich nur symbolisch mitgeteilt werden und setzen ein großes Wissen voraus, wenn sie mit Gewinn studiert werden wollen.«[1]

Die innere und äußere Verzierung romanischer Basiliken und gotischer Kathedralen stellt in dieser Hinsicht einen unvergleichlichen Schatz dar, der von frommen Chorherren immer nur orthodox und exoterisch gedeutet wurde.

Die Szene z. B., in der zwei Personen sich raufen und heftige Schläge auszutauschen scheinen, wird gemeinhin als Darstellung der Zwietracht angesehen. Die alte Wissenschaft des Hermes deutet diese Szene jedoch als den Kampf der beiden Naturen. Die Hitzigkeit der Kämpfenden weist auf den Rausch der *conjunctio* hin, die auch als Verbindung von Adler und Löwe, Hahn und Fuchs, Schwefel und Mercurius beschrieben wurde.

Auch die Evangelien können mit Hilfe der hermetischen Esoterik gedeutet werden; die Gleichnisse Christi etwa haben

[1] Robert Pouyaud, Atlantis Nr. 212, Mai/August 1962, S. 228

immer einen doppelten Sinn. Was meint z. B. Lukas, wenn er schreibt:

»Das Salz ist ein gutes Ding; wenn nun das Salz kraftlos wird, womit wird man's würzen? Es ist weder auf das Land noch in den Mist nütze, sondern man wird's wegwerfen. Wer Ohren hat zu hören, der höre!«

# Die Dualität

Von den hier dargestellten Wegen haben ohne Zweifel die Katharer dem dualistischen Prinzip die meiste Bedeutung beigemessen. Wie der Manichäismus, den sie ja auf französische bzw. okzitanische Verhältnisse umformten, unterscheiden sie ein gutes und ein böses Prinzip, die in ständigem Kampf miteinander liegen. Der katharische *Vollkommene* sah sich infolgedessen in einer Welt der »niederen« Materie gefangen, der er durch den befreienden, natürlichen oder willentlich herbeigeführten Tod zu entkommen hoffte. Dem unablässigen Wechsel zwischen Gut und Böse entspricht der zwischen Leben und Tod, positiv und negativ, materieller und spiritueller Welt. Der Beispiele sind viele, und statt sie alle aufzuzählen, wollen wir einige von ihnen untersuchen. Ihr Verständnis wird uns helfen, auch die nicht genannten zu deuten.

Die drei gewählten Beispiele – das musivische Pflaster[1], das Hexagramm oder Siegel Salomos sowie Lanze und Kelch – verweisen dabei auf die spekulative Freimaurerei, den Martinismus und die Gralsgeschichte.

## *Das musivische Pflaster*

Was geschieht, wenn man das musivische Pflaster längere Zeit betrachtet? Nach einigen Augenblicken kann das Auge die einzelnen Vierecke nicht mehr voneinander unterscheiden; sie beginnen zu tanzen, das Weiße wird grau und scheint mit der ihm entgegengesetzten Farbe zu verschmelzen...

Dann ändert sich der Eindruck: Das Schachbrett löst sich in schwarze und weiße Vierecke auf, die abwechselnd wahrgenommen werden; ein jedes scheint sich von dem ihm am nächsten liegenden zu entfernen und im Verhältnis zum trennenden Zwischenraum kleiner zu werden.

---

[1] Bezeichnung für den schachbrettartigen Boden, wie er in einem Freimaurertempel üblich ist (A. d. Ü.)

Während der Uneingeweihte ungeschickt *auf* den Vierecken geht, bewegt der Meister sich maßvoll und weise *zwischen* ihnen vorwärts. Der erste ist von Kräften und Ereignissen abhängig, die ihr Spiel mit ihm treiben und Leid verursachen, während der zweite seine Erfahrung und seine Kenntnisse zu Hilfe nimmt, so die Klippen des Lebens umgeht und es wirklich meistert.

*Musivisches Pflaster*

Das musivische Pflaster steht für die Welt: die weißen und schwarzen Steine symbolisieren die vielen menschlichen Charaktere, die derselbe Kitt verbindet (dieser Kitt kann und will die Freimaurerei sein). Er ist wie das Leben, in dem Glück und Unglück, Freuden und Leiden, Schwierigkeiten und Erfolge miteinander abwechseln. Aber der weiß-schwarze Boden stellt auch das Gute und das Böse dar, die in der Natur nie getrennt auftreten. Kein Wesen ist nur gut oder nur böse. Der Ausgang des Kampfes zwischen den beiden Naturen hängt von der Entwicklungsstufe des Wesens ab. Das musivische Pflaster versinnbildlicht jedoch vor allem die Prüfungen des materiellen Lebens, die durch die Vierecke, d. h. die Zahl Vier, angezeigt werden.

Die Eins ist die ursprüngliche Einheit.

Die Zwei ist aus der Eins hervorgegangen, denn jedes Teil birgt sein Gegenteil in sich.

Die beiden selbständigen Teile bilden durch ihre Verbindung ein Drittes, die Drei. Die durch die Drei mögliche Schöpfung muß zur Vier werden, um in der Welt der Dinge wahrnehmbar zu sein. Die Vier symbolisiert die Materie und kann graphisch als Viereck (vier Seiten) oder Kreuz dargestellt werden. Im Abschnitt über die Alchemie wurde bereits angesprochen, daß das Kreuz, ebenso wie der Schmelztiegel, die irdischen Prüfungen bedeutet.

Jesus, der Einheit und Dreiheit zugleich ist, wird gekreuzigt. Der Geist ist *in* der Materie. Der Weg zum Himmel führt notwendig durch die Reinigung im Fegefeuer (dem Schmelztiegel) des materiellen Lebens.

## *Das Hexagramm*

Das zugrundeliegende Symbol ist hier nicht ein Viereck, sondern ein Dreieck. Dies deutet einen Wechsel der Ebene an. Es geht nun um die Bestimmung und Erklärung von Prinzipien, die nicht zum Bereich des Endlichen, der physischen und materiellen Schöpfung gehören.

*Hexagramm*

Das weiße Dreieck mit der Spitze nach oben symbolisiert das Feuer, das schwarze Dreieck mit der Spitze nach unten das Wasser. Die beiden Dreiecke streben zwar in entgegengesetzte Richtungen, sind aber durch die Kraft, die sie zusammengeführt hat, unauflöslich miteinander verbunden. Diese »stärkste Kraft aller Kräfte« ist die Wissenschaft des Adepten; er hat die Macht, die Gegensätze zu verbinden, den Elementen zu befehlen und das Unsichtbare sichtbar zu machen. Die beiden ineinander verflochtenen Dreiecke stellen die Verbindung des Festen mit dem Flüchtigen dar, den *Stein der Weisen*. Eugène

Canseliet bemerkt dazu: »Das Siegel Salomos, oder der sechsarmige Stern, ist das Zeichen für den roten Stein der Weisen, in dem die vier Elemente, dargestellt durch zwei gleichseitige Dreiecke, von denen das eine auf der Grundfläche, das andere auf der Spitze steht, eine unauflösliche Verbindung eingegangen sind. Diese höchste Harmonie der zusammengesetzten Materie kann nur durch den Merkur der Philosophen vollendet werden...«

Ein alchemistisches Symbol also.

Die drei Linien, die von jedem Dreieck nach außen strahlen, sind die einfachste Darstellung der zentrifugalen, expansiven, vom Mittelpunkt ausgehenden Kraft.

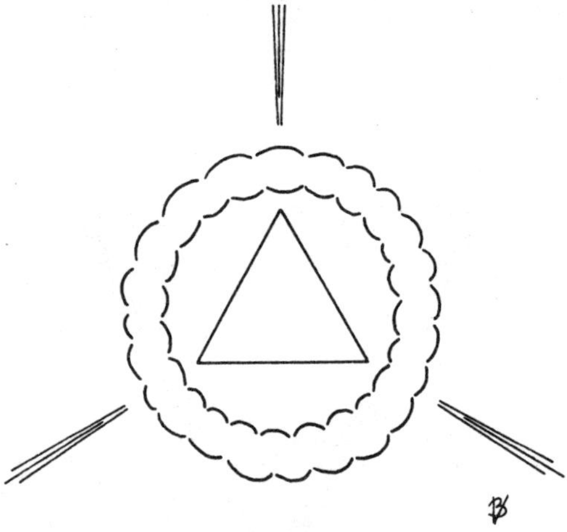

Der Martinismus hat die sechs Richtungen auf sechs Punkte ∴∵ reduziert, die zur Erinnerung an das Symbol genügen.

## *Kelch und Lanze*

Während das Hexagramm bei mehreren westlichen Einweihungswegen symbolische Bedeutung hat, verweisen Kelch und Lanze eindeutig auf die Gralssuche und die Templer.

Parzival erlebt Kelch und Lanze im Schloß des Fischerkönigs, versäumt aber, nach dem in ihnen wohnenden Geheimnis zu fragen. Die beiden Gegenstände werden gemeinsam hereingetragen und fassen damit die Christusbotschaft zusammen.

Der römische Soldat Longinus durchstieß mit der Lanze die Seite des Erlösers, und Sein kostbares Blut erscheint an ihrer Spitze; der Kelch wurde beim Abendmahl verwendet, bei dem Jesus sich selbst als Symbol des Neuen Bundes hingab. Die Lanze ist ein Instrument der Opferung, während der Kelch dem freiwillig dargebrachten Opfer dient. Erst durch die Lanze, ein männliches, einschneidendes, vertikales Symbol, wird das Opfer Wirklichkeit. Ohne Lanze gäbe es keine Verletzung, und das Blut könnte nicht dargebracht werden. Ohne Lanze verliert der Kelch seinen symbolischen Wert, denn was sollte er enthalten? Der Kelch ist ein weibliches Symbol, denn er ist das Gefäß, in dem sich Wasser und Blut aus der Seite des Gekreuzigten mischen. Er wird durch die waagerechte Linie dargestellt, und die Opferung ist sein Ziel. Er wird in den beiden nach oben geöffneten Händen gehalten, während die Lanze in der geschlossenen Faust geschwungen wird...

Lanze und Kelch sind gegensätzliche, besser komplementäre Symbole, die nicht voneinander zu trennen sind. Sie stellen die Vereinigung von Feuer und Wasser dar, aus der das Christuswunder erwächst; denn nur das Feuer des Himmels kann das Wasser befruchten.

# Der Dreierbegriff

Die Bedeutung, die der Zahl Drei zu allen Zeiten beigemessen wurde, beginnt im abendländischen Bereich bereits bei den Kelten: Ihre Lehren waren in Triaden aufgebaut, und die Kaste der druidischen Weisen bestand aus drei Klassen. Auch das keltische Kreuz ist aus drei konzentrischen Kreisen – Keugant, Abred und Gwenwed – aufgebaut. In diesen Zusammenhang gehört auch die Darstellung der drei Strahlen, der drei Schreie des göttlichen Lichtes, die mit den drei unaussprechlichen Buchstaben OIV oder OIW bezeichnet werden. Nur der zu einem bestimmten Grad der Meisterschaft gelangte Eingeweihte nimmt sie mehr mit der Seele als mit dem Gehör wahr. Sie sind der Name Gottes, das *Wort*, das alle Manifestationen der Materie erfüllt.

Die drei aufeinander zulaufenden Linien dieses göttlichen Namens stellen die drei Aspekte der Einheit des Unerschaffenen dar; sie sind die drei Lichtsäulen, die aus dem befruchtenden Urlicht hervorgegangen sind, Symbole für die drei Eigenschaften, durch die das Göttliche seine Überlegenheit bekundet:

»Universelles Leben,
universelle Wissenschaft,
universelle Macht.« (10. Triade)

Dies bestätigen die zweite und dritte Triade:

»Drei Dinge entstammen den drei ursprünglichen Einheiten:

Alles Leben, alles Gute, alle Macht«,

und:

»Gott ist notwendig drei Dinge:

Das meiste Leben,
die meiste Wissenschaft,
die meiste Kraft.
Und nur ein Wesen kann das meiste von allem sein.«

Vom Druidentum zum Christentum ist nur ein Schritt, und so finden wir hier die Dreizahl in Form der Heiligen Dreifaltigkeit wieder. Vater, Sohn und Heiliger Geist haben eine ganz bestimmte, charakteristische Funktion und sind nicht voneinander zu trennen. Welchen Sinn hätte die Botschaft des Sohnes ohne die Universalität des Vaters? Und wen sollte der Heilige Geist, der seinem Wesen nach Feuer ist, verklären, wenn nicht den Sohn?

Die Dreizahl scheint also ein Gesetz zu enthalten, das für die meisten der hier dargestellten Einweihungswege gültig ist. Die einzelnen Elemente dieser Dreiheit besitzen nicht den gleichen Wert, denn dann wäre ihre Verbindung nichts anderes als die ursprüngliche Einheit; sie stellen vielmehr aufeinanderfolgende Stufen eines Weges dar, die drei Künstler eines *Werkes*, die Prinzipien der Alchemie. Basilius Valentinus etwa spricht von der königlichen Vereinigung der Sonne und des Mondes der Weisen – d. h. der Verbindung von Schwefel und Mercurius –, die eines Mittlers, dem mit der Bischofsmütze bekleideten Priester, bedarf. Der Mercurius, d. h. der Diener oder die Ehefrau, stillt den Appetit des Schwefels, der in ihm die für seine Entwicklung notwendige Nahrung findet. Der Bischof stellt die rechtmäßige Verbindung der königlichen Protagonisten des *Großen Werkes* sicher. Er ist der Mittler, der *Kitt* und das *Siegel* der Weisheit, das *Salz der Harmonie*; ohne ihn ist die völlige Übereinstimmung der Eheleute nicht zu verwirklichen. Er ist der loyale Diener des *Werkes*, der sich entfernt und verschwindet, wenn seine Aufgabe beendet ist.

Aber wie viele Diener gibt es? Verdient nicht auch der Mercurius diese Bezeichnung? Denn das ganze Werk kann nur mit und durch ihn geschehen. Er ist das wichtigste Element bei der Herstellung des *Steins der Weisen*; nur das Handeln, die Fertigkeit des Philosophen ist ähnlich unabdingbar.

Die sowohl in der Freimaurerei wie in den Gesellenbruderschaften bei Abkürzungen üblichen drei Punkte (G ∴ L ∴ für Großloge, A ∴ B ∴ A ∴ W ∴ für Allmächtiger Baumeister aller Welten, etc.) können verschieden interpretiert werden. Sie erinnern zunächst an das heilige Dreieck, das leuchtende Delta, in dessen Zentrum das göttliche Auge steht.

Es bedeutet die göttliche Gegenwart, die höchste Intelligenz, das Unerschaffene, den Großen Baumeister des Universums. Das im Osten der Loge (hier hat der Meister vom Stuhl seinen Platz) angebrachte leuchtende Dreieck deutet darauf hin, daß die in diesem Raum ausgeführten Arbeiten von Intelligenz und Maß bestimmt werden. Dem Uneingeweihten ist der Zugang verwehrt, denn das Profane ist per definitionem regel- und prinzipienlos; der eingeweihte Maurer dagegen, der sich zwischen Winkelmaß und Zirkel bewegt, ist sich der Gesetze bewußt, die das Universum regieren. Die drei Punkte erinnern an diese Kenntnis.

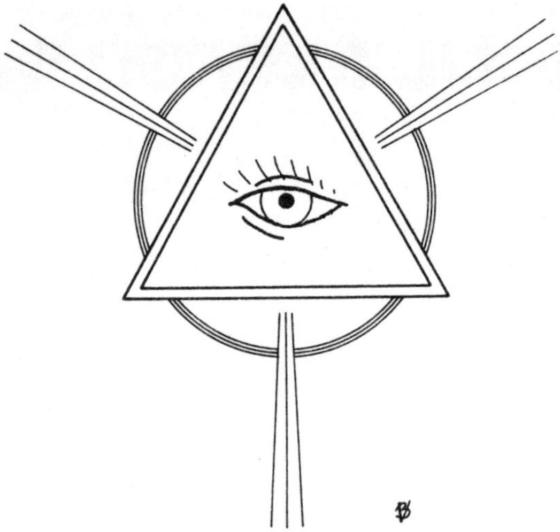

Aber sie symbolisieren auch die drei Pforten des Tempels im Osten, Süden und Westen, bei denen Hiram von den drei schlechten Gesellen angegriffen wird. Ihre auf die Schulter (in der Nähe des Halses), das Herz und den Kopf zielenden Schläge werden mit Werkzeugen ausgeführt, die bedeutungsvoll sind: der Maßstab verweist auf den Mangel an Intelligenz oder Vorstellungskraft, der dazu führt, daß man dem Buchstaben mehr Bedeutung beimißt als dem eigentlichen Sinn. Daher das Sprichwort: »Der Buchstabe tötet, während der Geist belebt.« Das Winkelmaß wird zum Symbol der Intoleranz jener hoffärtigen Wesen, die mehr damit beschäftigt sind, ihre Mitmenschen zu kritisieren, als die eigene Haltung zu berichtigen. Der Hammer schließlich stellt die rohe Kraft dessen dar, der befehlen möchte, um seinen Nächsten zu beherrschen. So haben sich die durch die Werkzeuge evozierten Tugenden in Untugenden verkehrt: Die Befolgung der Regeln wird zu Intoleranz; die Rechtschaffenheit des Denkens, die Geradlinigkeit, führt zum Mangel an Vorstellungskraft, zu einem kleinlichen Standpunkt. Die Entschlossenheit schließlich, die Autorität, ist einem blinden Despotismus gewichen.

Eine dritte Deutungsmöglichkeit sieht in den drei Punkten die drei eisernen Nägel der Kreuzigung, die den Prozeß der dreifachen Reinigung durch das Feuer, d.h. den Stahl, darstellen.

Die drei hauptsächlichen Protagonisten der Gralssuche sind Lanzelot, Parzival und Galahad. Sie symbolisieren die drei verschiedenen Stadien der initiatischen Suche.

Der unbewußte Mensch irrt in den Wechselfällen des Lebens umher, eine Beute seiner Leidenschaften, verblendet von den physischen Sinnen, die den rechten Weg verbergen. Die Befriedigung grob-materieller Wünsche ist sein einziges Ziel, bis er, wie Lanzelot, die Gnade erfährt. Er erkennt dann seinen Irrtum, aber die Reue allein kann ihn nicht von den Schlacken der irdischen Welt befreien. Er muß zum Kind werden, einfach und rein.

Parzival bringt diese Voraussetzungen mit: Seine hauptsächlichen Eigenschaften sind Unschuld und Naivität. Aber auch das genügt nicht, denn es besteht die Gefahr, durch Unterlassung zu sündigen. Trotzdem ist ein Fortschritt zu verzeichnen, denn der Gral erscheint – wenn auch nur kurz – dem Suchenden, zeigt ihm den Weg und ermutigt ihn, nicht aufzugeben.

Nun kann nur noch die absolute Achtung des göttlichen Gesetzes und das Loslassen jedes irdischen Wunsches zum erfolgreichen Abschluß der Suche führen. Galahad, der Reine, der beste Ritter der Welt, ist der Eingeweihte, der die Meisterschaft erreicht hat und für den die Zufälligkeiten des materiellen Lebens kein Hindernis mehr sind, das ihn von der Quelle allen Wissens trennt. Viele wurden gerufen, er aber wurde auserwählt, weil er als einziger seine Persönlichkeit vergaß, um sich der Verbindung mit Gott hinzugeben.

Die drei Stufen der Einweihung wiederholen sich damit im Rittertum, das Pagen, Knappen und Ritter unterscheidet. Nur letzterer war Inhaber eines spirituellen Einflusses, der ihm durch die Zeremonie des Ritterschlags übertragen wurde; ihm ging, wie bei anderen Einweihungen auch, der rituelle Rückzug – die Nachtwache in der Kapelle – voraus.

Auch Gesellenbruderschaften und Freimaurerei kennen drei Einweihungsgrade; hier lauten die entsprechenden Bezeichnungen: Lehrlinge – Geselle – Meister.

Ein grundlegender Unterschied besteht jedoch zwischen dem Gralsrittertum und der Freimaurerei. Der erstgenannte Weg ist individuell, der zweite kollektiv. Wie der Alchemist ist der Ritter allein, allein mit sich selbst, allein mit Gott. Der Freimaurer dagegen nimmt an einem gemeinsamen Werk teil, das ihn formt. Dies galt besonders, als Maurer, Steinmetzen und Zimmerleute auf den großen Baustellen der Vergangenheit wirkten. Damals brauchte man viele Arme und viele Köpfe, die sich in der Liebe und zum Ruhm des *Großen Baumeisters* zusammentaten und abstimmten. Der spekulative Freimaurer hat dieses Bedürfnis nach Harmonie ebenso bewahrt wie die Traditionen der Vergangenheit – den feierlichen Schwur, die Einweihung in den Gebrauch der Werkzeuge, die Notwendigkeit einer stufenweisen Lehre und schließlich die Achtung dieser Dreierhierarchie, die der Kitt seiner Bruderschaft ist.

# Die wirkliche Einweihung muß selbst vollzogen werden

Die Technik der Einweihung ist ein universeller Prozeß. Dies ergibt sich aus der Feststellung, daß die hier besprochenen Wege eine bestimmte Anzahl gemeinsamer Faktoren aufweisen. Aber was bezweckt die Einweihung überhaupt? Lassen wir Ralph M. Lewis, das gegenwärtige Oberhaupt des AMORC, zu Wort kommen:

»Die esoterische Einweihung möchte den einzelnen mit seiner Seele bekanntmachen, damit er sie ausdrücken und sie ebenso wie die anderen Elemente seines Lebens zu einem Teil seines Bewußtseins machen kann. Sie will aus der Intelligenz der Seele nicht nur ein philosophisches Prinzip oder ein geheimnisvolles Ritual machen, sondern eine Wirklichkeit für den Menschen. Die Einweihung der Rosenkreuzer ist ein Prozeß oder eine Methode, die auf den Erwerb des inneren Bewußtseins, die Erfahrung des kosmischen Bewußtseins, abzielt.«[1]

Die Einweihung vollzieht sich bekanntlich in mehreren Etappen, deren Erreichung von der Entwicklung und den Fortschritten des Kandidaten abhängt. Sie entsprechen hierarchischen Stufen, deren Zahl und Art von Weg zu Weg verschieden ist, die aber meist auf der Zahl Drei oder einem Vielfachen von ihr beruhen. Erinnert sei hier nur an die drei Grade der Freimaurer und der Gesellenbruderschaften.

Der Zugang zur nächsthöheren Stufe folgt seit alters her dem gleichen Schema. Der Kandidat muß sich zunächst durch Fasten und physische Reinigung vorbereiten.[2] Die strenge, mehrere Tage andauernde Enthaltsamkeit der antiken Einweihungsriten ist heute auf einige Stunden zusammengeschrumpft

---

[1] Ralph M. Lewis, Le Sanctuaire Intérieur, S. 140f.

[2] Dies gilt nur für mystische Einweihungen, etwa bei Rosenkreuzern und Templern; die nicht mystische Einweihung der Freimaurer erfordert eine solche Vorbereitung nicht.

und wird von einer mentalen und psychischen Vorbereitung begleitet, die einer ersten inneren Reinigung dient. Sie beinhaltet eine mehr oder weniger gründliche Selbsterforschung zur Bewußtmachung der eigentlichen Gründe der Suche oder aber die Meditation eines Textes, Lehrsatzes oder Prinzips, die den Kandidaten für die Einweihung und ihre Tragweite sensibilisieren soll.

Diese geistige Vorbereitung erfolgt bei den Freimaurern im Vorbereitungszimmer, in dem der zukünftige Maurer das, was ihn noch in der Welt der Materie hält, zurückläßt. Er »legt seine Metalle ab« und löst damit die letzten Fesseln, die ihn mit der Welt der Illusion verbinden. Ähnlich verbringt der Rosenkreuzer die letzten Stunden vor seiner Einweihung in einer »Zelle«, und der Knappe betet am Vorabend seines Ritterschlags in der Kapelle...

Wenn diese erste Stufe überschritten ist, folgt die eigentliche Einweihungszeremonie.

Nach einem Umweg wird der Kandidat mit verbundenen Augen hereingeführt. Gänge und Treppen sorgen für eine dramatische Note, haben jedoch auch symbolische Bedeutung: die langen, gewundenen Korridore erinnern daran, daß der Weg zum Licht lang und schwierig ist. Treppen, die nach unten führen, verweisen auf eine chthonische Einweihung; wenn sie nach oben führen, hat der Kandidat den (symbolischen) Tod hinter sich gelassen und ist zu einem neuen Leben gerufen, dessen erste Schritte er jetzt lernt.

Vor der Pforte des Tempels wird innegehalten. Der Hüter der Schwelle versichert sich, daß der Kandidat berechtigt ist, diese zu überschreiten, und nachdem die rituellen Schläge auf die heilige Tür erklungen sind, heißt man ihn einzutreten. Die Pforte ist niedrig: man muß sich bücken, die Ansprüche des weltlichen Lebens haben hier keine Bedeutung.

Dieser Ort ist heilig, und niemand darf ihn betreten, ohne sich respektvoll vor der hier herrschenden göttlichen Ordnung und Geometrie zu verneigen. Die Pforte ist eng und symbolisiert damit, im Gegensatz zu den breiten Alleen, die ins Verderben führen, den engen, schwer gangbaren Pfad des Eingeweihten auf dem Weg seiner Re-Integration – und auch die Schwierigkeit des Neuaufgenommenen, den richtigen Weg zu erkennen...

Der Kandidat richtet sich auf; er nimmt wahr, daß viele Menschen um ihn herumstehen. Spürt er Feindseligkeit? Wohlwollen? Es fällt ihm schwer, seine Gefühle zu analysieren, denn man bedrängt ihn mit Fragen.

Warum ist er hier? In welcher Absicht hat er gewagt, die Stille und Harmonie des Ortes zu stören? Kann er seinen guten Willen, seinen Mut beweisen?

Lucis Post Tenebras!
Fiat Lux!

Die Binde über seinen Augen fällt, und er ist geblendet von einem großen Licht. Aber wozu hat er die Schatten der profanen Welt verlassen, wenn er immer noch nicht *sieht*? Seine Augen versagen den Dienst, und er braucht den Beistand seines Initiaten, um sich in der neuen Umgebung zurechtzufinden. Gesetze und Prinzipien werden ihm erklärt, die es anzuwenden gilt. Die Schlüssel einer Symbolik werden ihm anvertraut, mit deren Hilfe er den Sinn der verborgenen Wahrheiten seiner Tradition entdecken kann. Ein Eid soll verhindern, daß das in seiner Gegenwart Gesagte oder Getane nach außen bekannt wird. Er wird nun von den Mitgliedern der Bruderschaft als einer der ihren anerkannt und trägt bei seiner Rückkehr in die Welt einen Reichtum im Herzen, den er entwickeln und zur Reife bringen muß.

Die Einweihung bleibt jedoch reine Form für den, dem das Gesagte und Getane nichts bedeuten und in dem die durch das Ritual vermittelte Botschaft keinen Widerhall findet. Denn das Ritual allein reicht nicht aus, um den unvorbereiteten Menschen zum Verständnis zu führen.

Das Wort »Initiation« meint zwar den Anfang, den Beginn einer Sache, aber eine Einweihungszeremonie ist tatsächlich nur dann sinnvoll, wenn die entsprechenden Aufklärungen vorher oder unmittelbar anschließend erfolgen. Was hätte es für einen Sinn, ihm Salz und Schwefel, die Kerze, die ausgemacht wird, oder das halb aus der Scheide gezogene Schwert zu zeigen, wenn die Bedeutung dieser Symbole nicht bekannt ist? Oder wenn der Kandidat trotz vielen Nachdenkens ihre Tragweite nicht erkennt?

Dieser extreme Fall wird jedoch nur sehr selten eintreten. Fast jeder hat zumindest grundlegende Kenntnisse auf dem Gebiet der Symbolik, und keine Einweihung, selbst die einfachste nicht, wird ohne vorherige Gespräche erteilt. Trotzdem liegt der Hauptteil der Arbeit bei dem Neuaufgenommenen, denn seine Ausbildung und sein Vorwärtskommen innerhalb der traditionellen Organisation, die er – oder die ihn – gewählt hat, sind von seinem Lerneifer und von seiner Ausdauer abhängig.

Dies zeigt sich besonders bei der Einweihung der Druiden, die den ältesten Zeugnissen zufolge mindestens zwanzig Jahre gedauert haben soll. Der unterweisende Druide mag eine Triade zitiert und einen kurzen Kommentar gegeben haben. Nun war es am Schüler, ihre Bedeutung zu erfassen und ihre Entsprechungen in seinem Leben aufzudecken. Da die Lehren nicht schriftlich niedergelegt wurden, lernte er die Triaden auswendig – par cœur, durch das Herz, sagt man im Französischen –, und nach einer solchen von Meditationen begleiteten intellektuellen Gymnastik wurde das auf verstandesmäßiger Ebene Erkannte allmählich verinnerlicht. Diese Übertragung vom intellektuellen auf den emotionalen Bereich konnte nur durch den Schüler selbst erfolgen.

Auch die Herstellung des *Steins der Weisen* erfolgt durch langjährige Arbeit und Meditation. Die hermetischen Schriftsteller behaupten, die Wahrheit sei in jedem ihrer Werke enthalten, allerdings verschleiert, verhüllt durch die Allegorie. Wie soll der Leser sich in den Winkelzügen dieses Labyrinths zurechtfinden, in dem auch einander widersprechende Äußerungen nicht selten sind? Wen kann er um Hilfe bitten? Einen anderen Menschen, der den Weg zu Ende gegangen und ein Adept ist? Und wie viele solcher Menschen gibt es? Wie kann man sie kennenlernen, wie von ihnen als Schüler akzeptiert werden?

Eher als mit einer chemischen Reaktion ist die alchemistische Arbeit mit der umfassenden Kenntnis der Gesetze des Werdens und Vergehens der Materie verknüpft. Diese Kenntnis kann weder durch ein Buch noch durch irgendein Lehrsystem vermittelt werden, denn sie ist das Ergebnis der unablässigen Beschäftigung des Alchemisten mit der Materie, die er stufenweise reinigt. Ihrer Umwandlung entspricht eine Veränderung des *Künstlers,* der zum Eingeweihten, zum Adepten wird. Das geheime Prinzip der Herstellung des *Steins der Weisen* ist also nicht mitteilbar; ein Meister kann zwar den Weg zeigen, aber die Geheimnisse der Natur muß jeder für sich entdecken.

Rosenkreuzer und Freimaurer besitzen eine recht ähnliche Einweihung, obwohl sie bei den ersten rein mystisch, bei den zweiten dagegen intellektuell ausgerichtet ist. Dem Rosenkreuzer wird im Verlauf seiner Reise in den *Tempel des Heiligen Geistes* eine allegorische Lehre vermittelt, die es dann in der Welt zu leben gilt. Wenn er das Gefühl hat, mit leeren Händen davonzugehen, ist nichts in ihm bewegt worden; das seines Sinns entleerte Ritual war dann nichts anderes als ein unzusammenhängendes Ganzes unbedeutender, wenn nicht gar lächerlicher Worte und Gesten. Diese Erfahrung führt dazu, daß manche den Pfad verlassen.

Wenn ihm dagegen bewußt ist, daß er einem rituellen Drama beigewohnt hat, das nicht nur einer bestimmten Tradition entstammt, sondern auch eine Vielzahl latenter Bedeutungen enthält, wird er den Wert des ihm überlassenen geheimen Schlüssels zu schätzen wissen.

Das Öffnen gewisser Türen verlangt manchmal wirklichen Mut: ob es darum geht, das häßliche Monster des eigenen Egos zu konfrontieren oder die unsichtbaren Kräfte zu beherrschen, die die Anwendung eines bestimmten Gesetzes heraufbeschworen hat – der Eingeweihte ist allein und kann nur die Kraft des *Wortes* zu Hilfe nehmen.

Die Entwicklung der inneren Fähigkeiten kann nur jeder selbst vornehmen. Der einweihende Lehrer zeigt das Werkzeug und erklärt die Grundlagen des Prinzips, aber der Schüler weiht sich durch deren Anwendung selbst ein. Wir sehen in der Einweihungszeremonie eine Vorbedingung, in der die Grundlagen der Einweihung vermittelt werden. Die eigentliche Einweihung erfolgt dann durch das Studium und die Meditation des »Eingeweihten«, der allmählich seiner spirituellen Verwirklichung entgegengeht.

# Die Gesundhaltung des Körpers und die Entwicklung der psychischen Zentren

Viele zur mystischen Einweihung führende Wege stimmen darin überein, daß die Verbesserung der Gesundheit des physischen Körpers in nicht unbeträchtlichem Umfang an der Entfaltung der Psyche beteiligt ist.[1] Denn der Mensch wird als aus Körper, Seele und Geist bestehende Ganzheit gesehen, was der Auffassung mancher Zirkel widerspricht, die nur auf die Entfaltung des Mentalen abzielen und den Rest – der doch gerade der Schlüssel für unsere Existenz hier auf Erden ist – unterschlagen.

Wer annimmt, daß die menschliche Existenz von einer Notwendigkeit bestimmt wird, die über die eigene Persönlichkeit hinausgeht und die weit mehr ist als das Ergebnis einer chemischen Reaktion; wer annimmt, daß die Wechselfälle des materiellen Lebens nicht Zufälle sind, sondern Hindernisse, an denen Charakter, Verständnis und Bestimmung des einzelnen sich offenbaren; wer schließlich annimmt, daß der Sinn der Inkarnation in eben den Lektionen besteht, die er in diesem Körper erhält – ein solcher Mensch kann nicht daran zweifeln, daß die Krankheit des Körpers und der Seele zwei Übel sind, die es gemeinsam zu heilen gilt.

Ein ungesunder, schlecht funktionierender oder schmerzgequälter Körper kann nicht die Ruhe vermitteln, die für Studium und Meditation unerläßlich sind. Wenn auch der Schmerz unter gewissen Umständen zu einem bestimmten Bewußtseinszustand führen mag, so ist er doch nur ein Mittel, eine vorübergehende Stufe und einzig gerechtfertigt durch die Bedeutung der spirituellen Lektion. Wir wollen diesen Punkt

[1] Dies bedeutet jedoch nicht, daß ein körperliches Gebrechen ein unüberwindbares Hindernis auf dem Weg zur Harmonie der Seele ist, wie kürzlich von einem Autor behauptet wurde.

nicht weiter vertiefen. Zuviel an gegensätzlichen Gefühlen, an Polemik ist über die Berechtigung von Krankheit, Leid, Tod oder Krieg geäußert worden. Die jeweilige Überzeugung wird durch das eigene Verständnis, die eigenen Überlegungen und Meditationen bestimmt und ist somit zutiefst persönlich.

Zahlreiche Lehren zeigen dem Schüler, wie er den Ablauf der verschiedenen physiologischen Prozesse seines Körpers verbessern kann. Ihre Beherrschung ist ein erster Schritt bei der Meisterung des materiellen Lebens.

Wichtigstes Prinzip ist dabei ein gesundes Leben, das auf bewußter Ernährung und bewußter Atmung beruht. Diese beiden grundlegenden Punkte, die nicht nur im Umkreis der Einweihungswissenschaft bekannt sind, tragen wesentlich zur Harmonisierung bei. Denn der eigentliche Motor des Körpers ist die ihn durchströmende Lebenskraft; ihre schlechte Verteilung ruft Leiden, Krankheit und Tod hervor. Wo kommt sie her? Vor allem aus der Nahrung, die wir aufnehmen, dem Wasser, das wir trinken, der Luft, die wir atmen. Dazu kommt die geheimnisvolle Strahlung des Kosmos, in dem der Universelle Geist wohnt, sowie die nicht minder geheimnisvolle Strahlung des Bodens, auf dem wir leben.

Die meisten Krankheiten der modernen Zivilisation scheinen auf schlechte Atmung und fehlerhafte Ernährung zurückzuführen sein. Die Unterrichtung in Atemtechnik ist infolgedessen ein Aufgabengebiet der traditionellen initiatischen Organisationen, für die der menschliche Körper ein möglichst würdiges Behältnis der ihn bewohnenden Seele sein soll. Der *Tempel des Menschen* darf weder durch den Kontakt mit »unreinen« Stoffen (Alkohol, Tabak, Drogen etc.) beschmutzt noch vernachlässigt werden, denn dies würde seinen baldigen Ruin bedeuten. Die Reinigung und Wiederherstellung erfolgt durch Atemübungen in einem speziellen Rhythmus und die Aufnahme »belebender« Nahrung, die die für das Gedeihen der Zellen unerläßlichen Elemente enthält; daraus folgt auch, daß überflüssige Nahrungsmittel – solche mit sehr hohem Kaloriengehalt oder schlicht schädliche – gemieden werden.

Wenn die »Maschine Mensch« dank dieser ersten, notwendigen Disziplin besser funktioniert, folgen die Übungen zur Entfaltung der psychischen Zentren.

Diese sind – die Tatsache ist heute allgemein bekannt – als besondere Drüsen, Nervengeflechte, spezielle Zonen des Gehirns, des Nervensystems und des Rückenmarks bei jedem Menschen vorhanden, jedoch durch mangelnden Gebrauch verkümmert. Sie entsprechen latenten Fähigkeiten, die der Mensch früherer Zeiten – der Natur verhaftet und mehr instinktiv fühlend als vernünftig überlegend – gebrauchte. Für den in die Geheimnisse des Lebens eingeweihten Druiden, der den Verlauf einer tellurischen Strömung bestimmen und mit Megalithen kennzeichnen wollte, war eine intuitive Wahrnehmung, die aus der engen Verbindung zu den lebendigen Kräften der Natur herrührte, unabdingbar.

»Ebenso wie die vom Gehirn befehligten Nerven sich in eine Vielzahl zweitrangiger Netze aufteilen, durchpflügen die den verschiedenen Nervenzentren Gäas entsprungenen tellurischen Ströme die ganze Erde und beleben sie.«[1]

Um dies feststellen zu können, brauchten unsere Vorfahren neben einer tiefen Empfindsamkeit eine bemerkenswerte Beobachtungsgabe sowie die Fähigkeit, zu analysieren und Schlüsse zu ziehen. Auch bei ihnen standen also physische Erfahrung und die Übung der mentalen Fähigkeiten im Gleichgewicht.

Die modernen Druiden, die behaupten, das Wissen ihrer illustren Vorfahren zu besitzen, lehren nichts anderes. Ziel ist, die Empfänglichkeit des Schülers zu erhöhen, damit er die Informationen einer bislang unbekannten, darum aber nicht minder realen Quelle empfangen kann. Er wird sich bereichert fühlen, unendlich befriedet, und während dieser tiefen Meditationen die offenbarende Inspiration erfahren.

»›Sammle dich in absoluter Stille‹, heißt es im Barddas oder Buch der Barden, ›und du wirst den Namen, den deine Lippen nicht aussprechen können, im Innersten deiner Seele hören.‹ Lauscht also auch ihr in der Stille der Nacht, bei euch zu Hause oder in der freien Natur, und eure Ohren werden ein Geräusch hören, einen Ton jenseits aller Töne, den euer sechster Sinn, die Wahrnehmung, mehr empfinden als hören wird. Es ist nicht das Brausen des Blutes in den Ohren, denn auch Taube nehmen es wahr; es sind, in einem hohen und sehr schnellen

---

[1] Paul Bouchet, Les Druides, S. 213

Rhythmus, drei Töne, die wir mangels geeigneterer Vokale durch OIV oder OID wiedergeben. Es ist der Name Gottes, der still im Raum hallt.«[1]

Die durch die Aktivierung dieser Zentren erzielten Ergebnisse werden im allgemeinen übernatürlich genannt, obwohl eigentlich nur sehr Natürliches geschieht. Der Eingeweihte wendet lediglich die Gesetze an, die er erfährt; wenn ein Gesetz z. B. die Aufnahme und Übertragung von Gedanken betrifft, wird er versuchen, die besten Bedingungen für das Funktionieren der Telepathie herzustellen.

Neben der Telepathie kann ein weiteres Ergebnis der Entwicklung der psychischen Zentren die Einflußnahme des Geistes auf die Materie sein. Andere Praktiken erlauben die Heilung von Krankheiten durch direkten Kontakt oder auf Distanz. Eine zeitgenössische Druiden-Gemeinschaft lehrt heute die Geheimnisse einer Therapie, die den Einfluß des menschlichen Magnetismus auf die Energieströme des Körpers (analog dem Fließen tellurischer Ströme im Inneren der Erde) mit der Kraft einer positiven Lebenseinstellung verbindet.

Verschiedene Rosenkreuzer-Gruppen lehren ihre Mitglieder die Achtung vor den Naturgesetzen und die Kunst, diese zu benutzen, um ein physisches und psychisches Gleichgewicht herzustellen.

In diesem Zusammenhang werden häufig zwei Fehler begangen. Zum einen wird oft behauptet, das der Erwerb psychischer Kräfte eine unumgängliche Stufe der mystischen Entwicklung sei. Hierzu wäre zu fragen, ob die Vertreter dieser Meinung nicht über das Wort Jesu nachgedacht haben, das da heißt: »Suchet zuerst das Reich Gottes, und alles andere wird euch gegeben werden«? Was ist das Reich Gottes anders als die Weisheit, die durch Arbeit, Demut und Liebe gewonnen wird?

Der zweite, in der Öffentlichkeit noch weiter verbreitete Irrtum besteht darin, diese Fähigkeiten für übernatürlich zu halten und sie als eine »Gabe« anzusehen, die lediglich einer beschränkten Anzahl von Menschen gewährt wurde. Die genannten Kräfte gehören weniger in den Bereich des Wunderbaren, als es zunächst vielleicht scheinen mag. Raymond

---

[1] Paul Bouchet, Les Druides, S. 31 f.

Bernard, ehemaliger Großmeister des AMORC für die französischsprachigen Länder, bemerkt dazu:

»Es gibt keine psychischen Kräfte im üblichen Sinne. Der Mensch als ganzheitliches Wesen verfügt über außerordentliche Fähigkeiten, von denen er aufgrund seiner Erziehung und seiner Lebensweise im allgemeinen nur einen winzigen Teil entwickelt; die Wissenschaft behauptet, zwischen fünf und zehn Prozent. Damit ist das angebliche Problem der psychischen Kräfte gelöst. Sie sind keine besondere ›Gabe‹. Unterschiedslos alle Menschen besitzen sie, aber sie werden nur von denen benutzt, die gelernt haben, sie zu entwickeln – ebenso wie man das Gedächtnis oder die Konzentrationsfähigkeit entwickelt. Ein wesentlicher Unterschied jedoch besteht: Der Erwerb dieses Wissens in Theorie und Praxis führt dazu, daß die Menschen sich harmonisch entwickeln.«[1]

Der Schüler, der seine latenten Fähigkeiten ausbaut, gelangt so allmählich zu einem Bewußtseinszustand, in dem er den Sinn des kosmischen Gesetzes verstehen und verinnerlichen kann – nicht weil er eine bestimmte Kraft besitzt, sondern weil sein ganzes Wesen sich harmonisch entwickelt hat.

---

[1] Raymond Bernard, Messages du Sanctum Céleste, S. 91

# Einweihungsrituale und Zeremonien

Die von den traditionellen Einweihungswegen benutzte Symbolik tritt nicht zuletzt bei den Zeremonien zutage. Das *rituelle Drama* ist einer Einweihungstechnik vergleichbar, bei der der Intellekt und das Unbewußte der beteiligten Personen gleichermaßen angesprochen werden und die verwendeten Mittel zum immer gleichen Ergebnis führen. Um dieses Ergebnis zu erhalten, bedarf es als erstes der Stille, d. h. der Abgeschiedenheit von der äußeren Welt. Damit soll nicht nur ein der Sammlung abträglicher Einfluß ferngehalten werden, sondern auch dem Nicht-Eingeweihten der Inhalt des Rituals verborgen bleiben.

Ganz gleich, wo die Einweihung stattfindet - bei den Druiden unter freiem Himmel, bei Rosenkreuzern, Freimaurern, Martinisten und Gesellenbruderschaften in geweihten Tempeln –, immer sollte die Einstellung der Teilnehmer zum Ritual gleich sein: Die Offizianten, Träger des Symbols und des spirituellen Einflusses, müssen sich der Bedeutung und der Tragweite des Rituals bewußt sein und würdig handeln. Von ihrer Haltung hängt die Authentizität der Botschaft ab und die Glaubwürdigkeit, die der Kandidat ihr beimißt.[1] Der Bewerber, der den Ablauf der Zeremonie aufmerksam verfolgt, wird jene emotionale Bestürzung empfinden, die das äußere Zeichen seiner inneren Erfahrung ist.

Das Ritual selbst besteht aus mehreren Teilen. Es beginnt mit der Reinigung, die den Kandidaten geistig und körperlich

---

[1] Die Glaubwürdigkeit der Einweihungsbotschaft hängt wesentlich von ihrem Vermittler, d. h. dem Einweihenden ab; oft, wenn nicht sogar meistens, handelt es sich bei ihm nicht um einen Erleuchteten, sondern um einen Suchenden wie viele andere, der seine Hauptaufgabe darin sieht, zu dienen. Er gibt anderen, was er selbst erhalten hat. Dabei hat er vollkommen unpersönlich vorzugehen und die Botschaft so widerzugeben, wie sie ihm anvertraut wurde, d. h. ohne sie durch persönliche Interpretation zu verändern. Die Nichtbeachtung dieses Prinzips würde die Verbindung zwischen dem Einzuweihenden und dem Weg zerstören, weil zur Einheitlichkeit der Lehre keine Harmonie bestünde.

auf das Licht vorbereitet und z. B. bei den Rosenkreuzern durch Fasten, Meditation und innere und äußere Waschungen erfolgt. Daran schließt sich der symbolische Tod an. Im Altertum mußte der Kandidat sich in einen Schrein, ein Grab oder einen Sarkophag legen und wurde dort eine Zeitlang seinen Gedanken und nur allzuoft auch seiner Angst überlassen. Ein Schrein in der Königskammer der Cheops-Pyramide scheint diesem Zweck gedient zu haben. Ähnlich ist das Vorbereitungszimmer der Freimaurer, ein kleines, schwarz gehaltenes Zimmer mit symbolischem Mobiliar und Dekor, in dem der zukünftige Maurer sein philosophisches Testament verfaßt. Damit »stirbt« der Kandidat für die Welt der Illusion, um in der Wirklichkeit wiedergeboren zu werden. Aber er kennt sich in seiner neuen Umgebung noch nicht aus: verschiedene »Reisen« unter Anleitung seines Lehrers führen ihn innerhalb des Tempels in die vier Himmelsrichtungen. Dort kommt er mit den vier Elementen in Berührung, die ihn nochmals reinigen. Nach der Enthüllung der eigentlichen Lehren folgt das letzte Ritual der Zeremonie, die Rückkehr in die Welt. Der nunmehr Eingeweihte muß den heiligen Ort verlassen, um im Maße des ihm Möglichen der leidenden Menschheit zu helfen. Die Rückkehr in die Welt der Finsternis wird durch das Löschen der Kerzen angedeutet.

Die hier kurz beschriebenen Einweihungsrituale finden sich – außer in der Alchemie, die keine rituellen Zeremonien besitzt – bei allen in diesem Buch angesprochenen Wegen. Beispielhaft für die an den Kandidaten gerichteten Fragen möchten wir nachstehend einen Abschnitt aus Oswald Wirths »Freimaurer-Katechismus für Lehrlinge«[1] wiedergeben und kommentieren. Ebenso wie bei der Aufnahme als Geselle oder als Meister handelt es sich um einen Dialog zwischen dem Meister der Loge und dem Freimaurer. Die Fragen und besonders die Antworten sollen den Sinn bestimmter Phasen der Einweihung verdeutlichen.

FRAGE: Welche Form hat Ihre Loge?
ANTWORT: Ein längliches Viereck.

---

[1] O. Wirth, La Franc-Maçonnerie rendue intelligible à ses adeptes, Bd. 1. S. 175 – 183

FRAGE: Wie verläuft ihre Längsrichtung?
ANTWORT: Von Osten nach Westen.
FRAGE: Ihre Breitseite?
ANTWORT: Von Süden nach Norden.
FRAGE: Ihre Höhe?
ANTWORT: Vom Zenit zum Nadir.
FRAGE: Was bedeuten diese Maße?
ANTWORT: Daß die Freimaurerei universell ist.

Die Loge ist ein Universum im kleinen, ein Mikrokosmos. Wie ein Kind in der materiellen Welt das Laufen lernt, so muß der Lehrling das rechte Gehen zwischen den Säulen der Einweihung[1] lernen.

FRAGE: Warum erstreckt Ihre Loge sich von Osten nach Westen?
ANTWORT: Wie alle heiligen Gebäude früher ist sie nach Osten ausgerichtet, um daran zu erinnern, daß die Freimaurerei ihren Adepten die Richtung angibt, aus der das Licht kommt. Es ist die Aufgabe der Freimaurer, sich auf den vorgezeichneten Weg zu machen und zur Eroberung des Wahren aufzubrechen.

Die Längsachse der großen, von den Freimaurern im Mittelalter errichteten Kathedralen ist stets parallel zum Äquator ausgerichtet.

FRAGE: Was verstehen Sie unter dem Wort Loge?
ANTWORT: Sie ist ein geheimer Ort, der den Maurern als Schutz dient, um ihre Arbeiten zu bedecken.

Zur Zeit der großen Bauhütten war die Loge eine Art Bretterverschlag, in dem die Arbeiter ihre Werkzeuge ablegten; später wurde sie auch als Versammlungsort benutzt. Seit der Einführung der spekulativen Freimaurerei ist sie der materielle Ort, an dem sich der Tempel befindet. Aber auch jede Zusammenkunft von Freimaurern mit dem Ziel, zwischen Winkelmaß und Zirkel zu arbeiten, stellt eine Loge dar. Sie ist also überall da, wo »freie Männer von gutem Ruf« sich aufhalten. Daher ihre Universalität.
FRAGE: Warum müssen die Arbeiten der Freimaurer bedeckt ausgeführt werden?

---

[1] Gemeint sind die beiden Säulen Jachin und Boas (A. d. Ü.)

ANTWORT: Weil alle Kräfte, die sich nutzbringend draußen entfalten sollen, zunächst auf sich selbst konzentriert werden müssen; wenn sie durch die Kompression reif geworden sind, erreichen sie die maximale Energie nach außen.
FRAGE: Womit läßt sich eine gehörig gedeckte Loge vergleichen?
ANTWORT: Mit einer organischen Zelle, genauer mit einem Ei, das die ganze Kraft eines werdenden Wesens enthält. Jedes denkende Gehirn stellt im übrigen eine geschlossene Werkstatt dar: es ist eine beratende Versammlung, die gegen die Unruhe von außen geschützt ist.
FRAGE: Was sagen Sie, wenn die Arbeiten nicht bedeckt sind?
ANTWORT: Es regnet! (Mit diesem Ausdruck warnen die Maurer sich gegenseitig, wenn ihre Unterhaltung von Unbefugten überrascht werden könnte.)

Die bedeckte Loge verweist auf die Notwendigkeit der Abgeschiedenheit. Während die äußere Welt infolge der Abwesenheit des lenkenden Lichtes in Unordnung und Chaos lebt, stellt die Einweihung – der Freimaurer oder einer anderen Gruppe – die Ordnung dar, die Kenntnis des göttlichen Gesetzes; ihr Symbol ist das Winkelmaß. Die ruhige Arbeit der Loge darf nicht durch den Lärm der Menge gestört werden. Deshalb muß der Tempel bedeckt sein.

FRAGE: Was sind die Stützen Ihrer Loge?
ANTWORT: Drei große Säulen, die man Weisheit, Kraft und Stärke nennt und die symbolisch durch den M.˙.v.˙.St.˙. und die beiden A.˙. dargestellt werden.[1]
FRAGE: Wieso stützen diese allegorischen Säulen Ihre Loge, d. h. wie können sie auf die konstruktive Arbeit der Maurer einwirken?
ANTWORT: Die Weisheit erdenkt, die Kraft führt aus und die Schönheit schmückt.
Die Symbolik der drei Säulen hat ihre Entsprechung im Gralsmythos. Ebenso wie nur der Ritter, dessen Herz rein ist und der den rechten Weg geht, zur Anschauung des Grals kommt, kann die vierte Säule des Tempels nur der Meister sehen, der die Erleuchtung erlangt hat.

[1] Gemeint sind der Meister vom Stuhl und die beiden Aufseher (A. d. Ü.)

FRAGE: Warum wollten Sie Freimaurer werden?
ANTWORT: Weil ich in der Finsternis war und das Licht suchte.
FRAGE: Erklären Sie diese Antwort.
ANTWORT: Die Gesellschaft, in der wir leben, ist nur halb zivilisiert. Die wesentlichen Wahrheiten sind von dichten Schatten umgeben, Vorurteile und Unwissenheit töten sie, die Gewalt unterdrückt das Recht. Wahrheit und Licht werden am ehesten in den Tempeln der Freimaurer zu finden sein, wo erprobte und auserwählte Menschen arbeiten und studieren.

Nur wer in der Finsternis wandelt, sucht das Licht. Nur wer in Gefahr ist, kann gerettet werden. Und nur wer aufrichtig versucht, dem Tod des Körpers, der Seele und des Geistes zu entgehen, kann durch die Einweihung erleuchtet werden.

FRAGE: Wie waren Sie bekleidet, als man Ihre Einweihung vornahm?
ANTWORT: Ich war weder völlig nackt noch völlig bekleidet, aber geziemend bedeckt und ohne jegliches Metall.
FRAGE: Warum diese Gewandung?
ANTWORT: Eines Teils meiner Kleider entledigt, weil die Tugend keines Zierrats bedarf;
das *Herz unbedeckt* zum Zeichen der Aufrichtigkeit und Offenheit;
das *rechte Knie frei* zum Zeichen der Demut, die die Suche nach dem Wahren leiten muß;
den *linken Fuß bloß* in Anlehnung an einen orientalischen Brauch und aus Achtung vor einem Ort, der heilig ist, weil man in ihm die Wahrheit sucht;
*ohne Metalle* zum Zeichen der Uneigennützigkeit und um zu lernen, sich ohne Bedauern von allem zu trennen, was der Vervollkommnung schaden kann.

Damit wird angedeutet, daß der Bewerber sich all seiner alten Leidenschaften entledigen muß. Seine Seele wird im gleichen Maße frei wie sein Körper; denn ebenso wie sein einziger Schmuck ein Schurz aus dem Fell eines Zickleins sein sollte, so sollte sein einziges Streben allein der Suche nach dem Guten gelten.

FRAGE: Wie sind Sie in die Loge geführt worden?
ANTWORT: Durch drei laute Schläge.

FRAGE: Was bedeuten sie?
ANTWORT: Bittet, und ihr werdet erhalten (das Licht); suchet, und ihr werdet finden (die Wahrheit); klopft an, und euch wird die Türe aufgetan (die Pforten des Tempels).

Hier finden wir wieder die Dreizahl, die auch in der Auflösung einer der folgenden Triaden bestehen könnte:
Was schuldet der Mensch Gott?
Was schuldet der Mensch sich selbst?
Was schuldet der Mensch den anderen?

oder:

Woher kommst Du?
Wer bist Du?
Wohin gehst Du?

FRAGE: Was ist geschehen, nachdem Sie in den Tempel geführt wurden?
ANTWORT: Nachdem ich verschiedene Prüfungen abgelegt und die Zustimmung meiner Brüder erhalten habe, hat der Meister der Loge mich als Maurer aufgenommen.
FRAGE: Worin bestanden die Prüfungen und was bedeuten sie?
ANTWORT: Sie bestanden in drei Reisen, die mir den Weg zeigen sollten, der zur Wahrheit führt.
FRAGE: Was haben Sie nach diesen Prüfungen getan?
ANTWORT: Ich habe versprochen, die Geheimnisse des Ordens zu wahren und unter allen Umständen als guter und loyaler Maurer zu handeln.
FRAGE: Worin bestehen die Geheimnisse des Ordens?
ANTWORT: In der Kenntnis abstrakter Wahrheiten, die ihren Ausdruck in der Symbolik der Freimaurer finden.

Nachdem er in den Tempel geführt worden ist, unternimmt der Kandidat drei Reisen, in deren Verlauf er mit verschiedenen Prüfungen konfrontiert wird; sie entsprechen der Reinigung durch die Elemente – das Feuer steht an letzter Stelle – und sind mit Taufen gleichzusetzen.

FRAGE: Was haben Sie beim Betreten der Loge bemerkt?
ANTWORT: Nichts, was der menschliche Geist verstehen könnte: ein dichter Schleier bedeckte meine Augen.

FRAGE: Wie erklären Sie diese Antwort?

ANTWORT: Die Gegenwart der Wahrheit allein genügt nicht, damit der Mensch sie wahrnimmt. Das Licht erleuchtet den menschlichen Geist nur dann, wenn nichts sich seinem Strahlen widersetzt. Solange Täuschungen und Vorurteile uns blind machen, herrscht in uns Dunkelheit und macht uns für den Glanz des Wahren unempfindlich.

Die Binde vor den Augen hindert den Kandidaten daran, das helle Licht des Tempels wahrzunehmen. Die Sichtweise und das Verständnis des Nicht-Eingeweihten stehen wie eine undurchsichtige Mauer zwischen der Wahrheit und seinem inneren Wesen; wenn die Binde schließlich fällt, blendet das übergroße Licht die an die Dunkelheit gewöhnten Augen. Erst nach einer erneuten Anstrengung sieht man tatsächlich.

FRAGE: Was haben Sie gesehen, als Sie das Licht erhielten?
ANTWORT: Die Sonne, den Mond und den Meister der Loge.
FRAGE: Welche Beziehung besteht zwischen diesen Sternen und dem M.˙.d.˙.L.˙.?
ANTWORT: Die Sonne bedeutet die Vernunft, die den Verstand erleuchtet; der Mond die Vorstellungskraft, die die Ideen mit einer geeigneten Form umgibt; der Meister der Loge symbolisiert das bewußte Prinzip, das unter dem Einfluß von Vernunft (Sonne) und Vorstellungskraft (Mond) erleuchtet wird.
FRAGE: Wo hält sich der Meister der Loge auf?
ANTWORT: Im Osten.
FRAGE: Warum?
ANTWORT: Ebenso wie die Sonne im Osten erscheint, um den Tag zu eröffnen, befindet sich auch der Meister im Osten, um die L.˙. zu öffnen und die Arbeiter für das Werk einzuteilen.
FRAGE: Wo befinden sich die Aufseher?
ANTWORT: Im Westen, um dem M.˙. der L.˙. bei seinen Arbeiten zu helfen, die Arbeiter zu entlohnen und sie zufrieden zu entlassen.
FRAGE: Was bedeutet der Westen im Vergleich zum Osten?
ANTWORT: Der Osten bezeichnet die Richtung, aus der das Licht kommt, und der Westen die Gegend, in der es stillsteht.
Der Westen bedeutet also die sichtbare, konkrete Welt, während der Osten die übersinnliche, abstrakte Welt darstellt, die sich nur dem Geist offenbart.
FRAGE: Wo halten sich die Lehrlinge auf?

Antwort: Im Norden, der Gegend, die am wenigsten hell ist; sie haben erst eine Grundausbildung in der Maurerei erhalten und können zu helles Licht nicht ertragen.
Frage: Wann eröffnen und schließen die Maurer ihre Arbeiten?
Antwort: Allegorisch gesprochen beginnen die Arbeiten mittags und enden um Mitternacht.
Frage: Was bedeuten diese konventionellen Zeiten?
Antwort: Sie zeigen an, daß der Mensch die Hälfte seiner Bahn, den Mittag seines Lebens, erreicht, bevor er seinen Mitmenschen nützlich sein kann, daß er aber von diesem Augenblick an bis zu seiner letzten Stunde unablässig für das Wohl aller arbeiten muß.
Frage: Was bedeutet der Brauch, sich nach der Uhrzeit zu erkundigen, bevor man handelt?
Antwort: Eine Handlung ist nur dann sinnvoll, wenn sie im passenden Augenblick stattfindet.

Ungeduld vernichtet das Entstehende. Der richtige Moment ist wichtig. Zu frühes oder zu spätes Handeln führen gleichermaßen zu Mißerfolg. Beginn und Beendigung der Arbeiten erfolgen zu symbolischen Tageszeiten; die wichtigste Arbeit findet zwischen der sechsten und der neunten Stunde statt.

Frage: Wie alt sind Sie?
Antwort: Drei Jahre.
Frage: Was bedeutet diese Antwort?
Antwort: Die Frage nach dem Alter eines Freimaurers ist die Frage nach seinem Grad. Der Maurerlehrling ist drei Jahre alt, weil er in das Geheimnis der ersten drei Zahlen eingeweiht werden muß.
Frage: Was sind diese Geheimnisse?
Antwort: Logische Konsequenzen der wahren Eigenschaften der Zahlen. Der Verstand stützt sich auf diese abstrakten Begriffe, wenn er das Problem der Existenz der Dinge lösen will.
Frage: Was haben Sie beim Studium der Zahl Eins gelernt?
Antwort: Daß alles eins ist, weil nichts außerhalb des Ganzen existieren kann.
Frage: Wie formulieren Sie die Prinzipien, die Ihnen die Zahl Zwei offenbart?

ANTWORT: Die menschliche Intelligenz setzt dem, was eins und grenzenlos ist, künstlich Grenzen. Die Einheit wird zwischen zwei Extremen eingeschlossen, die reine Abstraktionen sind; nur die Worte geben ihnen einen falschen Anschein von Wirklichkeit.
FRAGE: Was schließen Sie daraus?
ANTWORT: Daß das Symbol des Seins, der Wirklichkeit oder der Wahrheit die Zahl Drei ist.
FRAGE: Warum?
ANTWORT: Weil das Sein –oder das, was ist – uns als dritter oder mittlerer Begriff erscheint, in dem die einander entgegengesetzten Extreme ausgeglichen sind.

Erinnert dies nicht an die bereits zitierte Triade: »Der ursprünglichen Wahrheiten sind drei, und mehr kann es nicht geben: Ein Gott, eine Wahrheit, eine Freiheit, Punkt des Ausgleichs zwischen allen Gegensätzen«?

FRAGE: Woran arbeiten die Lehrlinge?
ANTWORT: Sie behauen den rauhen Stein, um ihn von Unebenheiten zu befreien und ihn einer Form anzunähern, die mit seiner Bestimmung in Zusammenhang steht.
FRAGE: Was ist dieser rauhe Stein?
ANTWORT: Es ist der Mensch selbst, der als grobes Produkt der Natur dazu bestimmt ist, durch die Kunst geglättet und verwandelt zu werden.
FRAGE: Was sind die Werkzeuge des Lehrlings?
ANTOWRT: Meißel und Hammer.
FRAGE: Was bedeuten sie?
ANTWORT: Der Meißel bedeutet den festgehaltenen Gedanken, die getroffenen Entscheidungen; der Hammer den Willen, diese auszuführen.
FRAGE: Was bedeutet der Gang der Lehrlinge?
ANTWORT: Den Eifer beim Zugehen auf den, der uns erleuchtet.
FRAGE: Haben Sie irgendeinen besonderen Ehrgeiz?
ANTWORT: Nur einen: Ich möchte von den Gesellen empfangen werden.

ARBEITET UND BLEIBT STANDHAFT

# Mythen als Stütze der Einweihung

Die mystischen Lehren eines Kulturkreises werden sowohl durch Religion und esoterisch-okkulte Theorien als auch durch die volkstümliche Überlieferung – Mythen, Sagen und Märchen – von Generation zu Generation weitergegeben. Der symbolische Gehalt letzterer wird oft verkannt. Die Masse sieht oft nur die Jagd nach dem Schatz und eine Fabulierkunst, die das Wunderbare liebt und sich um die historische Wahrheit wenig kümmert. Der eingeweihte Forscher jedoch erkennt hinter der Allegorie die Botschaft:

»In den Märchen kommt es oft vor, daß der Held aufbrechen muß, um ein unbekanntes Land, einen verborgenen Gegenstand oder eine verschwundene Verlobte zu suchen. Durch die Hilfe übernatürlicher Kräfte gelingt es ihm, alle Hindernisse zu überwinden und seine Reise, die seine initiatische Entwicklung spiegelt, zu einem guten Ende zu führen. Der Held ist oft ein junger Mann oder der jüngste von drei Brüdern oder aber ein Kind – was an die erst ansatzweise bekannten Geheimnisse erinnert. Es kann auch vorkommen, daß der Held sich selbst finden muß, z. B. wenn er in ein Tier verwandelt wurde. Der Vorgang der Verwandlung ist sehr bezeichnend. Oder er hat einen Teil seines Körpers oder eine besondere Fähigkeit verloren, wie z. B. die Stimme, das Augenlicht, die Intelligenz, die Jugend, die Schönheit. Noch eindeutiger ist, wenn er sein Herz oder das Licht sucht.«[1]

Die schlecht verstandene, schlecht vermittelte, zuweilen ins Triviale umgestaltete volkstümliche Tradition hat ihre Verbindung zum initiatischen Ursprung verloren und ist der Öffentlichkeit nur noch durch einige Bräuche bekannt, die mit dem mystischen Erfahrungsschatz eines Volkes sehr wenig zu tun haben.

---

[1] Luc Benoist, L'Esotérisme, P. U. F., S. 36

Als Tradition bezeichnen wir hier die Gesamtheit der Kenntnisse und Prinzipien, die von den Anfängen eines Volkes oder einer Kultur an von Menschen, die einen Grund für ihr Dasein auf der Erde suchten und ihre Beziehung zum Göttlichen bestimmen wollten, weitergegeben wurden – ein riesiges Reservoir also, in dem sich im Laufe der Zeit die Ergebnisse des Meditierens und Forschens vieler Suchender anhäuften. Die Tradition erlaubt den Mitgliedern der jeweiligen Gruppe, sich einer kosmischen Wirklichkeit bewußt zu werden, die über das menschliche Dasein hinausgeht und bildet ein Gemeingut, an dem jeder teilhat, für das aber auch jeder verantwortlich ist. Sie wird meist mündlich weitergegeben, vom Wissenden zum Noch-nicht-Wissenden, vom Lehrer zum Schüler.

Am Anfang – aber wann und wo war dieser Anfang? – gab es wahrscheinlich nur eine Tradition. Ebenso wie gemeinhin auch die Rede ist von einem Volk, einer Sprache, von Prinzipien, die der ganzen Menschheit bekannt waren. Ein Garten Eden also, in dem jeder durch psychische Verbindung oder direkte intuitive Wahrnehmung zu diesen Kenntnissen Zugang hatte? Dies würde dem kosmischen Bewußtsein entsprechen, der Akasha-Chronik. Der Zugang zu ihr erfolgt durch die traditionellen Wissenschaften – Wahrsagekunst, Symbolik, Kabbala –, nicht zuletzt aber durch einen Weg zum Licht, der zur Selbstverwirklichung führt.

## *Keltische Mythologie*

Zahlreiche mythologische Erzählungen enthalten neben historischen Aspekten Hinweise auf den Glauben, die Götterwelt und die Weltanschauung der Kelten. Obwohl die zu unterschiedlichen Zeiten verfaßten Berichte meist irischen Ursprungs sind, wird aus ihnen auch das Brauchtum Großbritanniens und der Bretagne deutlich. Vorherrschendes Thema sind Heldentaten und kriegerische Auseinandersetzungen, die sich aus den Rivalitäten zwischen Stämmen oder Völkern ergeben.

An Anlässen mangelt es nicht: Da werden Frauen oder Haustiere geraubt, Schmuck oder rituelle Gegenstände gestohlen, man will ein besseres Stück Land besitzen oder eine tatsächliche oder eingebildete Beleidigung rächen...

Diese Erzählungen sind mit einer gewissen Vorsicht zu betrachten; sie wurden ursprünglich von den Barden überliefert, die sie als Stütze ihrer Lehren verwendeten, und sind zum Teil allegorisch. Das Wunderbare ist ständig gegenwärtig, und magische Verfahren und druidische Zauberei sorgen dafür, daß die jeweils bevorzugte Partei den Sieg davonträgt. Die Bedeutung der Druiden wird aus diesen Heldengedichten jedenfalls sehr deutlich. Die magische Tat an sich ist zwar wenig glaubwürdig – aber der Text will auch kein historisches Zeugnis liefern, sondern ein höheres Wissen und die damit einhergehenden Kräfte andeuten. Das Leben von Helden wie Cûchulainn oder Conchobar und mehr noch das des Weisen Merlin ist ganz von diesem Wunderbaren geprägt.

Bei Cûchulainn, dessen eigentlicher Name Setanta lautet, weiß man gleich, daß es sich nicht um einen gewöhnlichen Helden handelt. Bereits seine Empfängnis und seine Geburt sind erstaunlich, denn er wird dreimal geboren. Das erstemal von einer unbekannten Frau, der Dechtire, die Schwester des Conchobar, beisteht. Das zweitemal von Dechtire selbst, die beim Wassertrinken durch den Mund befruchtet wird; im Traum erscheint ihr ein Mann, der sich als Lug ausgibt und behauptet, der Vater des Kindes zu sein. Sie treibt heimlich ab, und als sie mit Sualtam verheiratet ist, wird sie erneut schwanger – und nun wird Cûchulainn geboren. Diese dreifache Geburt ähnelt der, von der der Barde Taliésin singt:

»Dreimal bin ich geboren ... Ich war tot, ich war lebendig, ich bin wie ich war ... Ich war eine Hirschkuh in den Bergen ... Ich war ein bunter Hahn ... Ich war ein roter Hirsch; jetzt bin ich Taliésin.«

Damit vergleichbar ist auch die Prophezeiung des Barden Gwenc' hlan, der blind ist, aber über den inneren Blick verfügt und als Inhaber des druidischen Wissens an die drei Kreise der Existenz glaubt:

»Unwichtig ist, was geschehen wird;
was sein muß, wird sein.
Jeder muß dreimal sterben,
bevor er schließlich Ruhe findet.«

Sowohl als Kind wie auch als Erwachsener erlebt Cûchulainn Kämpfe und Heldentaten, bei denen die druidische Magie, über die er aufgrund seiner übernatürlichen Herkunft verfügt, voll zur Geltung kommt. So kann er sein körperliches Aussehen verändern und kennt Beschwörungsriten (Feuer und druidische Kreise, Runen-Zeichen und Ogham-Buchstaben, Besessenheit), die mit schwarzer Hexerei jedoch nichts zu tun haben. Andere Zauberer – männliche und weibliche Druiden, an denen es nicht mangelt – können seine Arbeit stören oder zunichte machen, was das nur scheinbare Vorhandensein dieser Künste beweist; tatsächlich haben die eingesetzten Mittel vor allem den Zweck, die Vorstellungskraft des Feindes zu beeindrucken.

Die Magie ist jedoch hauptsächlich das Gebiet des Zauberers Merlin, der alle Geheimnisse dieser Wissenschaft beherrscht. Er kann die Zukunft voraussagen, kennt den Gang der Gestirne und weiß ihre guten oder schlechten Einflüsse auf das Leben der Menschen zu bestimmen. Er kann verzaubern und behexen und kennt die Wirksamkeit von Pflanzen und heilenden Orten; zur Krankenpflege verwendet er das Wasser gewisser Quellen. Er befiehlt den vier Elementen und kann Wind, Regen, Gewitter oder Sturm auslösen und aufhören lassen. Dies alles entspricht den Kräften, die den Druiden zugesprochen wurden. Aus den Erzählungen werden also Poesie und Psyche der Kelten – die feinsinniger sind, als gemeinhin angenommen wird – ebenso deutlich wie die theoretischen (Theologie, initiatische Gedichte) und praktischen (Rituale der Weihung und Verwünschung) Aspekte der druidischen Philosophie.

## *Griechische Mythologie und Alchemie*

### DER NEMEISCHE LÖWE

Dieses gefürchtete Tier terrorisierte die Bevölkerung von Nemea. Bereits sein Brüllen war so furchterregend, daß die verschreckten Bewohner in ihre Häuser flüchteten, weil sie sich nicht zu verteidigen wußten. Herakles erklärte sich bereit, das Untier zu töten. Er schoß zunächst seine Pfeile auf es ab, die jedoch das dicke Fell nicht durchdrangen. Daraufhin warf er seinen Bogen weg, trieb das Tier in seine Höhle, verschloß einen ihrer Eingänge und versuchte, es mit seiner Keule zu töten. Auch dies mißlang, denn die Keule zerbrach. Nun umschlang der Sohn der Alkmene die Bestie und konnte sie nach einem wilden Kampf mit seinem starken Arm erwürgen. Er zog ihr das Fell ab und machte daraus einen Mantel, den kein Eisen durchdringen konnte.

Die Lehre dieser Erzählung? Anscheinend sollte der Künstler keine Angst davor haben, sich seiner Materie zu nähern und einen engen Kontakt mit ihr einzugehen. Wenn er von ihr getrennt bleibt und zu irgendeiner Kunstfertigkeit Zuflucht nimmt (Pfeile, Keule), kann er keinen Erfolg haben; dagegen führt die Vereinigung mit ihr dazu, daß sie ihm all ihre positiven Eigenschaften mitteilt. Das Fell des Nemeischen Löwen sorgt dafür, daß Herakles von *spitzem Eisen* nicht mehr verletzt werden kann:

»Auch wenn er der gelehrteste und feinsinnigste Theoretiker wäre – jemand, der nie zu Hause experimentiert hat, wird sich nicht vorstellen können, wie eng die Verbindung des Künstlers mit seiner Materie – der Dame seiner Gedanken – wird. Oder welche Offenbarungen ihm die Materie durch die Läuterung mit Hilfe des Feuers über seine schlafende Existenz machen kann, so daß er durch das Feuer zum Philosophen wird – philosophus per ignem.«[1]

## DER STALL DES AUGIAS

Augias, König von Elis, besaß zahllose Rinderherden. Seine Ställe, die mehr als *dreitausend* Tiere faßten, waren seit *dreißig* Jahren nicht mehr gereinigt worden, und die riesigen Mengen an Mist verbreiteten in der ganzen Umgebung ihren *fauligen Gestank*. Herakles leitete den Fluß Alpheus um und ließ ihn durch eine in die Mauer geschlagene Bresche in die Ställe eindringen. Das Wasser trug den Schmutz davon und wurde allmählich klarer, bis es schließlich *hell* und *rein* hervorströmte: die Ställe waren von ihren Schlacken gereinigt.

Waschungen sind ein beliebtes Thema der Hermetiker. Das dunkle, stinkende und giftige Wasser muß reinem, kristallklarem Wasser weichen. Das Geheimnis liegt darin, zu wissen, wie man die Materie öffnet: wie man die Wand des Stalls durchbricht, um das *Salz* an den Wänden herauszulösen.

---

[1] Eugène Canseliet, Alchimie, S. 229

## DIE ARGONAUTEN UND DAS GOLDENE VLIES

Dies ist wohl einer der bekanntesten griechischen Einweihungsmythen.

Jason, Sohn des Aison, wird das Recht zur Herrschaft von seinem Onkel Pelias streitig gemacht. Um ihn dessen Machenschaften zu entziehen, vertraut seine Mutter ihn *in Purpur gehüllt* dem Kentauren Cheiron an, der ihn *zwanzig* Jahre lang aufzieht und ihn die Künste, die Wissenschaften und die Achtung vor den Göttern lehrt. Dem Thronräuber Pelias hatte inzwischen ein Orakel geweissagt, daß seine Herrschaft zu Ende gehen würde, wenn ein Mann mit nur *einer Sandale* zu ihm kommen würde. Als Jason so bei ihm erscheint, erkennt er ihn nicht, ist jedoch stark beunruhigt und schickt ihn aus, das Vlies des Widders zu suchen.

Jason läßt das Schiff Argo[1] (»Schnell«) erbauen und sticht, begleitet von 52 tapferen Kriegern, Richtung *Osten* in See. Viele Gefahren und Prüfungen sind zu bestehen, bis die Besatzung des Schiffes nach langer Zeit die Heimat wiedersieht.

Ihr erster Halt auf einer nur von Frauen bewohnten Insel bringt gleich die erste Probe mit sich, die bezeichnenderweise der Sinnlichkeit gilt – neben der Probe der Geduld ist sie wohl am häufigsten.

Dann treffen Jason und seine Begleiter den Seher Phineus, der wie die Druiden Gwenc' hlan und Morda blind ist, aber über die Gabe der Prophezeiung verfügt. Als Dank dafür, daß sie ihn von den Harpyien befreit haben, beschreibt er den Argonauten den Weg zu dem begehrten Vlies und warnt vor einer gefährlichen Meerenge, die ständig im Nebel liegt und deren bewegliche Felsen sich krachend zusammenschieben, um das Schiff des wagemutigen Eindringlings zu zermalmen. Diese Meerenge symbolisiert die *enge Pforte.*

---

[1] Bemerkenswert ist, daß Athene ihm als Mast eine der heiligen Eichen aus dem Wald von Dodona gibt. Erinnern diese Eichen, die sprechen und die Zukunft voraussagen konnten, nicht an die Druiden? Man weiß im übrigen, daß die Griechen erklärten, von den gallischen Druiden unterrichtet worden zu sein; damit gehört die Suche nach dem Goldenen Vlies eindeutig zur westlichen Einweihungstradition.

Nachdem die Argonauten auch diese Prüfung erfolgreich bestanden haben, sind sie eingeweiht, denn nur der Eingeweihte nimmt die Enge überhaupt wahr und kann sie bestehen.

Ihr Schiff bringt sie schließlich an das Ufer von Kolchis, wo sich das Goldene Vlies befindet. Dort herrscht Aietes, der in einem wundervollen Schloß lebt, das ein wirklicher *Palast des Königs* ist: Es besitzt bronzene Säulen, Girlanden aus Weinreben, im Hof vier Springbrunnen, aus denen Wein, Milch, duftendes Öl und wunderbares Wasser fließen. Bevor Jason das »metallene Vlies« erwerben kann, muß er die von Aietes gestellten Bedingungen erfüllen: er muß zwei *feuerspeiende* Stiere mit ehernen Füßen fangen, sie an einen bestimmten Pflug spannen und *vier* Morgen unwegsames Land bearbeiten. Aus den dort anschließend zu säenden Drachenzähnen erwachsen bewaffnete Riesen, die er töten muß.

Ohne die Hilfe Medeas, der Tochter des Aietes, hätte Jason diese Aufgaben nicht bewältigen können. Sie hatte ihm, bevor er sich zu diesem gefährlichen Unterfangen bereiterklärte, eine Salbe gegeben, mit der er seinen Körper und seine Waffen einreiben mußte, um unverwundbar gegen *Eisen* oder *Feuer* zu sein. Die Suche nach dem Goldenen Vlies ist voller hermetischer Bilder, die von vielen Autoren wiederaufgenommen und benutzt wurden. Die beiden Stiere z. B. symbolisieren die zwei Feuer – das äußere und das innere, das gewöhnliche und das philosophische –, die zur Öffnung der Erde des Alchemisten führen.

Der Künstler, der selbst am Ofen arbeitet und bereits eine gewisse Erfahrung mit den merkwürdigen Phänomenen besitzt, die er in seiner kleinen Welt erzeugt, weiß, daß er auf der Hut sein muß und sich nicht überraschen lassen darf.

»Die bewaffneten Soldaten, die aus dieser seltsamen Saat geboren werden und sich sofort wütend umbringen, weisen den Philosophen auf die Notwendigkeit hin, wachsam und vorsichtig zu sein.«[1]

Das gesuchte Vlies gehörte einst dem Widder Chrysomele, der aus der Vereinigung von Poseidon und Theophanie hervorgegangen war; es wurde von Phrixos am Ufer des Phasis an eine

---

[1] Eugène Canseliet, Alchimie, S. 155

Eiche gehängt. Läßt sich von ihm eine Verbindungslinie zum *Stein der Weisen* ziehen?

Als letzte Belohnung einer langen und ungewissen Suche hängt es in den Zweigen einer Eiche und erinnert an die Galle an ihren Blättern und an die Kermesschildlaus. Während die Galle schwarz färbt, läßt sich aus der Kermesschildlaus ein schönes Scharlachrot herstellen. Diese Farben symbolisieren auch Beginn und Ende des *Werkes*.

Am Fuß des Baumes liegt eingerollt ein schrecklicher Drache, der unermüdliche Wächter des Vlieses.[1] Jason tötet ihn, indem er ihm seine Lanze ins Maul stößt, die er vorher mit der Salbe Medeas bestrichen hatte. Ebenso erhält Cyliani von seiner Nymphe eine himmlische Flüssigkeit, mit der sich die Tür des Tempels öffnen läßt.

In diesen Zusammenhang gehört auch der Kampf des Kadmos gegen einen riesigen Drachen, den er mit seiner Lanze durchbohrt und an den Stamm einer *Eiche* heftet. Erst dann kann er an der *Quelle des lebendigen Wassers* schöpfen, das der Höhle des Untiers entströmt.

## *Die chymische Hochzeit des Christian Rosencreutz*

Als Verfasser dieses 1616 in Strasburg erschienenen Werkes gilt gemeinhin Johann Valentin Andreae (1586 – 1654), der auch die »Fama Fraternitatis« und die »Confessio« (1614 bzw. 1615 erschienen) geschrieben haben soll. Denkbar ist jedoch auch, daß es sich bei der »Chymischen Hochzeit« um das gemeinschaftliche Werk einer Gruppe von mystischen und alchemistischen Autoren handelt, die das rosenkreuzerische Gedankengut mit den Mitteln der hermetischen Symbolik gestalteten. Die Nähe von Rosenkreuzertum und Alchemie ergibt sich sowohl aus ihrer jeweiligen Symbolik (Rose, Kreuz, Phönix, Pelikan) als auch aus dem Inhalt ihrer Lehren und tritt

---

[1] Manche sehen in ihm auch die am unteren Ende der Wirbelsäule schlummernde Kundalini-Kraft, die der Eingeweihte wecken und über die verschiedenen Chakren bis zum höchsten Punkt des Kopfes führen kann; nur die von der Erkenntnis geleitete Entwicklung dieser Energie kann verhindern, daß sie sich in einen gefährlichen Drachen verwandelt.

in der »Chymischen Hochzeit« klar zutage. In dieser im Hinblick auf die Vielzahl der Symbole extrem dichten allegorischen Erzählung wird verdeckt die Herstellung des Steins der Weisen beschrieben; Auflösung, Verglühen, Gärung und Kochen werden mit Hilfe verschiedener bezeichnender Handlungen und Situationen dargestellt.

Betrachten wir zunächst die mystischen Aspekte der »Chymischen Hochzeit«.

Die Drangsale der zur Hochzeit Geladenen können mit dem Aufstieg einer Seele bis zur glückseligen Vereinigung mit dem Schöpfer verglichen werden. Der Mensch auf dem Weg zur Einweihung, der sich nach und nach von den Schlacken der materiellen Leidenschaften befreit hat (drei Portale müssen durchschritten werden) und den königlichen Palast betreten darf, wird von Zimmer zu Zimmer geführt, um dort die für seine Einweihung notwendigen Mysterien zu durchleben. Damit wird an die traditionellen Einweihungszimmer erinnert, in denen der Kandidat bestimmte Anweisungen oder Lehren erhält. Sie finden sich bei verschiedenen Einweihungswegen und sind seit dem Altertum bekannt. Als Beispiele seien nur Eleusis oder die ägyptischen Einweihungsschulen genannt, wo die Zeremonien wahrscheinlich in bestimmten Räumen der Pyramide oder unterirdischen Tempeln stattfanden.

Jeder der sieben Tage der Hochzeit beinhaltet Prüfungen und Lehren; jede Stufe ist das Ergebnis der vorhergehenden und geht der folgenden logisch voraus.

Der erste Tag dient der Vorbereitung. In Form eines Traums erlebt Christian Rosencreutz seinen symbolischen Tod. Es kommt ihm vor, als läge er »in einem finsteren Turm neben zahllosen anderen, in schweren Ketten gefangenen Menschen.«[1]

Dies ist die Welt der Erscheinungen, der Bereich der dichten Materie, wo der Unwissende blind dem *Gesetz der Notwendigkeit* unterworfen ist. Er ist Gefangener der Materie, und seine Anstrengungen, sich dem Licht zu nähern, sind vergeblich.

»Wir waren ohne jedes Licht, wimmelten wie die Bienen übereinander und machten so einer dem anderen die Trübsal

[1] Joh. Val. Andreae, Die Chymische Hochzeit…, S. 58

noch schwerer. Da nun weder ich noch sonst einer irgend etwas sehen konnte, fühlte ich doch, wie sich immerzu einer über den anderen erheben wollte, sowie ihm seine Ketten und Fußfesseln um das geringste leichter geworden waren. Wir konnten uns aber nicht erheben, da wir doch alle wie eine Traube zusammenhingen.«[1]

Daß auch hier der Traum eine Rolle spielt, ist nicht weiter erstaunlich. Offenbart das Heilige sich nicht oft durch ihn? Im Schlaf oder im halbwachen Zustand vermittelt der Traum die Intuition, die Botschaft. Auch Cyliani erhält auf diese Weise den Besuch einer Nymphe, die ihn zum Tempel seiner Einweihung führt.

Der zweite Traum dieser Nacht vervollständigt die Vorbereitung Christians auf die initiatischen Geheimnisse, bei denen er Handelnder und Zuschauer zugleich ist: Er sieht nun viele Personen, die wie Marionetten an Fäden hängen, die sich in den Wolken verlieren. Manche Personen hängen sehr hoch, andere tiefer oder gar in der Nähe des Bodens. Ein Greis ist damit beschäftigt, die Fäden durchzuschneiden; der Fall ist natürlich um so härter, je höher die Person gehangen hatte.

Die dahinterstehende Allegorie ist klar: es handelt sich um Stolz und Bescheidenheit. Der Fall des Stolzen am Tag des Gerichts ist um so härter, als er sich dem Gipfel am nächsten glaubte. Wer sich dagegen bescheiden und demütig auf eine weniger hohe oder sogar niedrige Ebene stellt, entgeht dem Zorn des ewigen Vaters.

Die Gefahr des Stolzes besteht für den Kandidaten der Hohen Wissenschaft durchaus. Schon allein die Tatsache, einen initiatischen Weg eingeschlagen zu haben, führt oft dazu, daß der frisch Eingeweihte den Sinn für die Wirklichkeit verliert. Manche glauben in ihrer Euphorie dann sogar, eine besondere Mission zu haben; sie fühlen sich berufen, selbst zu lehren oder parallele Wege zu schaffen – was bei ihren Anhängern oft nur zu Enttäuschung führt. Das Phänomen findet sich häufig bei den zahllosen Pseudo-Orden oder Sekten, deren Lehre eine Mischung verschiedener, bereits bekannter Quellen darstellt.

Der Traum warnt also davor, sich nicht durch trügerische

---

[1] Joh. Val. Andreae, Die Chymische Hochzeit . . ., S. 58

Reden irreleiten zu lassen und sich selbst nicht zu überschätzen. Die mystische Schule ist eine Schule der Geduld und der Demut.

Die hermetische Bedeutung der »Chymischen Hochzeit« ist noch klarer; bereits der Titel deutet die Art der Ehe an, die die beiden Verlobten schließen wollen: Es handelt sich um die Konjunktion der Sonne und des Mondes der Weisen, die Vereinigung des alten Mannes mit dem jungen Mädchen. Diese Hochzeit kann erst nach dem Tode der Bestandteile stattfinden, d. h. ihrer Fäulnis. Diese wird in der Szene des Massakers der königlichen Eheleute beschrieben, das in einem völlig schwarz gehaltenen Raum vor sich geht: der Boden, die Wände, die königlichen Kleider, die Kutten der Geladenen, die Stühle und Laken und sogar der Opferpriester, der ein Mohr ist, haben diese Farbe. Die drei hermetischen Grundtöne kommen in dieser Szene vor: Die königlichen Gewänder sind erst weiß, dann rot; das Blut der Opfer ist rot; Tapeten und Einrichtungsgegenstände sind schwarz. Bei all dem gibt es keine Trauer, denn aus dieser blutigen Hochzeit wird die glücklichste Generation hervorgehen.

Die Jungfrau, die Christian führt, und die eine Personifizierung der Alchemie ist, versichert ihm denn auch:

»Das Leben dieser liegt nun in euren Händen, wenn ihr mir folget, wird dieser Tod vieles noch lebendig machen.«[1]

Aus der dunklen Materie muß die Quelle des lebendigen Wassers fließen, in dem sich die unedlen Metalle auflösen. Sie ist der Jungbrunnen, der das Magnesia, das pontische Wasser, spendet. Es besitzt viele gute Eigenschaften, aber nur wenige wissen es zu finden. Dies behauptet zumindest Nicolas Flamel:

»Aber weil sie blind waren, erkannte niemand es, außer einem, der sein Gewicht untersuchte.«[2]

Die Protagonisten der »Chymischen Hochzeit« sind abwechselnd aktiv und passiv, bald Zuschauer, bald Handelnde des *Werkes*. Der folgende Abschnitt stellt symbolisch die Wirkung des Wassers auf den Körper dar:

»Nachdem wir uns zuerst im Brunnen gewaschen und jeder

---

[1] Joh. Val. Andreae, Die Chymische Hochzeit . . ., S. 123
[2] Nicolas Flamel, Le Livre des Figures Hiéroglyphiques, S. 79

einen Trunk aus der goldenen Schale getan, mußten wir der Jungfrau noch einmal in den Saal folgen, um dort neue Kleider anzulegen, goldgestickte Gewänder, herrlich mit Blumen verziert. Es wurde auch jedem von uns ein Goldenes Vlies gegeben, welches mit Edelsteinen besetzt war, von denen mancherlei Wirkung, je nach der Art der Steine, ausging.«[1]

Die neuen Kleider bedeuten offensichtlich den neuen Zustand; darauf weist auch das neue Goldene Vlies hin, mit dem große Dinge verwirklicht werden können. Allerdings handelt es sich nicht um das wirkliche Goldene Vlies, sondern um seine Anlage, sein Versprechen.

Die »Chymische Hochzeit« ist ein sicherer Führer durch die mystischen und alchemistischen Lehren vom Rosenkreuz. Die mystische Einweihung bringt dem Suchenden Licht und Leben. Ebenso heilt die hermetische Philosophie die unedlen Metalle und macht sie zu philosophischem Gold. Beide Wege führen zum Wissen: der eine durch den Glauben, der andere durch das Studium der Natur.

---

[1] Joh. Val. Andreae, Die Chymische Hochzeit, S. 109

# Dauer der Studien

Es dürfte für den Neueingeweihten selbstverständlich sein, daß die Meisterschaft nicht innerhalb kurzer Zeit zu erreichen ist. Viele von der Esoterik angezogene Menschen haben die mystischen Erfahrungen gesucht und waren enttäuscht, nicht schnell und billig Weisheit und übernatürliche Fähigkeiten zu erwerben. Sie besaßen nicht genügend Demut, Geduld und Mut und verließen den eingeschlagenen Weg. Ihr Stolz verbot ihnen, den Grund ihres Scheiterns bei sich selbst zu suchen.

Die zahlreichen Werke über Okkultismus, Esoterik oder initiatische Erfahrungen haben diese Begriffe einem breiten Publikum bekannt gemacht. Man kennt nun viele Details über die Symbolik und die Rituale der Freimaurer, die Lehren der Rosenkreuzer und die Bedeutung hermetischer Symbole. Und eines Tages überlegt man sich: Was? Das ist alles? Das sollen die Einweihungsgeheimnisse sein, von denen soviel Aufhebens gemacht wird? Wo bleibt die überwältigende Enthüllung, die zu dem eben gelesenen Ritual gehört? Der Leser fragt sich dann, ob er nach dem mehr oder weniger intensiven Studium dieser Werke nicht ebenso eingeweiht ist wie die Autoren – oder, was schwerwiegender ist, ob die Einweihung überhaupt existiert oder ob sie vielleicht von gewissen Hochstaplern erfunden wurde, um leichtgläubigen Menschen »das Geld aus der Tasche zu ziehen«.

Es wurde bereits angesprochen, daß Bücher allein nicht einweihen können. Jeder kann ein Ritual lesen, den Lehrlings-, Gesellen- oder Meisterteppich betrachten und einige der »Worte und Griffe« kennen, ohne deshalb zum Freimaurer zu werden. Ebensowenig wird man zum Rosenkreuzer, wenn man eines der zahlreichen Werke über sie liest oder sich für sechs Monate oder auch ein Jahr als Schüler einschreibt. Man braucht ja auch nicht katholisch zu sein, um das katholische Dogma, die Evangelien und die gesamte Liturgie auswendig zu kennen. Die Erkenntnis kommt jedenfalls nicht ohne Arbeit zustande, und die Einweihung wird nicht im Sessel erworben.

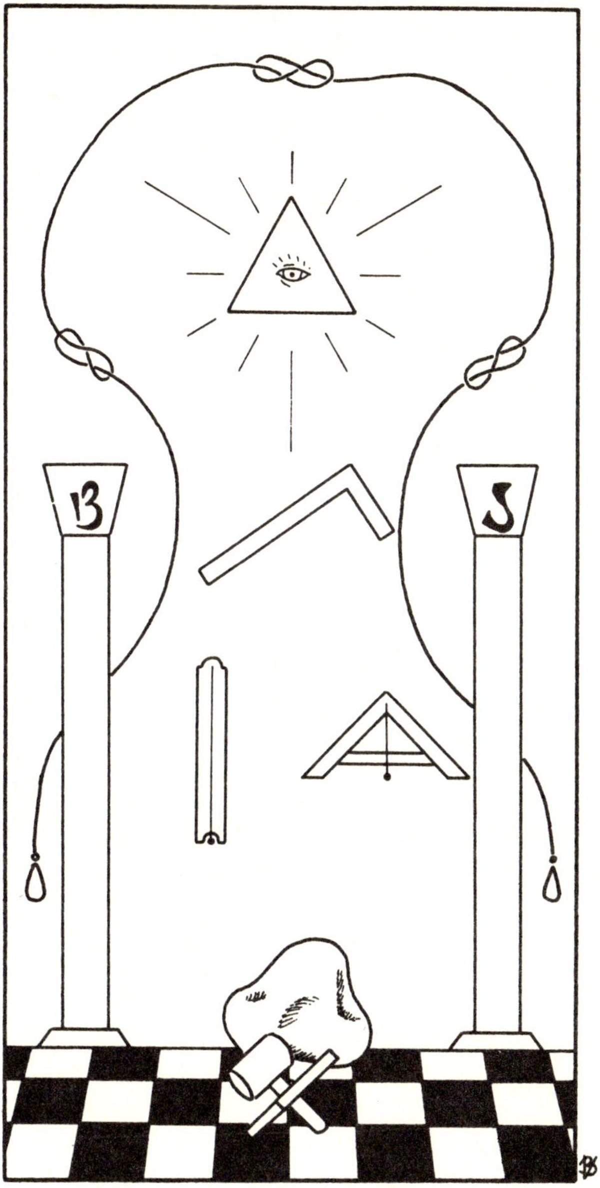


*Lehrlingsteppich*

Sie erfordert vielmehr eine völlige Hingabe und die Bereitschaft, die gelernten Prinzipien im täglichen Leben anzuwenden.

Läßt sich eine Durchschnittsdauer angeben, nach der der Schüler sein »Meister-Diplom« in Händen hält und meint, genug zu wissen? Sicher nicht; eine solche Festlegung würde lediglich von mangelnder Demut und Bewußtheit zeugen.

Der Mensch auf dem Pfad hört nie auf zu lernen, auch wenn er ein bißchen mehr weiß als sein Nachbar.

Die Kelten hielten einen Zeitraum von ungefähr 20 Jahren für notwendig, um einen Schüler an den Stand des Druiden heranzuführen. Fraglich ist, ob diese Spanne wörtlich auf heutige Verhältnisse zu übertragen ist – wie einige zeitgenössische neodruidische Gruppen meinen –, oder ob sie nicht vielmehr auf die Beharrlichkeit der *Eichenkundigen* hinweist, die Geheimnisse der Natur zu erforschen; denn damals betrug die Lebenserwartung lediglich 30 – 35 Jahre, während sie sich heute verdoppelt hat. Eine der Triaden besagt im übrigen:

»Drei Dinge besiegen das Böse und das Prinzip der Zerstörung: Wissenschaft, Liebe, Kraft.« Was auch verstanden werden kann als »Lieben, Schaffen, Unterrichten«. »Unterrichten« meint dabei, sich und andere unterrichten, d. h. lernen und lehren; die beiden Aspekte sind nicht voneinander zu trennen und entsprechen zwei Stufen, die für den Suchenden gleich wichtig sind. Auch Christian Rosencreutz lernt dies am dritten Tag der »Chymischen Hochzeit« von der Jungfrau Alchemie: »Und du«, fuhr sie fort und wandte sich an mich, »du hast mehr erhalten als die anderen, nun wisse auch, mehr zu geben!«

Auf der ersten Stufe werden die Grundlagen geliefert, die Werkzeuge, die der Schüler unter Anleitung eines Meisters erst kennen-, dann gebrauchen lernen muß. Keiner der aufeinander aufbauenden Lernschritte darf übersprungen werden, denn dies würde nur zum Scheitern des begonnenen Werkes führen, zum Zerbrechen des Werkzeugs und unter Umständen sogar zur Selbstverletzung. Die Länge der Lehrzeit hängt sowohl von der Art der Lehren als auch von der Persönlichkeit des Schülers ab; sie kann ein paar Jahre, ein paar Jahrzehnte oder ein ganzes Leben dauern. Die zweite Stufe beinhaltet ebenso viele Lehren wie die erste, aber sie ist von ganz anderer Art.

Der Begriff des ständigen Lernens schließt auch die Demut mit ein, bestimmte Auffassungen im Kontakt mit Menschen, die auf dem Pfad weniger weit fortgeschritten sind und deren Verständnis verschieden (nicht unterlegen) ist, in Frage zu stellen. Was bedeutet, daß man immer lernen muß, selbst wenn man lehrt.

Die alten Autoren vertrauten dem menschlichen Geist nur dann, wenn die göttliche Inspiration ihn leitete. Sie empfahlen die Hinwendung zu Gott, um die menschlichen Werke mit dem Leben der schöpferischen Erleuchtung zu erfüllen. Ein Studium, so lang und mühsam es auch sei, ist nie steril, wenn es vom Glauben getragen wird.

Der folgende, berühmt gewordene Satz stammt aus dem *Mutus Liber* von Altus:

ORA, LEGE, LEGE, LEGE, RELEGE,
LABORA ET INVENIES.

# Statt eines Schlußworts

Die Menschheit befindet sich wieder einmal an einem Wendepunkt ihrer Geschichte. Der Übergang vom Fische- zum Wassermannzeitalter bringt Veränderungen mit sich, die die Grundfesten der bisherigen Gesellschaftsordnung betreffen. Statt des Strebens nach Geld und weltlichen Würden, der Überbetonung des Intellekts und einer elitär ausgerichteten Erziehung stehen nun die Achtung der Natur, ein brüderliches Verhalten der Menschen untereinander und die Befriedigung der lebensnotwendigen Bedürfnisse unter Verzicht auf alles Überflüssige im Vordergrund.

Die Rückkehr zu einem naturgemäßeren Lebensstil veranlaßt noch immer manche Menschen zu einem abschätzigen Lächeln, das aber fehl am Platze scheint, wenn man an die Zukunft unserer Zivilisation denkt. Stehen da nicht eher Angst und Besorgnis im Vordergrund?

Die Fische gehen dem Wassermann voraus; vor den Fischen, der Widder...

Das Widder-Zeitalter ist das älteste, das für die westliche Welt von historischer Bedeutung ist. Es ist das Zeitalter, in dem die Kelten unter ihrem Anführer Ram von Europa nach Indien zogen und unterwegs Kolonien gründeten, deren Namen bezeichnend sind: Galicien, Galizien, Galiläa, Galatien...[1] Die Eroberung Indiens durch Ram wird im Ramayana, einem klassischen indischen Epos, beschrieben. Paul Le Cour, den wir bereits mehrfach zitierten, meint: »Der abendländische, d. h. atlantische Ursprung der indischen Lehren und ihr Eindringen in Indien während des Widder-Zeitalters dürften außer Zweifel stehen.«[2]

Die auf der Präzession des Frühlingspunktes beruhenden Zyklen sind Ausdruck für das Leben und den Atem des

[1] In ihnen finden sich die auf dem Wort KeLT (frz. CeLTe) gründenden Buchstaben GLT bzw. CLT.

[2] Paul Le Cour, L'Ere du Verseau, S. 106

Universums. Die ganze Schöpfung und auch der Mensch unterliegt ihrem Rhythmus, denn »das, was unten ist, ist wie das, was oben ist.«[1]

Im Stier-Zeitalter wurden in Ägypten, Assyrien und Kreta die heiligen Stiere verehrt. Es war die Zeit des Apis, des Minotaurus... Schädel oder ganze Skelette dieser Tiere finden sich auch unter manchen Megalithen. Im darauffolgenden Widder-Zeitalter wurde der Tempel zu Karnak erbaut: eine doppelte Reihe steinerner Widder säumt den Weg zum Tempel. Die Hebräer geben den Kult des Goldenen Kalbes auf und opfern fortan dem Widder – d. h. dem Lamm. Auf Megalith-Denkmälern im Keltenland erscheint die Schlange mit dem Widderkopf.

Im jetzt zu Ende gehenden Fische-Zeitalter kam der ICHTYS, Christus, der Erlöser: Iesous Christos Theos Uios Soter. Das Fische-Zeitalter war das Zeitalter des Christentums, in dem die katholische, d. h. universelle Religion sich verbreitete. Aber waren nicht auch die vorhergehenden Religionen universell gewesen? Auch sie wurden von dem Sternzeichen bestimmt, in dem die Sonne am Frühlingspunkt stand. Den Fischen gegenüber steht die Jungfrau; ist es ein Zufall, daß während der letzten zweitausend Jahre Unsere Liebe Frau, die Jungfrau Maria, ebenso verehrt wurde wie der Sohn?

Und nun das Wassermann-Zeitalter... Welchen Trank wird Ganymed, der Mundschenk der Götter, aus seiner Schale entleeren?

Das Ende des zwanzigsten Jahrhunderts ist gekennzeichnet durch eine Erwartung, die Hoffnung auf ein anderes Leben.

---

[1] Vgl. dazu Paul Le Cour in »L'Ere du Verseau«:

»Dr. Lazzari hat zwischen dem Leben des Kosmos und dem des Menschen merkwürdige Beziehungen festgestellt: Der Puls eines gesunden Menschen schlägt 72mal in der Minute; diePräzession bewirkt, daß der Frühlingspunkt der Sonne in 72 Jahren um 1° vorrückt. Im allgemeinen atmet der Mensch 18mal in der Minute; die Nutationsperiode beträgt 18 Jahre. Das Herz schlägt also 4mal, wenn wir einmal atmen. In 24 Stunden atmen wir 18×60×24, d. h. 25.920mal; diese Zahl entspricht dem Präzessionszyklus. Der Autor schließt daraus, daß dieselben Kräfte, die das Sonnensystem gebildet haben, auch den Menschen geformt haben, der ein kleines Universum ist.«

Warum sollte dieses Phänomen nicht auch das Denken des Menschen und seine religiösen Ideen betreffen?

Nach einem in technischer und sozialer Hinsicht angeblich »fortschrittlichen« 19. Jahrhundert und einer zumindest in Westeuropa bewegten ersten Jahrhunderthälfte haben die Menschen das Verlangen nach Brüderlichkeit, nach Achtung vor sich selbst, dem Mitmenschen und der Natur, nach Gerechtigkeit und Liebe. Eine neue Moral entsteht und vielleicht eine neue Mystik. Die wachsende Hinwendung zum Geistigen gleicht die Technikgläubigkeit der vergangenen Zeit aus. Wissenschaftliche Versuche werden oft nur noch als Beginn neuer Unterdrückungsmechanismen, neuer Umweltverschmutzungen gesehen – ganz zu schweigen von der Gefahr, die durch die Atombombe heraufbeschworen wurde. Kennzeichen dieser sich ändernden Einstellung ist die Rückkehr zu den Ursprüngen: Ablehnung der Atomkraft, Wohn- und Arbeitsgemeinschaften meist junger Leute, Anwendung von Naturheilmethoden in der Medizin, Anbau und Verzehr von»biologischen« Nahrungsmitteln und nicht zuletzt das Wiederaufgreifen von Geistesströmungen, die tief in der abendländischen Geschichte verwurzelt sind.

Das Keltentum ist wieder zu Ehren gekommen, und die durch die Triaden überlieferte Lehre der Druiden wird in all ihren Aspekten untersucht: ihre Philosophie, ihre Kenntnis von Geist, Psyche und Gesellschaft des Menschen, ihr Wissen um heilende Orte und Pflanzen etc.

Seit Jahrtausenden haben die verschiedenen Religionen ihre Antwort auf die den Menschen bewegenden Probleme gegeben: das Wesen Gottes und des Menschen, der Grund für seine Existenz auf Erden, u. a. Aber die mitgelieferten Erklärungen hatten einen Nachteil, sie wollten vorbehaltlos *geglaubt* werden.

Parallel zu diesen Religionen haben Wege existiert, durch die die Wahrheit dieser Behauptungen erkannt und *gelebt* werden konnte: nämlich die verschiedenen Einweihungswege, die seit undenklichen Zeiten jedem wahrhaft Suchenden offenstehen. Wir haben die meisten dieser Wege behandelt. Ihre Portale stehen heute offen, obwohl sie vielleicht jahrhundertelang geschlossen waren. Der Weg oder die entsprechende Organisation »schlief« dann und zeigte sich nicht öffentlich.

Das Druidentum z. B., das lange das mystische, intellektuelle und soziale Leben der Kelten bestimmt hatte, mußte sich verborgen halten, als das Christentum sich verbreitete. Die Druidischen Kollegien von Gallien bestanden zwar offiziell nicht mehr, bildeten aber weiter Schüler aus, die von Generation zu Generation die Lehre der *Eichenkundigen* weitergaben. Das Druidentum benutzte in gewisser Weise sogar den Aufschwung des Christentums, um die Essenz seiner Lehre an das Abendland weiterzugeben; die romanischen Kirchen zeugen von dieser engen Verbindung.

Aber auch die nach dem Druidentum entstandenen Wege übernahmen einiges von dem ursprünglichen keltischen Geist. Die Beispiele sind zahlreich: Die *drei* Stufen der verschiedenen Einweihungswege; die Übernahme des keltischen Kreuzes zur Darstellung des Salomonischen Pendels bei den Gesellenbruderschaften; die in den Tempeln der Rosenkreuzer verkündete Lehre der Reinkarnation; einige Mysterien des Grals, die mit von den Druiden beschriebenen Naturphänomenen übereinstimmen; die Natur als handelndes und beeinflußbares Element in der Alchemie.

Dem Leser wird nicht entgangen sein, daß die dargestellten Wege hinsichtlich ihrer Lehren und ihrer Struktur sehr einheitlich sind. Sie können als verschiedene Möglichkeiten betrachtet werden, sich der *einen* Wahrheit zu nähern; ihre Vielfalt beruht auf der Unterschiedlichkeit der menschlichen Charaktere.

»Die Religion hat sich in der Vergangenheit mehrmals verändert, aber die Menschen haben nicht bemerkt, daß lediglich die Form sich wandelte, um den neuen intellektuellen und spirituellen Bedürfnissen besser zu entsprechen. Die verschiedenen Formen der großen traditionellen Religion, die im Westen vor mehreren Jahrtausenden entstand, sind alle mit derselben inneren Lehre verknüpft, die unverändert in allen zu finden ist. Diese innere Lehre bildet den festen Rahmen, das Raster, auf das sie aufbauen.«[1]

Aus der Verwandtschaft der Lehren läßt sich auf die Einheit der Wege selbst schließen. Ähnliche Aussagen, gleiche Symbole und identische Strukturen – bis auf eine Ausnahme, die Katharer – lassen vermuten, daß es sich um die verschiedenen Facetten derselben Wahrheit handelt, die sich dem Tempera-

---

[1] Paul le Cour, L'Ere du Verseau, Vorwort zur ersten Ausgabe, S. 8

ment, dem Verständnis und der philosophischen und mystischen Entwicklung des Menschen anpaßte. Das Aufblühen bzw. Wiederaufleben einer bestimmten Strömung erfolgte stets in einer Zeit des Übergangs und scheint von den jeweiligen wirtschaftlichen, politischen oder religiösen Bedingungen bestimmt. Hier ist anzumerken, daß die Gründe einer metaphysischen oder politischen Krise stets dem Bedürfnis nach einer Überhöhung des gewöhnlichen Lebens entspringen. Dabei geht es nicht um ein besseres, bequemeres Dasein, sondern um etwas, das über das Dasein hinausgeht. In der westlichen Einweihung gehören dazu drei Dinge:

- Die Verbindung mit dem Göttlichen.
- Das Verständnis und die Anwendung der Naturgesetze.
- Der Dienst am Nächsten.

Wir wollen hier nicht die vielzitierte »Ur-Tradition« behandeln, die allzusehr im Nebel der Geschichte verschwindet und kaum erlaubt, den Ursprung einer Kultur tatsächlich zu bestimmen. Dagegen kann man, ohne allzuweit in der Zeit zurückzugehen, einige Fäden verknüpfen, die die einheitliche Ausrichtung der westlichen Lehren belegen. Diese haben sich seit der Epoche der Druiden in ihrem Gehalt nicht oder nur unwesentlich verändert. Wie kam es, daß die ursprüngliche Botschaft nicht in dem Bestreben nach Neuem abgeändert wurde?

Diese Frage wird in einem Buch beantwortet, das in den Vereinigten Staaten geschrieben wurde und dort seit langem verbreitet wird. Dieses Werk behandelt – zum ersten Mal in dieser Klarheit – die *Große Weiße Bruderschaft*. Damit ist nicht eine rassische oder ethnische Gruppe gemeint. Der Begriff bezeichnet weit mehr als den Zusammenschluß entwikkelter Wesen, die ihren Mitmenschen die Schlüssel einer höheren Spiritualität vermitteln, weit mehr auch als eine in ihren Kenntnissen, Kräften und Handlungsmöglichkeiten begrenzte menschliche Organisation oder überhaupt einen irdischen Willen – gemeint ist vielmehr eine leitende und befruchtende Intelligenz, die einer kosmischen Notwendigkeit entspricht und sich durch die westliche Tradition ausdrückt.

Diese *Große Weiße Bruderschaft*, der alle traditionellen und authentischen Einweihungsorganisationen angehören, ist auf materieller Ebene die Vertreterin der vor mehreren Jahrtausenden gegründeten Großen Weißen Loge, deren Mitglieder über den Notwendigkeiten der gewöhnlichen Existenz stehen.

Von wem wurde sie gegründet und wozu? Welche Lehren – falls es solche gibt – wurden von ihr verbreitet?

Zur Beantwortung dieser Fragen wäre es zwecklos, irgendein Geschichtsbuch aufzuschlagen. Vielmehr muß man die »Unbekannten Oberen« suchen, die spirituellen Meister. Zu ihnen gehört als erster und vor allem Echnaton (Amenophis IV.), der nach Dokumenten der Rosenkreuzer die Bruderschaft gegründet haben soll. Bekanntlich wollte er in Ägypten den Amon-Kult und den damit einhergehenden abergläubischen Polytheismus durch den Kult Atons ersetzen, der in Gestalt der Sonnenscheibe verehrt wurde und als einziger Gott galt. Den angesprochenen Dokumenten zufolge war die monotheistische, damals an jenem Ort revolutionäre Religion nur die Hülle – die äußere Seite – der von der Bruderschaft verbreiteten Lehre.

An dieser Stelle ist nun die Ur-Tradition, die *Wirklichkeit*, der Widerschein der Göttlichen Intelligenz, von einer menschlichen Tradition wie der westlichen zu unterscheiden. Letztere erlaubt zwar ebenso wie die östliche Tradition, ebenso wie die Tradition des schwarzen Kontinents oder die Südamerikas, auf dem Pfad voranzuschreiten und in die tiefen Gesetze des Universums einzudringen; aber sie ist nicht eine Offenbarung an sich. Sie ist von Menschen geschaffen, die vielleicht eine Offenbarung hatten, und wird durch die Beiträge von Suchenden, Eingeweihten und Meistern ständig bereichert.

Haben die menschlichen Traditionen sich dadurch im Laufe der Zeit von der ursprünglichen Tradition entfernt und den Schlüssel zum Reich Gottes verloren? Wir glauben eher, daß sie verschiedene Möglichkeiten darstellen, das universell Wahre dem begrenzten Verständnis der Völker zugänglich zu machen.

Die Druiden hatten ihr Wissen von ihren Vorgängern, den Erbauern der Megalith-Denkmäler, übernommen. Dieses Wissen über den Menschen, die Erde und den Himmel stammte aus dem Westen, dem *Land der Väter*, wohin auch die Seelen der Verstorbenen zurückkehrten: Es war das Wissen der flüchtenden Atlanter, die ihr untergehendes Vaterland verließen. Die Überlebenden der Katastrophe fanden an der westlichen Küste des europäischen Kontinents, an den Ufern Skandinaviens, in Irland, Gallien und der iberischen Halbinsel eine neue Heimat. Andere erreichten allmählich den Nahen Osten und Ägypten. Alle brachten Bruchstücke ihrer Kenntnisse, ihrer Wissenschaft, ihres Glaubens und ihrer Philosophie mit. Die Weisen hielten Unterricht, Schulen entstanden. In West-Europa begann man, entlang der tellurischen Ströme – die man in China »Adern des Drachens« nennt –, riesige Steinblöcke aufzustellen. Auch die späteren Tempel Griechenlands wurden einer bestimmten Linie entlang errichtet. In Ägypten entstanden die Pyramiden, unzerstörbare Riesen, die das mathematische und astronomische Wissen ihrer Erbauer belegen.[1]

Dann kam Echnaton. Der Versuch des äußerlich jungen, jedoch sehr tief denkenden Königs von Ägypten – er ist der Übermittler des atlantischen Erbes –, auf Dauer eine monotheistische Religion zu begründen, schlug fehl; aber es gelang ihm, eine Bruderschaft ins Leben zu rufen, deren Wirkung bis heute spürbar ist. Die initiatische Lehre erhielt eine Struktur, eine neue Epoche der Menschheit begann. Dies wird durch die Art angedeutet, in der Echnaton sich abbilden ließ: die Darstellungen zeigen einen Mann mit abgezehrten Zügen, dessen Körper an eine Frau (sichtbare Schwangerschaft) und an einen Fisch (allgemeine Form des Körpers) erinnert. Die damit übermittelte Botschaft lautet: »Ich (oder meine Schule, was dasselbe ist) werde eine sehr mystische Lehre hervorbringen; sie entspricht dem neuen Zeitalter, das dem des Widders (Amon) folgt und das von den Fischen regiert wird.«

Nach seinem physischen Tod mußten seine Brüder und Schüler das Werk im Verborgenen fortsetzen, weil die Priesterschaft den Kult der Götzenbilder wiedereingeführt hatte.

Die Jahrhunderte vergingen, und die Wächter lösten einander ab. Nicht viele waren es, die die Einweihung im Schatten der Sphinx suchten. Berühmte Männer löschten ihren Durst

[1] Oberflächlich betrachtet, besteht zwischen den ägyptischen Pyramiden und z. B. Stonehenge keine direkte Beziehung; zu ihrer Errichtung waren jedoch die gleichen Kenntnisse angewandt worden. Die gleichen Probleme wurden auf die gleiche Art gelöst: die Wahl der Steine, ihr Zurechtschneiden, ihr Transport, ihre Errichtung, vor allem aber der Plan des Werkes.

nach Erkenntnis an den zwei großen Quellen der damaligen Zeit: Pythagoras wurde in die Lehre der damals in Theben residierenden Bruderschaft eingeweiht, war aber auch Schüler der Druiden. Viele Namen blieben im Dunkeln, andere sind allgemein bekannt: Heraklid, Euklid, Aristoteles, Plotin... Vor allem aber Jesus, der sowohl als Stifter der christlichen Religion wie als Verkünder einer esoterischen Lehre Geist und Inhalt der abendländischen Tradition zutiefst prägte.

Weitere Vertreter der Bruderschaft, die uns zeitlich näher stehen, waren Avicenna, Paracelsus, Heinrich Kunrath und Sir Francis Bacon.

Von einer Epoche zur nächsten, von Jahrhundert zu Jahrhundert wird die Weitergabe durch die *Hüter der Tradition* gesichert. Der Inhalt jener Lehre ist seit alters her gleich, lediglich die Form hat sich dem Kenntnisstand und der Mentalität der Menschen der verschiedenen Zeitalter angepaßt. Gleichgültig, ob jemand dem Weg der Martinisten, Rosenkreuzer oder Freimaurer folgt: stets bewegt ihn die Suche nach der höheren Wirklichkeit. Ganz gleich auch, ob er Druide, Templer oder Gralsritter ist, der Weg seiner spirituellen Verwirklichung führt immer über jene allumfassende Alchemie, die das Wesen des Betreffenden in einem reinigenden und erneuernden Feuer läutert.

Welcher Weg gewählt wird, ist letztendlich gleichgültig. Solange er aufrichtig verfolgt wird, führt er immer zur Einheit zurück.

*Stuart Kaplan*

# DER TAROT

Geschichte – Deutung – Legesysteme

*252 Seiten, mit vielen Abbildungen, Paperback*

oder als Set:

*Buch zusammen mit vollständigem* **Tarotspiel** *von 78 farbigen Karten*

Ein praktisches Arbeitsbuch für Kartenliebhaber und Tarot-Interessenten über

- den Ursprung der Tarotkarten vieler verschiedener Spiele,
- die klare und prägnante Beschreibung der Kleinen und der Großen Arkana,
- die verschiedenen Legemethoden.

Ein Grundlagenwerk, das ebenso geeignet ist als Einführung wie zum Nachschlagen und Auffinden von Informationen, die weiterhelfen auf dem Tarot-Weg, dem Pfad der Wandlung und Selbstfindung.
Ergänzt wird dieses für den Tarot-Interessenten wie Kartenliebhaber gleichermaßen wichtige Werk durch eine umfangreiche Bibliographie relevanter Tarot-Literatur.

*Ralph Blum*

# RUNEN

*120 Seiten, mit zahlreichen Abbildungen, Leinen*
*mit 25 Runen aus Stein in Kassette*

Als Pendant zum chinesischen I Ging besitzt die germanische Tradition die Runen.
Beim vorliegenden System (25 Runen) handelt es sich um die sogenannte »Gemeingermanische Runenreihe«. Sie war die am weitesten verbreitete und am längsten benutzte Runenanordnung (150 v. Chr.–800 n. Chr.).
Der Benutzer dieser Kassette erhält neben den 25 Runensteinen alles, was er für die unmittelbare Befragung benötigt: klare Erläuterungen zur Frage- und Legetechnik sowie Interpretationen zu den einzelnen Steinen. Ausführliche Interpretationen zu sämtlichen 25 Runen bilden den Hauptteil dieses Orakels. Der Leser erfährt, welche Fragen vom Orakel sinnvoll beantwortet werden können und wie diese zu stellen sind. Ebenso erklärt der Autor genau den praktischen Vorgang der Befragung sowie verschiedene Legesysteme.

*Hubert Lampo/Pieter Paul Koster*

## ARTUS UND DER GRAL

Mit einer Einführung von Colin Wilson

*160 Seiten, mit 164 vierfarbigen und 24 s/w-Abbildungen, Leinen*

Zahlreiche Bestseller des Mittelalters speisten sich aus dem Mythos, der sich um Artus, seine Tafelrunde und den Gral gerankt hatte. Wolfram von Eschenbach, Chretien de Troyes, Robert de Boron und – mindestens ebenso erfolgreich wie ihre Vorgänger – Marion Zimmer Bradley haben den Artusstoff zum Ausgangspunkt ihrer Romanfiguren und zum Stimulans ihrer Imagination und wohl auch Inspiration werden lassen.
Artus und der Gral – ein Thema umrankt von Sagen, Legenden und Abenteuern. Die Autoren setzen sich mit dem historischen, dem romanhaft epischen und dem mystischen Artus auseinander. Ebenso wie der spannende Text tun die verzaubernden Fotos von den Orten des Geschehens ein übriges, um den Leser in Bann zu schlagen: ihn träumen zu lassen und zu entführen in die Welt der Druiden, Ritter, Mondgöttinnen und Magier.

*Liz Greene*

## SCHICKSAL UND ASTROLOGIE

*509 Seiten, mit 18 Abbildungen, Leinen*

Jeder Astrologe muß sich mit der Frage nach dem Schicksal beschäftigen, ebenso wie der Psychotherapeut und der Psychiater, wobei jene wahrscheinlich nicht von »Schicksal«, sondern von »Lebensplan« oder »Erbanlagen« sprechen.
Liz Greene setzt sich hier primär auf astrologischer Ebene mit der Schicksalsproblematik auseinander. Hierfür analysiert sie die Horoskope und Lebensläufe von Menschen, deren Leben vom Schicksal stark beeinflußt geworden zu sein scheint. Die Autorin bedient sich der Sprache der Symbole – der Märchen, Mythen, Träume – ebenso wie der astrologischen und psychologischen Interpretation.

*Susanne Fischer*

## MEDIZIN DER ERDE

Legenden, Mythen, Heilanwendung und
Betrachtung unserer Heilpflanzen

*240 Seiten, mit vielen Abbildungen von Peter Ebenhoch, Paperback*

Von unseren wichtigsten heimischen Heilkräutern erfahren wir alles über Vorkommen, Erkennungszeichen zum Sammeln, Anbau, Zubereitung für Tees, Tinkturen etc. und Heilanwendungen (auch für Tiere). Während die meisten Kräuterbücher rein deskriptiv vorgehen, wird der Leser hier angeregt, durch eigene Erfahrung ein lebendiges Verhältnis zu den Heilpflanzen herzustellen.
In harmonischem Zusammenspiel inspirieren uns Wort und Bild, eine tiefere Beziehung zu unseren Naturheilern zu gewinnen – über ihre inhärenten Qualitäten zu träumen und zu meditieren.

*D. Juriaanse*

## DAS PRAKTISCHE PENDELBUCH

*112 Seiten, mit vielen Abbildungen und Tabellen, Paperback*

oder als Set:

*Buch zusammen mit einem Pendel aus Messing*

Ein gänzlich praxisorientiertes Handbuch für alle, die einen einfachen Einstieg in dieses Thema suchen. Kurz, aber präzise werden die für erfolgreiches Pendeln notwendigen Grundlagen erklärt. Den Hauptteil des Buches bilden Pendelkarten zu verschiedensten Themenbereichen, mit einem Schwerpunkt auf Gesundheit/Krankheit. Das »Pendel-Set« enthält neben dem Buch einen hochwertigen Messing-Standardpendel.